배경

ENVIRONMENT ART

일러스트 작법서

이동익 저

배경 일러스트 작법서

| 만든 사람들 |

기획 IT · CG 기획부 | **진행** 유명한 | **집필** 이동익 | **편집 디자인** studio Y | **표지 디자인** 김진

| 책 내용 문의 |

도서 내용에 대해 궁금한 사항이 있으시면,
디지털북스 홈페이지의 게시판을 통해서 해결하실 수 있습니다.

디지털북스 홈페이지 : www.digitalbooks.co.kr
디지털북스 페이스북 : www.facebook.com/ithinkbook
디지털북스 카페 : cafe.naver.com/digitalbooks1999
디지털북스 이메일 : digital@digitalbooks.co.kr
저자 블로그 : blog.naver.com/matal7603
저자 트위터 : twitter.com/matal7603
저자 이메일 : flyinghandx@gamil.com

| 각종 문의 |

영업관련 hi@digitalbooks.co.kr
기획관련 digital@digitalbooks.co.kr
전화번호 02 447-3157~8

빠르게 바뀌고 성장하는 요즘 새로움보다는 흔들리는 기본기와 원리를 돌아봐야 하는 때인 것 같습니다. 저자가 애니메이션 업계에서 게임 업계로 진출한지 벌써 10년이 지났습니다. 주변 동료와 후배들의 성장 과정을 보면 기본이 탄탄한 사람이 아닌 사람보다 더 많은 성장을 하는 것을 볼 수 있었습니다. 디지털 아트라는 문화가 생기면서 툴에 의존해 그리는 습관이 과잉되고 후에 깊이 있는 작품을 그리기 힘들어지는 결과가 나오고 있습니다. 사람은 누구나 크게 성장하고 싶은 마음이 있고, 성장하기 위해 필요한 것은 탄탄한 기본과 원리인 것 같습니다.

간혹 한 가지 그림만 잘 그려 성공하는 사례도 있지만 희박한 사례보다는 더 많은 가능성을 열어 두는 것이 좋다고 생각합니다.

이 책에서 전달하고자 하는 것은 기본의 충실함이 가장 강한 메시지입니다. 한편 툴을 이용해 그림을 그리는 방법이나 순서에 중점을 두었고, 이런 내용들이 실제로 종이에 그리는 그림과 최대한 닮게 하기 위함도 있습니다. 너무 CG 느낌이 강하다면 그것은 툴에 너무 의지한 상태로 판단되고 반대로 감성이 나오고 있다면 역으로 아트를 위해 툴을 이용하고 있다고 판단합니다. 이 부분은 많은 이들이 공감하는 내용이고 그 방법을 찾기 위해 많은 노력을 해왔습니다. 현재 유명한 아티스트들의 그림을 보면 감성이 잘 묻어 나와 컴퓨터에서 그린 그림이라는 느낌을 많이 주지 않습니다. 하지만 잘못된 툴 사용과 불필요한 기능으로 그림이 진행되었을 때는 분명 좋지 않은 결과가 나타납니다. 특히 색감과 터치에 관한 문제를 들 수 있습니다. 색감의 경우 빛을 표현하는 색과 질감을 표현하는 색이 잘못 쓰여 색감이 알 수 없는 방향으로 나와 큰 문제가 됩니다. 색감을 키우고 싶다면 먼저 색의 이름과 용도를 알아야 합니다. 이런 내용을 전달하고자 이 책을 저술하게 되었습니다. 하지만, 미술 이론에만 치우쳐 이야기한다면 딱딱한 느낌이 들 수 있으니, 이론을 툴에서 어떻게 활용하는지에 중점을 두고 있습니다. 또 다른 디지털 아트의 문제점은 해상도인데 가장 많은 질문을 받는 문제입니다. '해상도를 얼마나 해야 좋은가요?' 또는 '작은 해상도는 안 좋은 건가요?'라는 질문을 많이 받습니다. 간단하게 해상도는 그림의 크기라고 생각하면 됩니다. '큰 해상도에서 작업하면 무조건 정교하고 완성도 있어 보이지 않을까?'라는 생각이 들 수도 있을 텐데 잘못된 생각입니다. 우리는 툴을 이용할 뿐 의지하는 것이 아닙니다. 그렇다면 종이의 크기도 의지해서는 안된다는 것입니다. 그 얘기는 화가가 그림을 그리는데 작은 종이든 큰 종이든 그리는 상황에 따라 다를 뿐 중요성을 따지는 것과는 다를 것입니다. 분명 작은 종이에 표현될 작품이 존재하고 큰 종이에 그려야 빛이 나는 작품이 있습니다. 이런 생각으로 접근한다면 툴의 해상도에 관한 관점이 달라집니다. 작은 해상도에는 간결한 터치와 요약된 표현이 필요한 반면 큰 해상도에서는 그에 따른 세분화된 과정이 필요합니다. 문제점과 툴을 이용하는 요령은 다시 한번 짚고 넘어가야 할 부분입니다. 컨셉 아트를 오래 한 프로들도 모니터 안에 갇혀 버렸다는 생각이 들어 딜레마에 빠지곤 합니다. 이제부터 자유롭게 생각을 열고 툴에 지배당하지 않는 멋진 아티스트가 되길 바라는 마음으로 이러한 이야기를 해 보았습니다.

이 책은 초급자와 중급자에게 필요한 내용을 담고 있고 실제로 그 잃어버린 중간의 과정을 이야기하려 합니다.

요즘 디지털 페인팅을 배우는 경로를 보면 포토샵이나 페인터 등으로 처음 그림을 배우는 사람도 있고 학교나 학원에서 미술을 배우고 툴로 넘어오는 분들이 있습니다. 미술을 전공했다고 더 유리하다고 단정 지을 수 없습니다. 미술 시간에 배운 터치와 색감이 툴을 배우면서 더 안 좋은 결과를 낳는 경우도 많이 보았고 툴에서 처음 미술을 접하면서 색을 잘 쓰는 경우도 있습니다. 개인 능력에 따라 큰 차이가 있지만 중요한 부분은 순수 미술에서 하던 단점을 툴에서 보완하고 툴에서 오는 차갑고 둔탁한 느낌을 미술 이론으로 해결하는 것이 디지털 컨셉 아트를 다룰 우리의 숙제입니다. 그리고 그림의 가장 중요한 것은 순서입니다. 저자의 노하우의 절반은 그림을 어떤 순서로 끌고 나가느냐에 있는 것 같습니다.

이 동 익

목 차

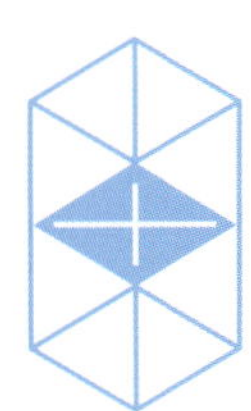

PART 01

기초 과정

배경컨셉은 주로 포토샵을 사용합니다. 포토샵은 배경그림의 막대한 해상도와 스케일을 표현하기에 적합합니다. 특히 브러시 같은 경우 커스터마이징이 자유롭고 수정이 용이하기에 다양한 표현이 가능하므로 포토샵을 사용합니다. 자, 그럼 포토샵에 대해 간략한 소개를 하겠습니다.

저자는 포토샵의 기능을 많이 사용하지 않습니다. 그림에 꼭 필요한 기능만 사용하여 작업을 하고 있습니다.

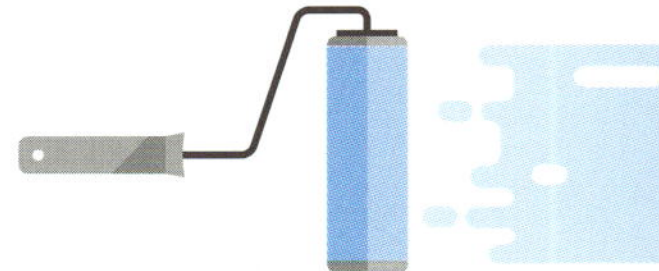

PC에 포토샵을 최신 버전으로 설치 하는데 꼭 영문판으로 해주시길 바랍니다. 그 이유는 업계에서는 전부 영문으로 쓰고 있는데 한글판으로 적응해버리면 소통에 문제가 생길 수 있기 때문입니다.

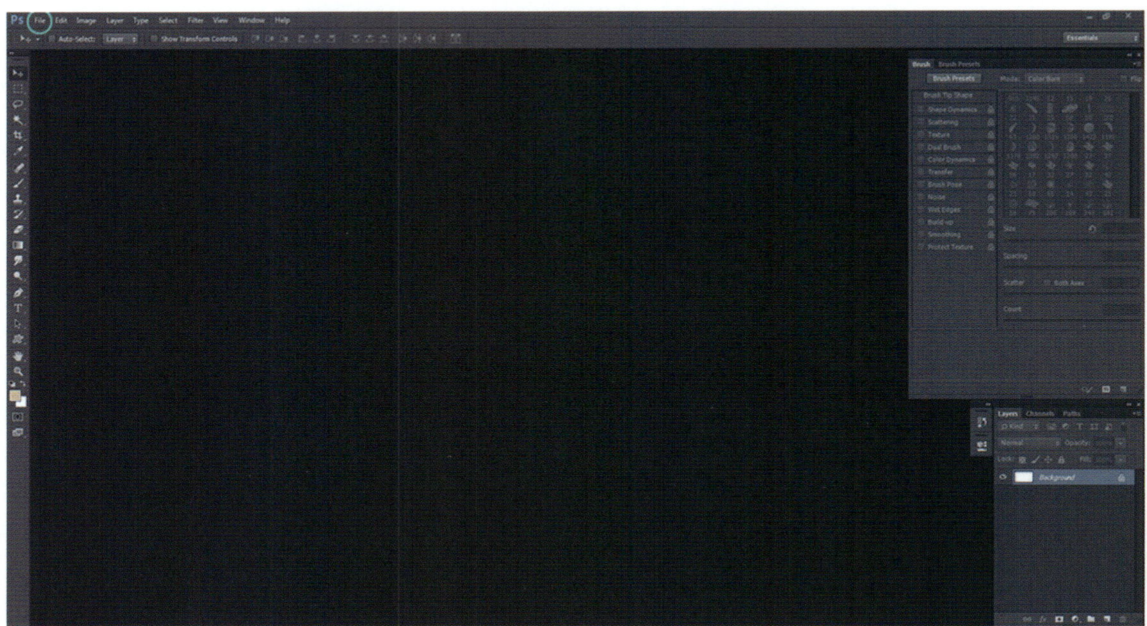

설치 후 포토샵을 실행시킵니다. 그리고 좌측상단을 봐주시길 바랍니다.

File

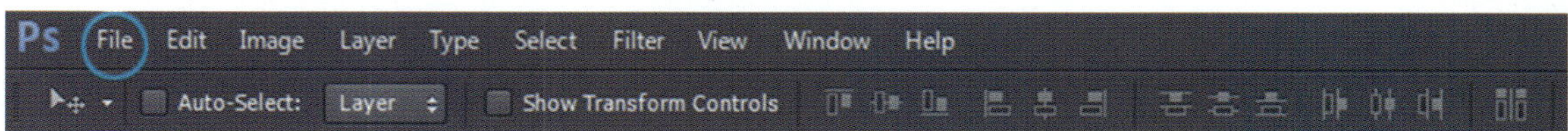

File의 기능은 말 그대로 작업파일을 관리하는 툴입니다. 파일을 불러오거나 새로 만들거나 저장하는 일을 합니다.

Edit

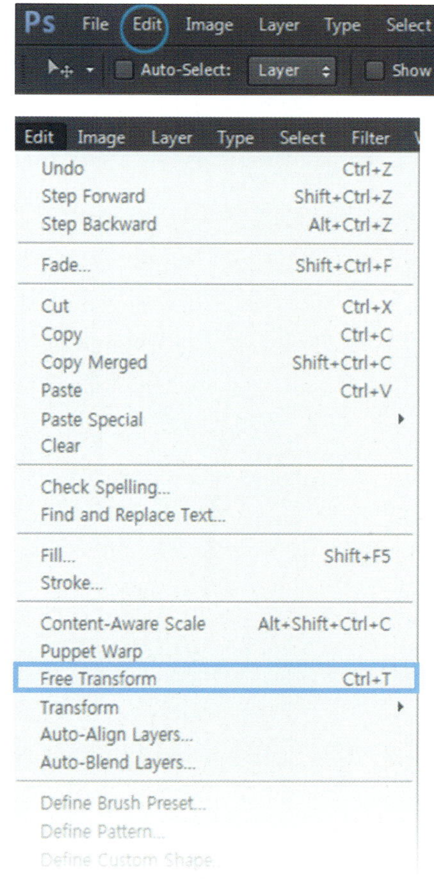

01

Edit(에디트)는 이미지의 형태를 수정하거나 단축키를 설정하는데 주로 사용됩니다. 그 중 가장 많이 사용되는 기능은 transform (트랜스폼)입니다. 트랜스폼의 단축키는 Ctrl+T 이고, 이미지의 형태를 변형하는 기능입니다.

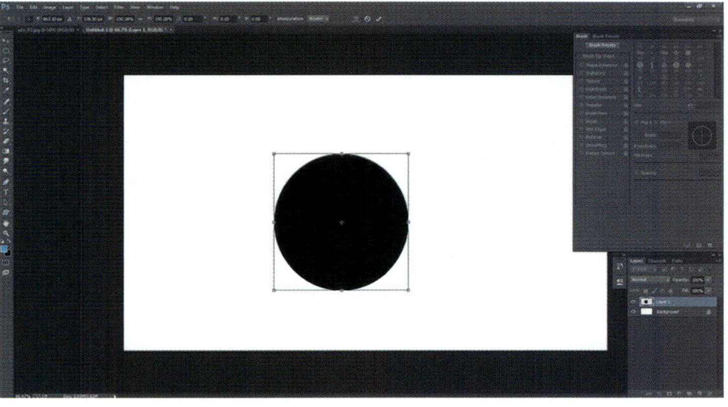

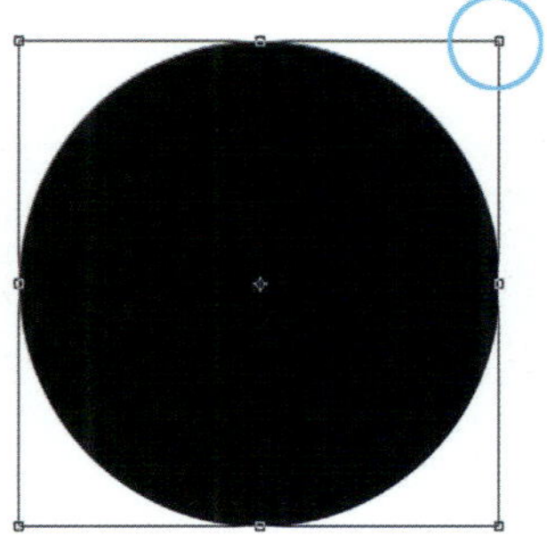

02

트랜스폼을 누르면 이런 가이드가 나타납니다. 작업물이 있는 경우만 나타나기 때문에 꼭 무엇이든 그려놓고 기능을 사용하세요. 파란색으로 표시된 부분을 클릭하고 상하 좌우로 움직이면 형태가 좌표대로 움직입니다.

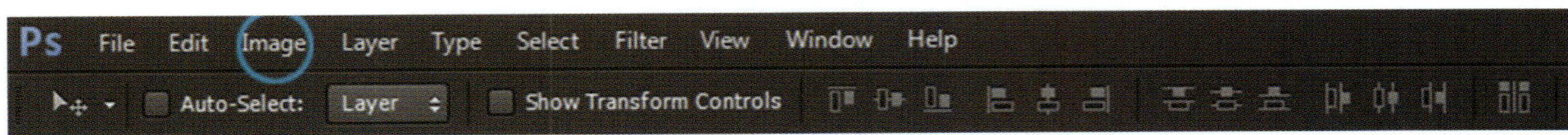

01

Image (이미지) 입니다. 이미지는 간단하게 말하자면 색을 수정하고 이미지 사이즈를 조정하는 곳입니다.
Adjustment 을 주로 사용하게 되는데, 주로 그림의 색과 명암을 수정하는 기능들이 들어 있습니다.

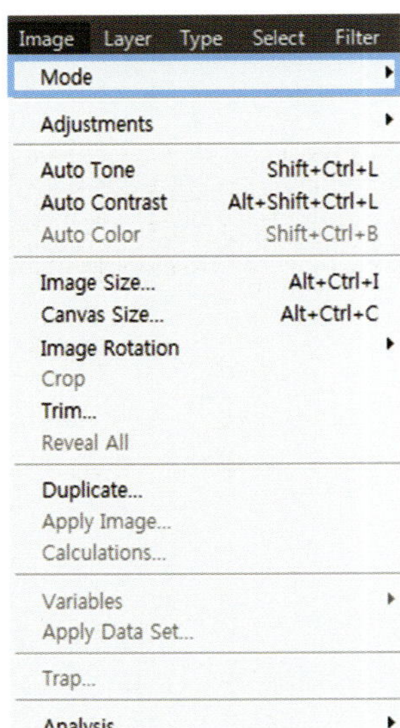

02

Adjustments를 클릭하면 이런 메뉴가 나옵니다.
(자세한 컨트롤 방법은 뒤에 튜토리얼과 편집 과정에서 알려드리겠습니다.)

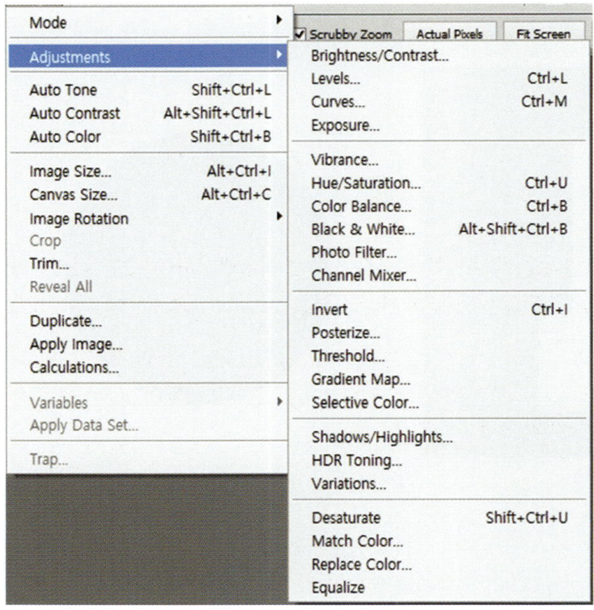

03

Brightness/contrast - 명도와 대비 조정
Levels - 화이트&블랙 밸런스
Curves - 곡선 그래프로 명도 대비 조정
Hue/saturation - 채도조정

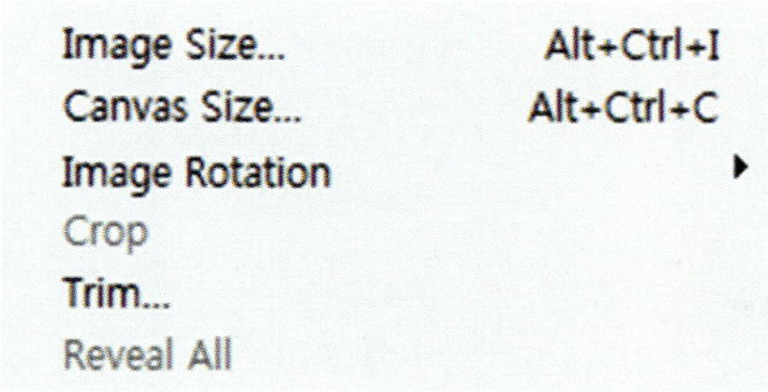

Image Size...	Alt+Ctrl+I
Canvas Size...	Alt+Ctrl+C
Image Rotation	▶
Crop	
Trim...	
Reveal All	

04

Image Size – 이미지 해상도 조정
Canvas Size – 캔버스 크기 조정
Image Rotation – 이미지를 회전시키거나 반전 시키는 기능
Crop – 캔버스 자체를 잘라버리는 툴

저자가 자주 쓰는 툴 위주로 설명 하고 있으니 생략되는 부분이 있습니다.

Filter

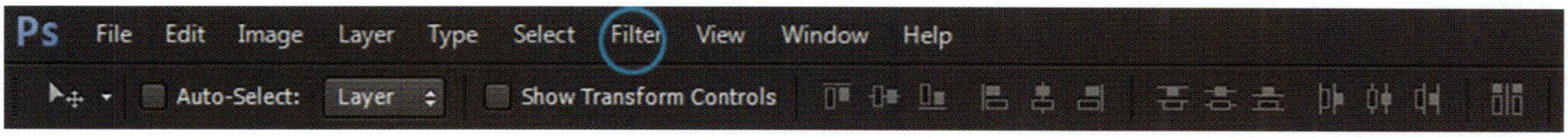

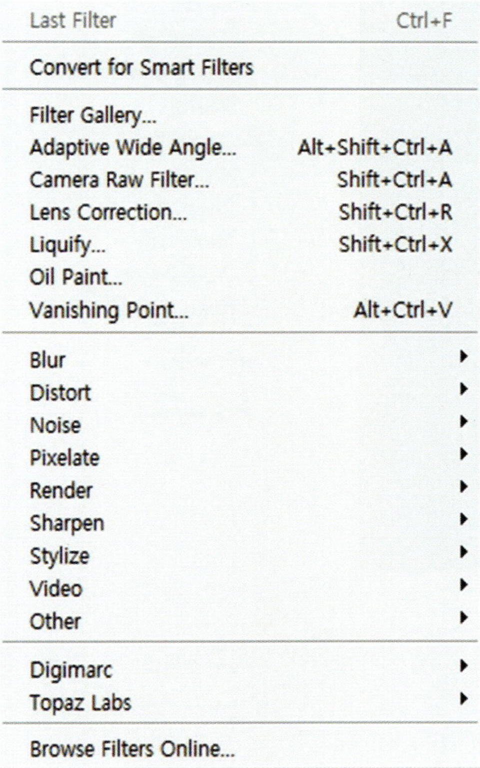

Last Filter	Ctrl+F
Convert for Smart Filters	
Filter Gallery...	
Adaptive Wide Angle...	Alt+Shift+Ctrl+A
Camera Raw Filter...	Shift+Ctrl+A
Lens Correction...	Shift+Ctrl+R
Liquify...	Shift+Ctrl+X
Oil Paint...	
Vanishing Point...	Alt+Ctrl+V
Blur	▶
Distort	▶
Noise	▶
Pixelate	▶
Render	▶
Sharpen	▶
Stylize	▶
Video	▶
Other	▶
Digimarc	▶
Topaz Labs	▶
Browse Filters Online...	

01

Filter(필터)는 이미지에 효과를 입히는 기능이 있어 사진 편집에 주로 쓰입니다. Blur는 사물의 선명도를 떨어뜨리고, Sharpen은 선명도를 올립니다.

필자는 주로 **Blur** 와 **sharpen** 을 주로 쓰는데 특정한 표현이 필요할 때만 이용합니다.

02

위 그림이 Blur 와 sharpen 두 가지를 사용한 경우입니다. 부드럽게 번진 효과와 날카로운 엣지감이 동시에 필요한 경우에 사용하고 주로 수채화적 느낌을 표현할 때 사용합니다.

Window

01

다음은 Window(윈도우) 입니다. 이쪽은 관리 툴이 모여있는데 처음 포토샵을 셋팅할 때 몇까지 체크할 것이 있습니다.

02

Layers – 레이어를 관리하는 박스

Brush Presets – 브러시를 관리하는 박스

Navigator – 현재 작업 상황을 모니터 하는 박스

Option – 현재 지정된 툴의 부가기능과 상세정보 표시

Tool – 드로잉 사용 툴

필자는 위의 이미지처럼 셋팅하여 쓰고있습니다.

TIP 포토샵을 설치 후 이렇게 사용 빈도가 높은 툴박스를 먼저 배치해 주면 좋습니다. 개인 취향에 따라 배치를 변경하여 쓰는 것도 좋습니다.

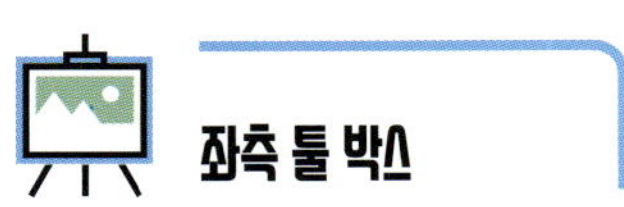 **좌측 툴 박스**

가장 자주 사용되는 툴이 모여있는 박스입니다.각 툴에 대해 알아보겠습니다.

Move – 이미지를 이동 시킬 때 쓰입니다. (단축키 V)

Marquee Tool – 점선으로 도형 형태를 불러냅니다. (단축키 M)

Lasso Tool – 올가미라 불리는데 원하는 영역을 오려낼 때 사용합니다. (단축키 L)

Magic wand Tool – 색이나 명도를 감지해 영역을 오려내는 기능입니다. (단축키 E)

Crop – 캔버스 자체를 잘라냅니다. (단축키 C)

Eyedropper Tool – 일명 '스포이드' 라고 불리고 원하는 색을 찍어냅니다. (단축키 Alt)

Brush Tool – 브러시로 설정하는 툴입니다. (단축키 B)

Eraser Tool – 지우개입니다. (단축키 E)

Smudge Tool – 이미지를 문지르는 효과를 줍니다. (단축키 없음)

Dodge Tool – 원하는 타겟에 명도와 채도를 강제로 증가시킵니다. (단축키 O)

 **Hand Tool** -캔버스 안에 이미지를 원하는 지점으로 이동시킵니다. (단축키 space bar)

 **Zoom Tool** - 확대와 축소 기능 (단축키 Z)

 ## 우측 툴 박스

화면을 보면 우측으로 네비게이터와 브러시프리셋 레이어박스 등이 있습니다.

 ## Layer

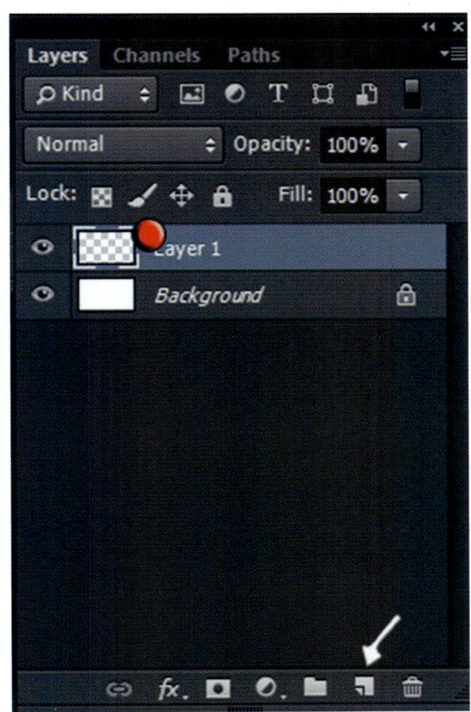

먼저 Layer 박스입니다. 레이어는 현 상태에서 위로 얹고 작업하는 것입니다. 최초에는 흰색 Background 라는 기본 레이어가 깔려있고 흰색 화살표를 클릭하면 위와 같이 새로운 레이어가 생성됩니다. 화살표를 계속 누르면 레이어가 계속 생겨납니다. 레어어를 드레그하여 위 아래로 이동 가능하고, 클릭이나 드레그하여 휴지통으로 가면 삭제가 됩니다. 레이어가 파란색으로 지정된 상태에서 단축키 Ctrl+E 누르면 하위 레이어와 결합됩니다. 가장 많이 쓰는 동작입니다.

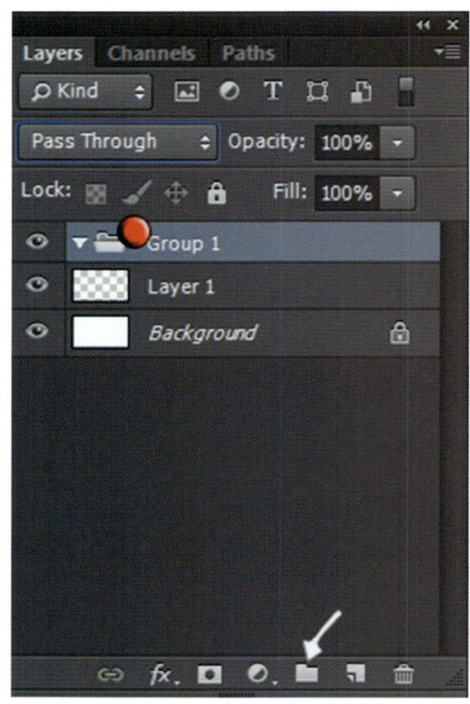

다음은 그룹입니다. 그룹 폴더는 다른 레이어들을 존속시키는 기능을 합니다. 작업 레이어가 많아질 때 편리하게 사용되는데, 그룹으로 관리하면 작업레이어를 찾거나 관리할 때 유용합니다. 화살표를 클릭하면 현 레이어 상단에 그룹이라는 폴더가 생성됩니다. 그룹에 존속된 레이어들은 그룹 자체를 지우면 같이 지워지니 조심해야합니다.

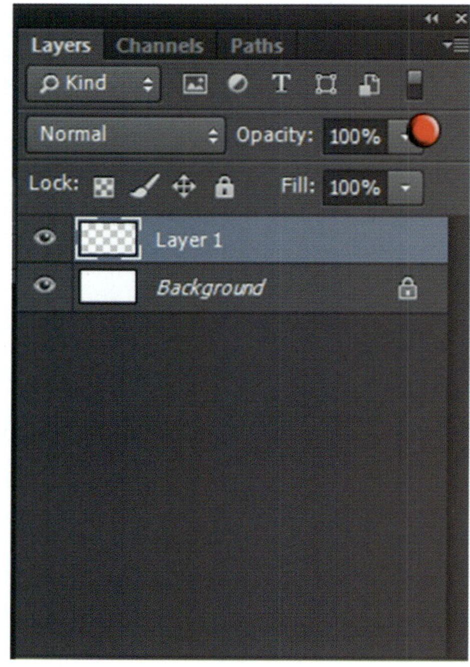

그리고 레이어 오파시티(opacity) 입니다. 이것으로 현재 레이어의 투명도를 조정합니다. 예를 들어 흐린 안개를 표현 할 때나 유령 같은 느낌을 표현할 때 유용합니다.

레이어 오파시티(opacity)는
내용상 자주 언급 할 수 있으
니 기억해주시기 바랍니다.

Navigator

네비게이터는 현재 작업되는 상황을 모니터링해주는 기능입니다. 이 네비게이터는 배경 컨셉에서 굉장히 중요하다고 생각
됩니다. 항상 거론되는 문제 중 하나가 그림을 그리기에 앞서 쓸데없는 부분을 묘사하고 있는 경우가 많습니다. 이런 현상은
PC로 그림을 그리는 시대가 오면서 생긴 문제인데, 실제 그림을 그릴 때에는 종이를 전체적으로 바라보고 그리지만 PC에서
는 특정 부위만 바라보고 그리는 경우가 많습니다. 이런 습관들이 불필요한 터치가 많아지고 원근감이 떨어지는 결과를 가져
옵니다. 그래서 저자는 네비게이터 모니터링을 굉장히 중요하게 생각합니다. 네비게이터는 이런 문제점을 어느 정도 보완해
나갈 수 있는 통로라고 생각합니다. 항상 그림의 전체적인 조화를 이해하면서 그림을 그리는 것이 바람직합니다.

이상 포토샵 드로잉에 필요한 주요 기능에 대해 알아봤습니다. 앞서 언급했듯이 필자는 포토샵 기능을 많이 이용하지 않습니
다. 물론 저의 방식이 100% 정답이 아닐 수 있지만 경험을 토대로 해서 봤을 때, 기능의 의존보다는 원리에 따라 배워나가는
것이 앞으로 실력 향상에 도움이 될 것이라 생각됩니다. 하지만 다음 진행 중 꼭 필요한 주요 기능 설명이 있으니 주목해 주
시기 바랍니다.

투시 (Perspective)

투시(perspective)는 그림에서 가장 중요한 부분입니다. 아무리 잘 그려진 그림이라 할지라도 투시가 틀리면 많이 불안해 보이기 때문입니다. 절대적으로 알아야 하고 절대 틀리면 안 되는 중요한 과정입니다. 좋은 그림에 있어 꼭 필요한 이론이니 즐거운 마음으로 하나씩 배워보겠습니다. 투시라는 것은 쉽게 말해 원근(거리감)의 개념입니다. 현 위치에서 먼 거리의 위치까지의 거리를 느끼는 것입니다. 입체감을 느끼고 거리감을 느끼는 첫 단계라 생각하면 됩니다. 투시법은 보통 1점, 2점, 3점, 4점, 5점으로 나뉩니다.

1점 투시

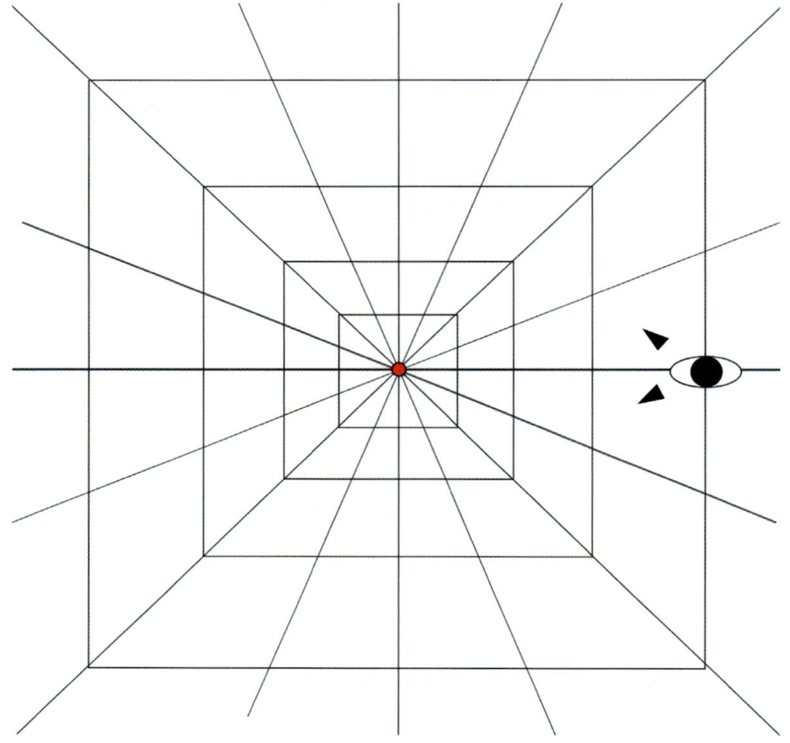

01

먼저 1점 투시를 알아보겠습니다. 이렇게 가운데 1점으로 모든 선들이 모이는 것이 1점 투시도법입니다. 마치 통로 안에 있는 듯한 느낌을 줍니다. 지금 1점 투시 예시를 보시면 점이 중앙에 있습니다. 이런 경우는 눈이 중앙의 위치에서 바라보고 있다는 증거입니다. 사실상 투시에서 가장 중요한 것은 시선입니다.

> 가운데 붉은 점을 소실점이라고 말하고 오른쪽 눈 모양을 시선이라고 하고 검은 화살표를 눈높이라고 얘기하겠습니다.

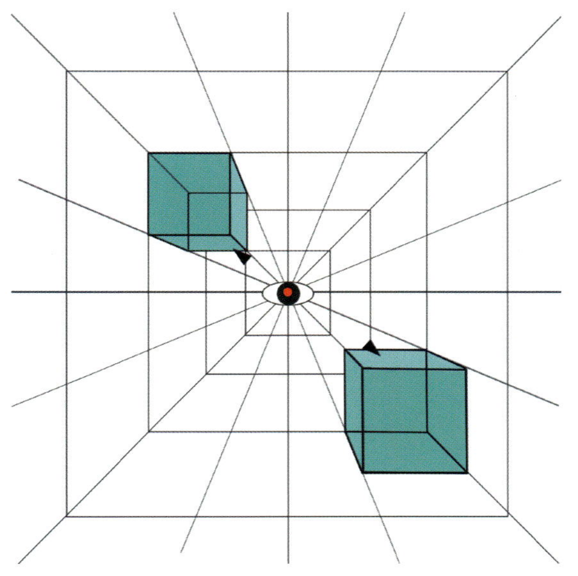

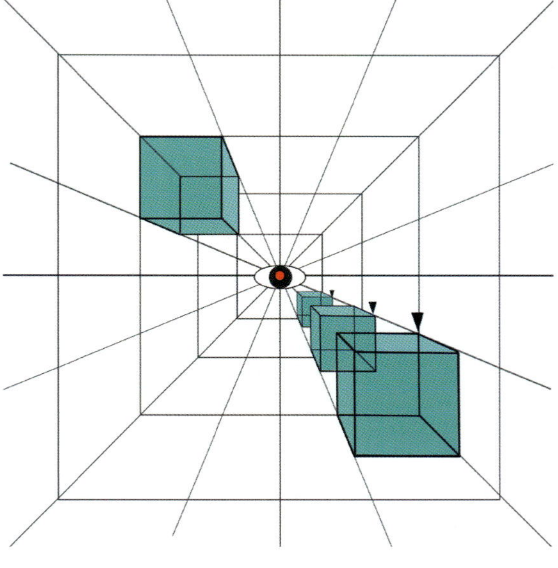

02

1점 투시에 맞춰 박스 두 개를 배치해 보았습니다. 가운데를 바라보는 순간 시선을 따라 일정한 선들이 생기는데, 이 선에 따라 형체의 외곽선을 맞추는 방법입니다. 중앙부가 시선이기 때문에 위에 있는 박스는 밑면이 보이고, 아래에 있는 박스는 윗면이 보이고 있습니다. 투시에서 가장 많은 실수가 나오는 부분입니다. 지금은 박스이지만 좀 더 복잡한 형태였다면 윗면과 아랫면을 잘못 그리는 일이 종종 발생하기 때문에 항상 이 부분에 집중해 주시기 바랍니다.

03

이제 박스를 투시에 맞추어 일정한 배치를 해보겠습니다. 배치 방법은 먼저 그려놓은 투시 선에 맞추는데 화살표처럼 일정 비율로 배치해 나가면 됩니다. 이것이 1점 투시에 맞춰 사물을 배치하는 방식입니다.

1점 투시의 예

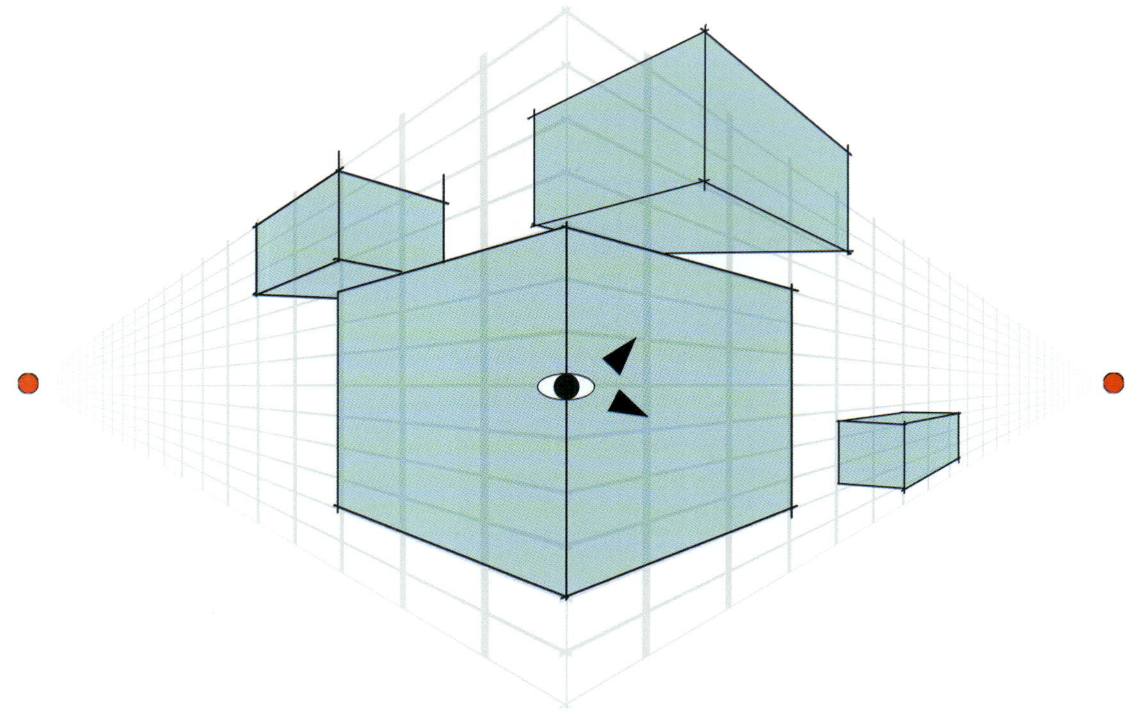

01

2점 투시는 말 그대로 2점으로 구성된 투시법입니다. 좌우에 빨간 점 2개가 양쪽으로 당기는 듯한 느낌을 줍니다. 1점 보다는 뭔가 더 시야가 넓어진 느낌이 들고 거리감이 좌우로 분산되는 효과를 줍니다.

02

위 그림을 보면 두 점의 투시 선이 약간 아래로 향하고 있습니다. 우리가 저 건물을 바라보는 위치가 두 점의 평행선이고 그 것이 바로 시선입니다. 사실 투시는 그렇습니다. 우리가 바라보는 시선의 위치에 따라 저 두 점의 성질이 바뀌기 시작하는 것 입니다.

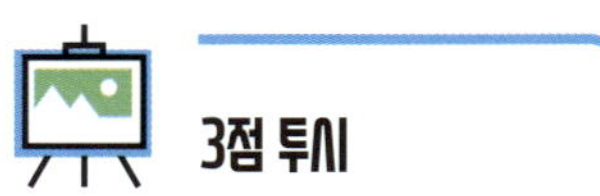

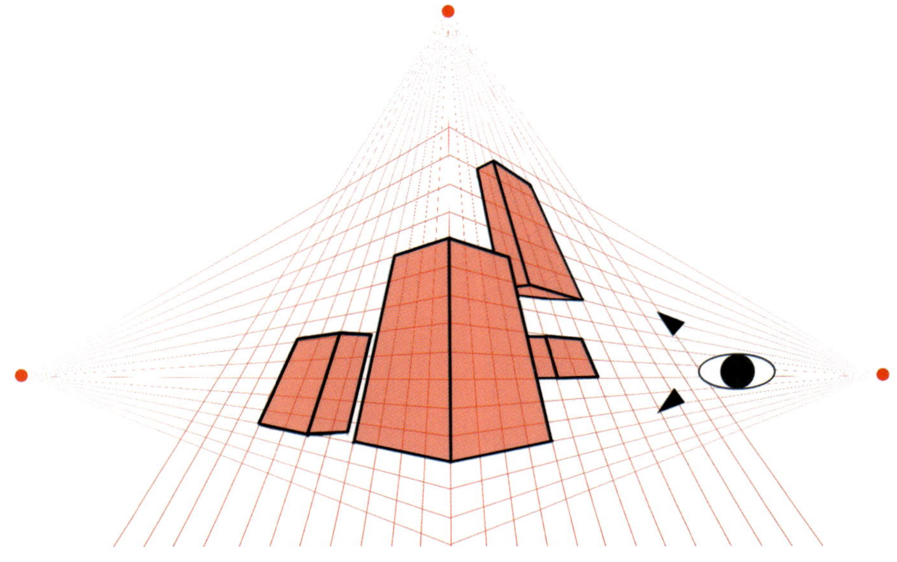

01

3점 투시는 이전 2점 투시에 위나 아래로 소실점 하나를 추가하는 것입니다. 위의 예시를 보면 위로 소실점을 배치했습니다. 그 결과 위로 한 번 더 잡아당겨지는 느낌이 나기 시작합니다. 마치 아래에서 위를 주시하는 듯한 느낌이 생기는 것입니다. 이런 현상은 우리 일상 생활 중 발견할 수 있습니다. 길을 걷다 고층 빌딩의 꼭대기를 바라보면 저런 3점 투시 느낌이 나는 것입니다. 한 번 더 강조하지만 투시는 결국 사람의 눈길을 닮아있습니다.

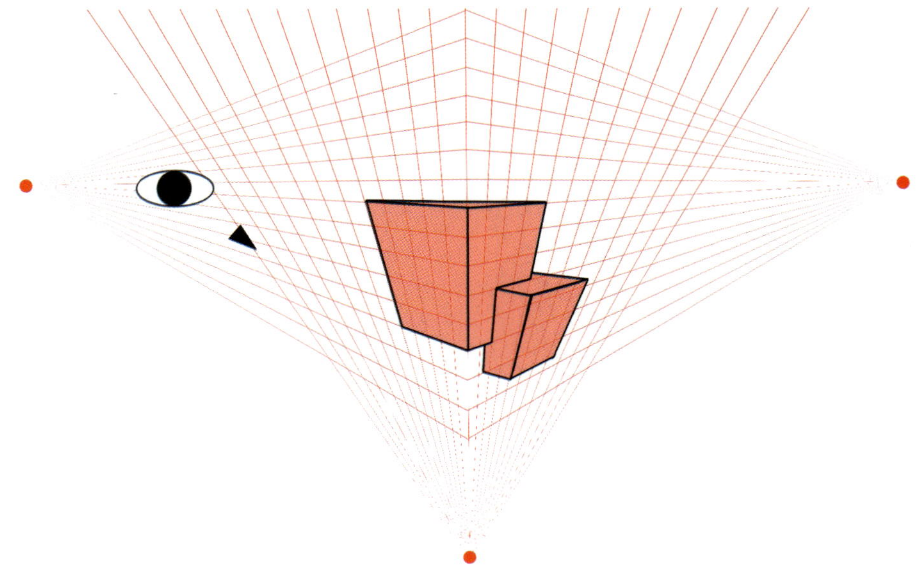

02

소실점이 아래에 있는 경우입니다. 위에서 아래를 보는 듯한 느낌이 듭니다.

 **4점 투시**

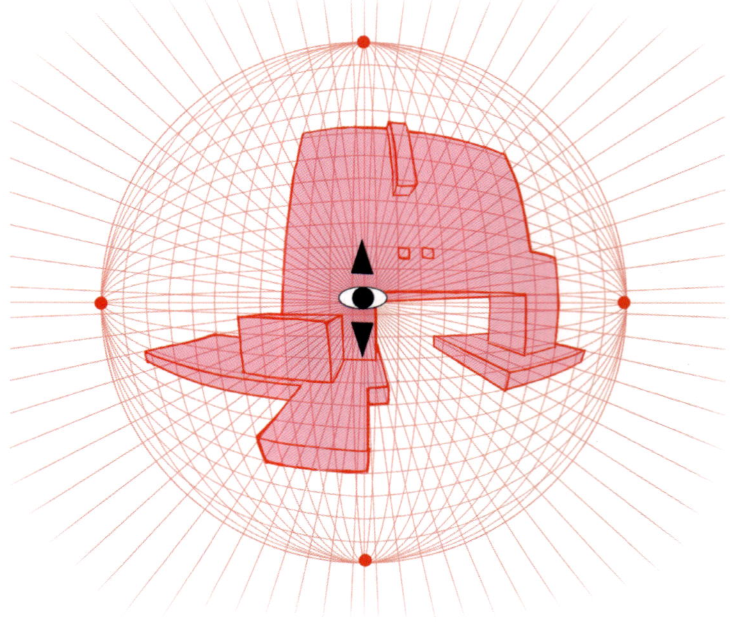

4점 투시는 사방에 소실점이 다 있는 상태이기 때문에 왜곡 현상이 벌어집니다. 왜냐하면 사방의 소실점이 사물을 당기기 때문에 물체는 자연스럽게 라운드 상태로 당겨지게 되는 것입니다. 특징은 윗면과 아랫면이 한 시야에 동시에 들어오는 점입니다. 결국 투시는 사물을 바라보는 시각 위치나 관찰자의 시야 (렌즈의 크기)에 의해 변한다고 생각하시면 좋습니다.

5점 투시

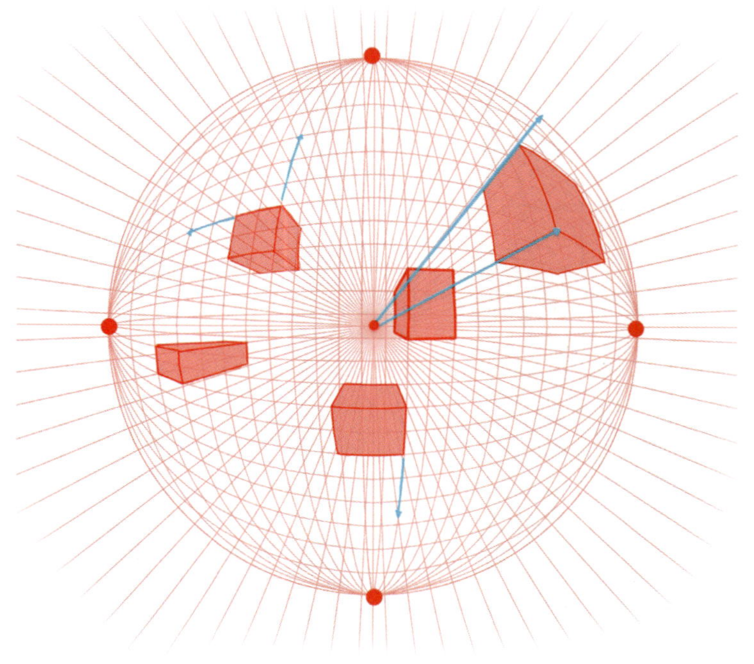

다음 5점 투시입니다. 4점 투시에서 가운데 점이 추가됩니다. 4점의 영향으로 왜곡된 형태가 다시 가운데로 모입니다. 이런 4, 5점 투시법이 많이 사용되지는 않습니다. 간혹 우주나 볼록렌즈 효과를 표현 할 때 사용 될 수는 있으나, 일반적으로 왜곡이 생겨서 사용을 지양하고 있습니다. 하지만 이런 다양한 투시를 이해하면 후에 좀 더 다양한 연출을 하는데 도움이 됩니다. 특히 액션 씬에서 많이 활용됩니다.

소실점의 거리

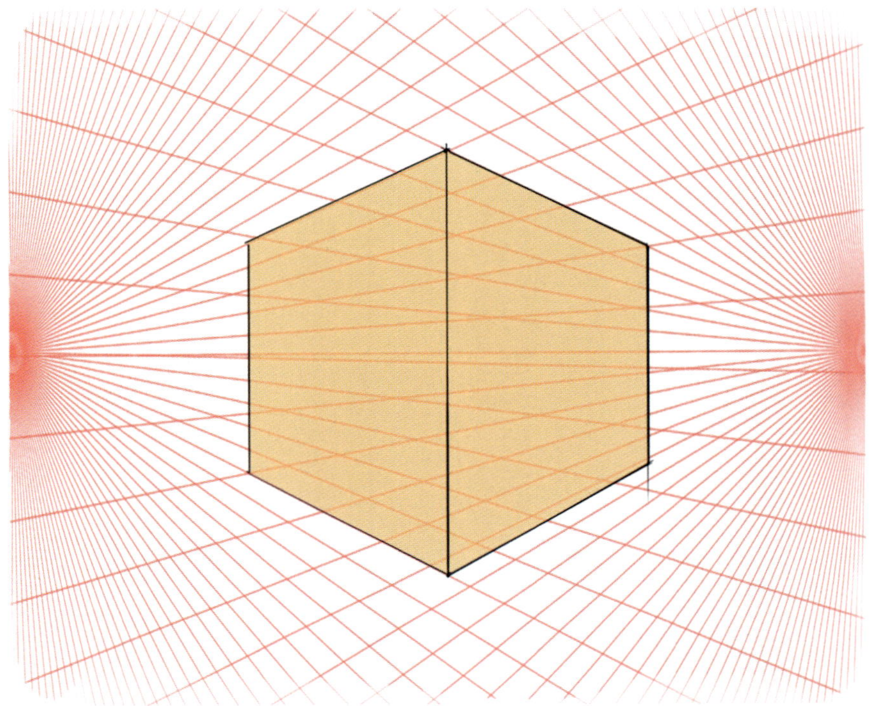

01

소실점 거리를 정하는 것도 매우 중요합니다. 이와 같이 소실점이 사물과 가까운 경우 어디론가 많이 쏠리는 기분이 듭니다. 물론 그런 느낌이 필요하기도 하지만 어느 정도 유연한 느낌을 주는 것이 보기에도 좋습니다. 그러기 위해서는 소실점을 사물과 거리를 늘려주는데 많이 늘려줄수록 사물이 완만한 느낌이 듭니다. 너무 많이 늘리면 입체감을 잃을 수도 있으니 의도에 맞게 늘려 주시기 바랍니다.

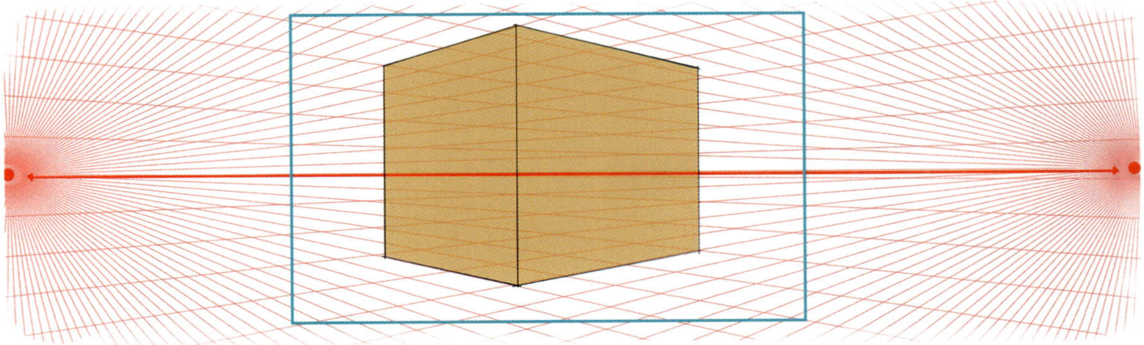

02

소실점의 거리는 곧 사물을 보는 렌즈나 눈의 크기가 커졌다고 생각하면 좋을 것 같습니다. 비유하자면 작은 카메라로 사물을 가까이서 찍을 때와 구경이 큰 망원렌즈로 사물을 찍었을 때 의 차이라고 생각하면 좋습니다.

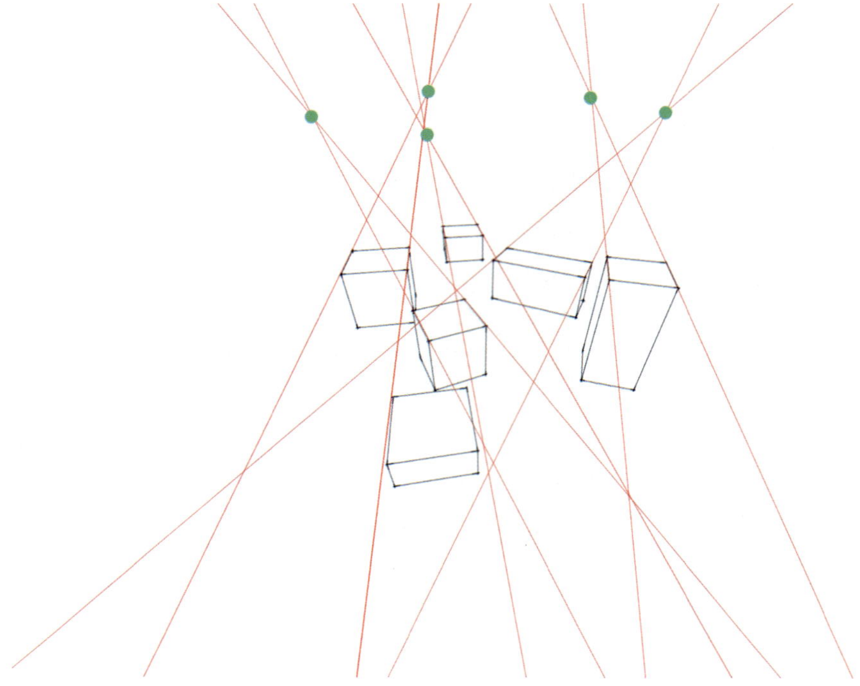

01

투시를 공부하는 중 굉장히 큰 난관에 봉착하는 경우가 있습니다. 만약 1점 투시에서 가지런하게 세워진 건물을 바라본다면 소실점으로 나란히 모입니다. 하지만 만약 건물이 비틀어지거나 쓰러져 있다면 1, 2점 투시에 맞추기 힘든 상황이 옵니다. 위의 예를 보면 3점 투시의 상자들이 서로 다르게 배치되어있습니다. 윗면들의 소실점을 관찰해 보면 소실점 각 상자마다 다르게 찍혀있습니다. 이것은 사물의 축이 바뀌었기 때문에 소실점도 달라진 것입니다. 하지만 점들의 위치가 서로 다르지만 많이 어긋나있지는 않습니다. 한 개의 소실점을 따라가는 것이 아닌 각자 소실점으로 움직이고 있습니다. 이렇게 뒤틀린 사물을 그려야하는 상황에서는 거리와 비율로 형체를 조절하는 방법을 사용합니다.

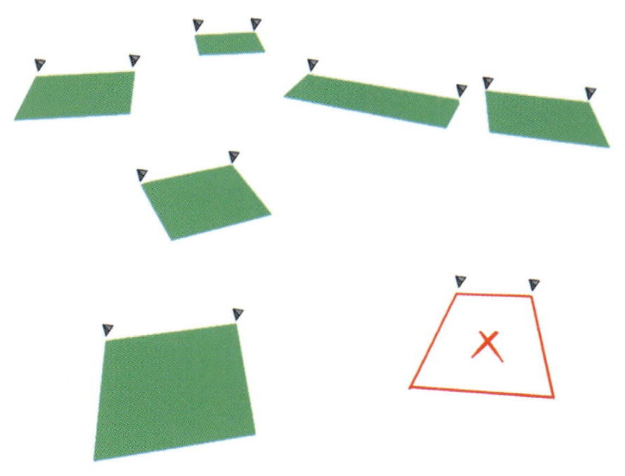

02

윗면을 기준으로 보면 이러한 공통점이 있습니다. 크기나 형태가 달라도 소실점으로 인해 조여지는 면의 너비의 비율이 비슷한 것을 알 수 있습니다. 하지만 빨간 면처럼 너비가 다르면 어색해집니다. 거리감이 다른 형체가 같이 존재하면 이상하겠지요. 이런 변칙적인 형태의 투시는 자연물을 그릴 때 필요합니다. 자유로운 형태를 그리기에 아주 적합합니다.

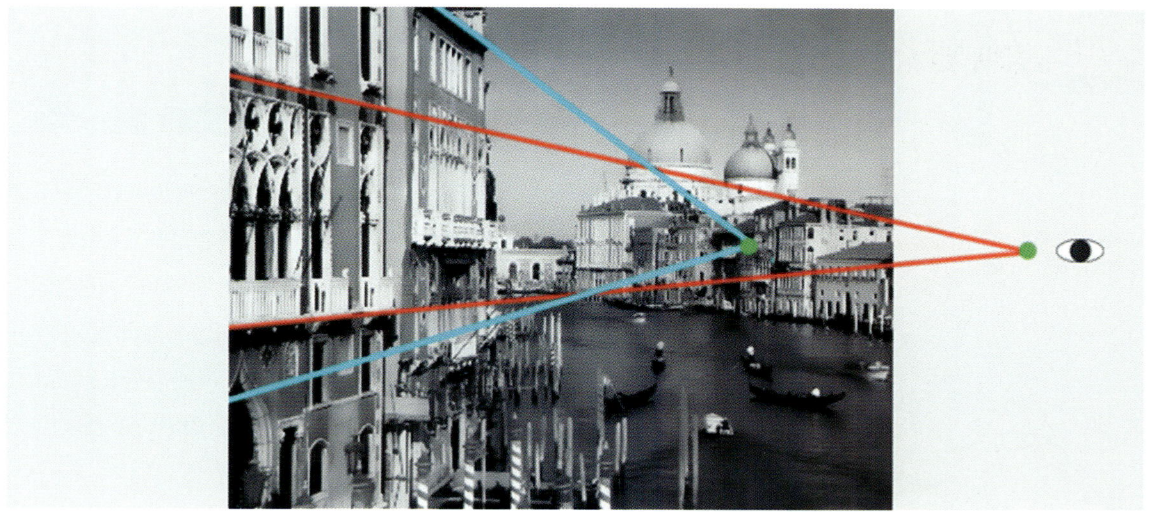

03

사물이 일렬로 세워 지지 않은 경우입니다. 두 번째 건물이 좌측으로 틀어진 경우인데 이럴 때에도 소실점이 변경됩니다. 파란 선이 회전한 방향으로 옮겨진 상황입니다. 기울어지지 않은 상황이기 때문에 소실점이 평행을 이루고 있습니다.

스케치 (Sketch)

그림을 그리기 앞서 가장 먼저 해야 할 것은 당연히 스케치입니다. 그림의 완성도에 중요한 역할을 합니다. 그림을 그리는 동안 이런저런 생각에 빠져 예상과는 다른 결과물로 흘러가는 경우가 있고 투시나 구도가 망가지는 경우도 있으니 스케치로 가이드를 잡아두는 것이 바람직합니다.

그럼 다시 포토샵으로 넘어가 보겠습니다. 스케치를 하기 위해서는 선이 필요합니다. 선을 쓰는 방법은 두 가지가 있습니다. 먼저 포토샵 단축키 Ctrl+Alt+N 을 누르시면 새로운 캔버스가 생성됩니다. 그리고 단축키 B를 누르면 브러시 모드로 바뀝니다.

Brush (브러시) 모드

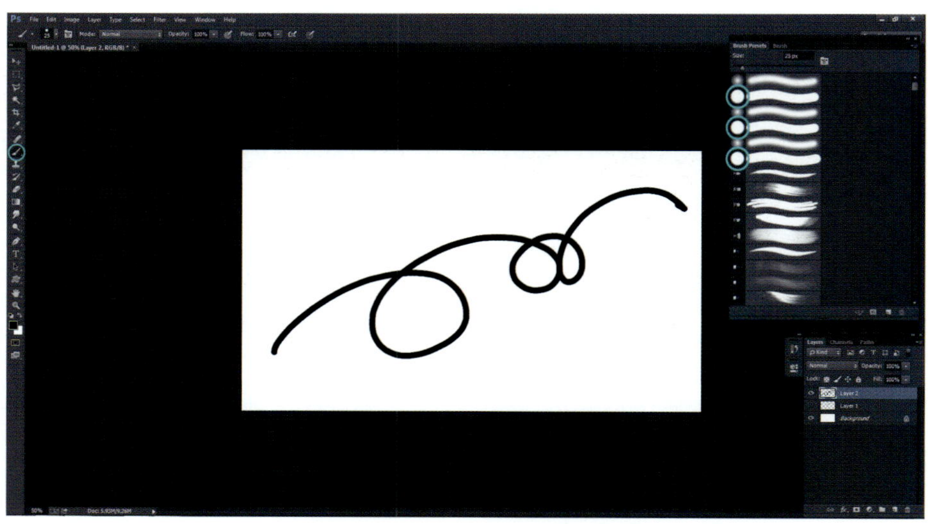

01

이제 타블렛 펜을 잡고 선을 그려 봅니다. 선의 두께를 조정하려면 단축키 < [> 나 <] >를 사용합니다.

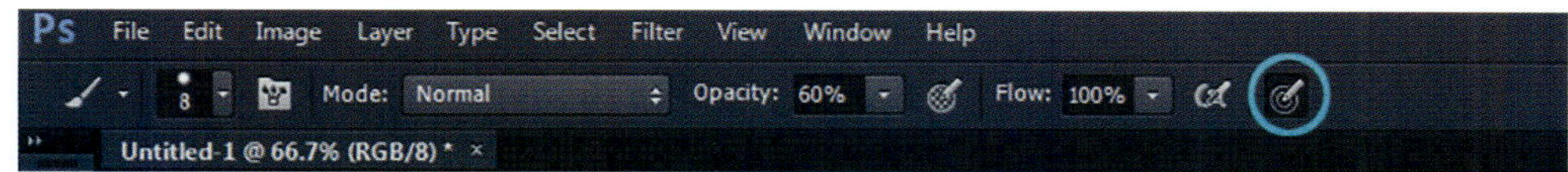

타블렛 펜의 누르기 감도(필압)를 설정하면 이와 같이 누르는 힘의 강도로 선의 강약을 조절할 수 있습니다.

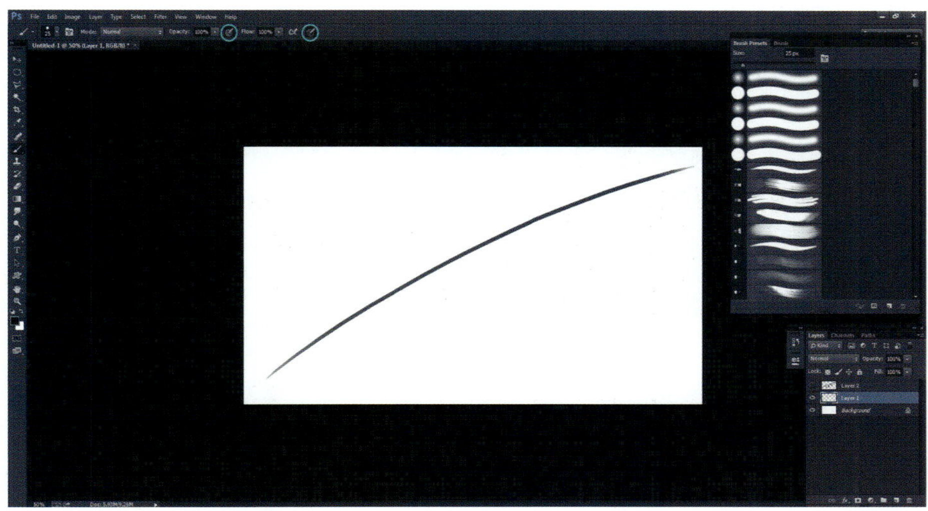

만약 선의 눌림 강도가 조절된다면 농도도 정할 수 있습니다.

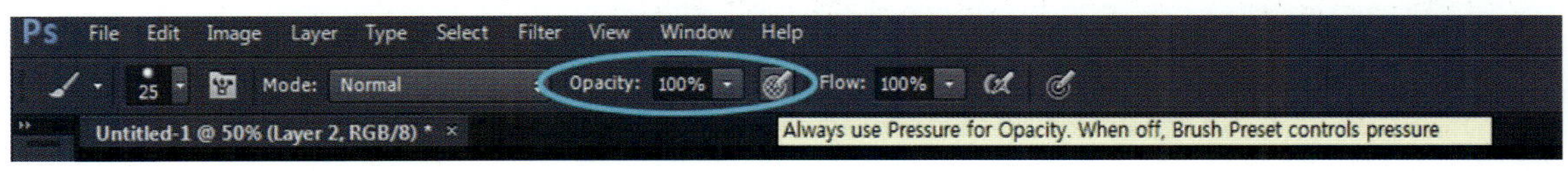

브러시의 투명도를 조절하는 곳입니다. 이 기능은 그려지는 브러시에 투명 값을 주는데, 주로 흐릿하게 그릴 때 필요합니다. 기능의 활성화 버튼은 파란 동그라미 안 오른쪽 버튼입니다. 이를 opacity(투명도)라 부르고 브러시 사용 중 키보드로 숫자 키를 누르면 조절됩니다.

TIP 예를 들어 숫자 5를 누르면 투명도 50%가 됩니다.

다음 Flow 입니다. 이는 에어브러시 효과입니다. 이것은 펜의 누르는 지속시간에 따라 중첩되는 효과를 줍니다.

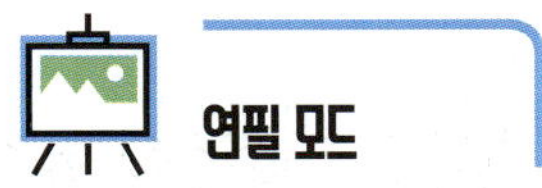

연필 모드

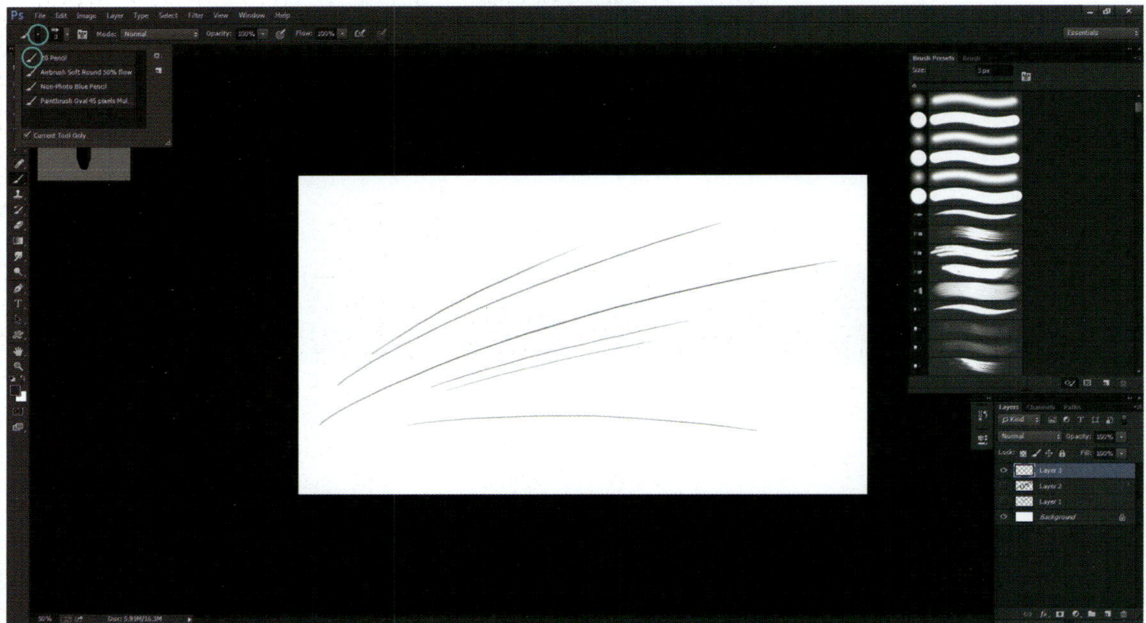

브러시 말고도 다른 방법으로 스케치를 할 수 있습니다. 브러시(단축키 B)에서 좌측 파란 동그라미를 누르면 연필 모드가 생깁니다. 이는 말 그대로 연필 효과입니다. 종이에 연필로 그려지는 느낌이 나는데 작업자의 감성에 따라 선택해 쓰면 좋습니다.

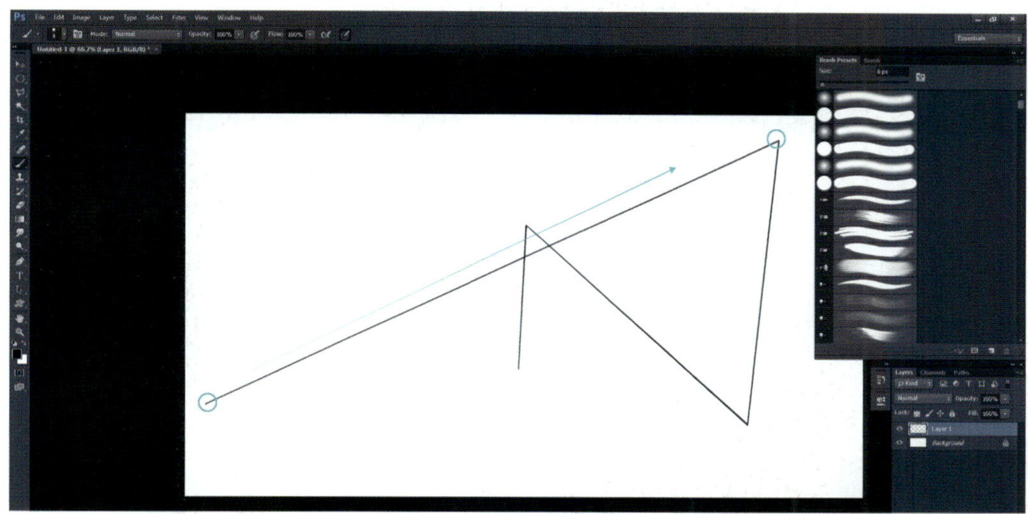

01

직선으로 선을 넣을 때는 출발 지점에서 펜으로 누르고 Shift 누른 상태에서 도착지점에 펜을 찍으면 직선이 만들어집니다. 가장 많이 쓰이는 기능이고 배경을 그릴 때에는 필수로 쓰입니다.

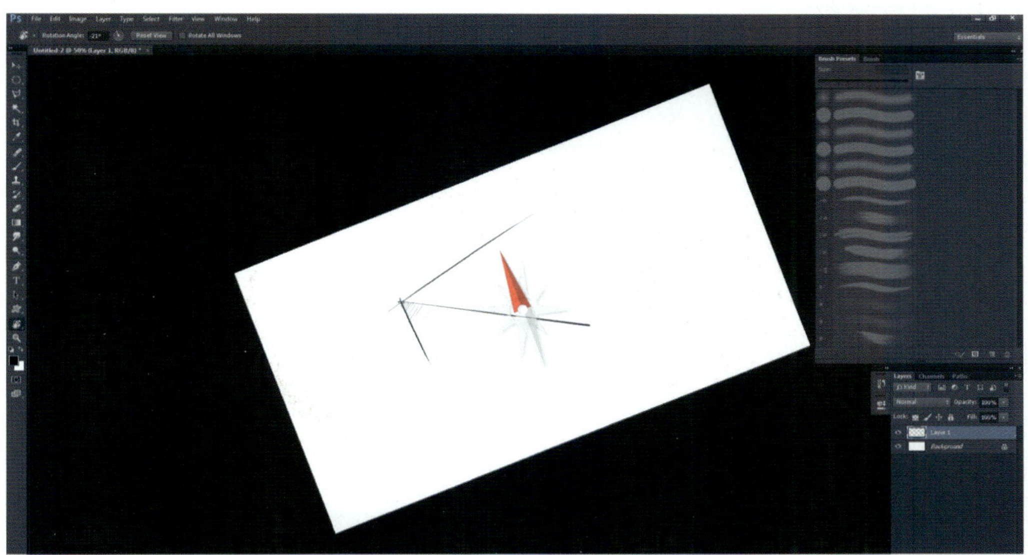

02

스케치 도중 종종 이런 경우가 있습니다. 사람의 신체적 한계 때문에 항상 곧게 세워져 있는 캔버스에 스케치하기는 정말 쉽지 않습니다. 스케치하기 편한 각도로 작업하기를 원할 때에 R버튼을 누르면 Rotate 모드로 바뀝니다. 이것은 캔버스 자체를 좌, 우 축으로 비틀어주는 기능입니다. R를 누르고 펜으로 좌, 우로 움직이면 원하는 각도로 캔버스를 돌려서 사용할 수 있습니다.

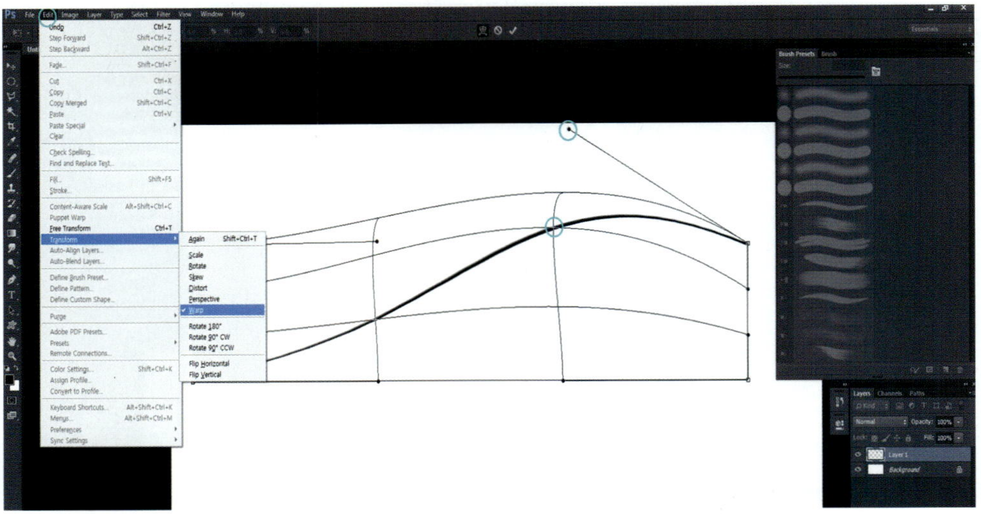

선의 모양과 각도를 수정해야 할 때 단축키 <Ctrl+T>를 누르면 이와 같이 조절하는 그리드가 생성됩니다. 이 때 꼭지점을 <Ctrl+T>키를 누른 상태로 움직이면 그 방향으로 늘어나거나 줄어듭니다. 또한 꼭지점을 <Shift>키와 함께 누르고 움직이면 비율 고정 상태에서 크기만 조절 가능합니다. 그리고 아무 키도 누르지 않고 좌, 우로 돌리면 회전만합니다.

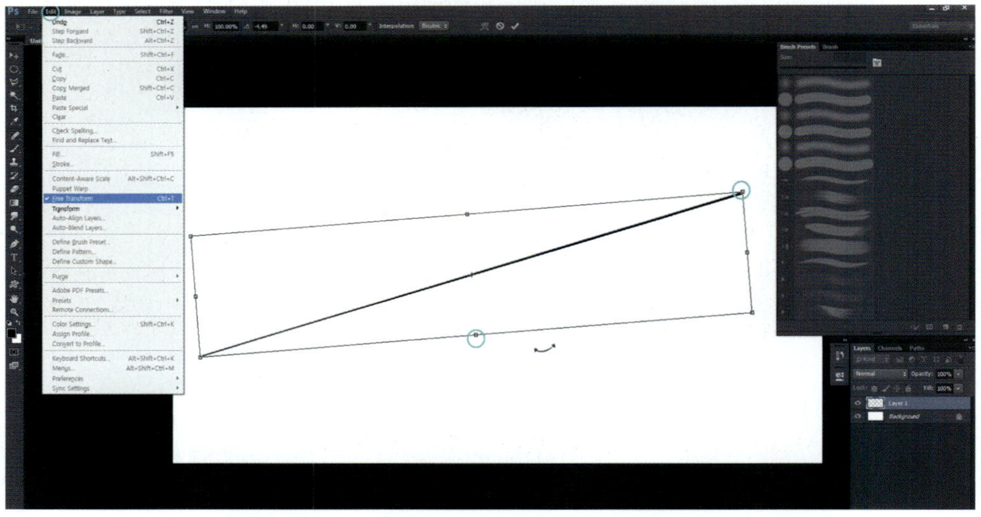

Edit에 Transform - Warp은 곡선이나 직선을 원하는 방향으로 좀 더 유연하게 수정하는 기능입니다. Warp를 누르면 이와 같이 점이 있는 그리드가 생깁니다. 사용법은 간단합니다. 면이든 꼭지점이든 아무 곳이나 누르고 움직이면 그 방향으로 따라 갑니다. 하지만 지나치게 왜곡하면 이미지 자체의 깨짐 현상이 일어날 수 있으니 조금씩 움직이며 수정해야 합니다.

0 2

Warp 툴의 사용 예입니다. 벽의 선을 투시 방향대로 휘어야 할 때 아주 유용합니다.

이제 간단한 스케치를 하나 해보겠습니다.

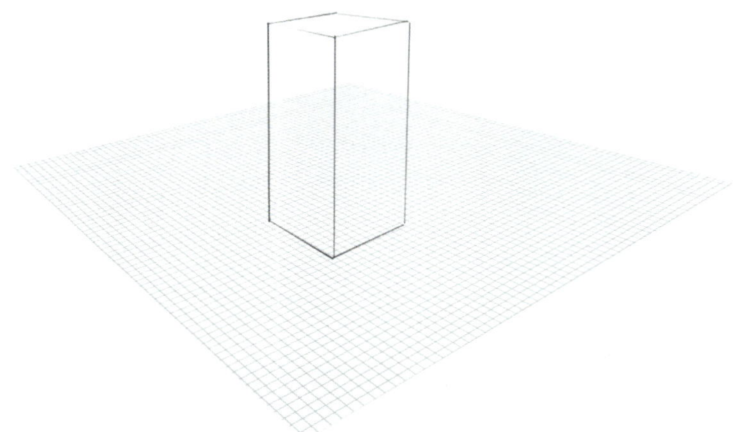

01

일단 약간 내려보는 3점 투시 시점에서 시작해보겠습니다. 투시에 맞추어 직선 그리기로 박스 하나를 세워 봅니다. (3점 투시법은 투시법 단락을 참고) 투시선을 미리 체크해주시면 그림을 그리기 한결 수월해집니다.

02

의자를 하나 그려보는데 처음부터 깨끗한 선으로 표현하기보다는 러프 한 선으로 디자인과 투시를 가늠해보고 들어가는 것이 바람직합니다.

03

러프 스케치를 한 레이어의 투명도를 떨어뜨립니다. 해당 레이어의 상단에 Opacity를 조정하는 곳이 있습니다. 우측 흰 화살표를 누르면 게이지가 나오고 좌우로 조절하면 수치가 떨어집니다. 이렇게 러프 스케치를 흐릿하게 해두고 위에 레이어 하나를 더 얹습니다. (레이어 생성은 기능편 참고) 이제 흐릿하게 뒤에 가이드가 있으니 마음 놓고 디테일하게 스케치해 볼 수 있습니다.

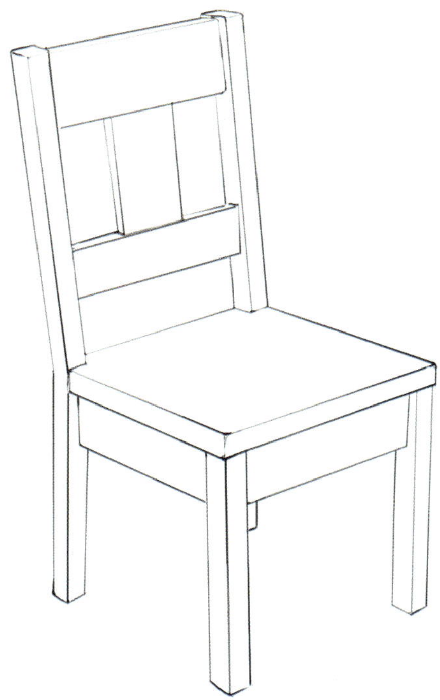

04

의자를 그려보았습니다. 선 스케치를 하다 보면 이런 일들이 있습니다. 너무 정교하게 그리려다 보면 선의 강약이 없어지고 불분명한 얇은 선들만 복잡하게 그려지는 일들이 있습니다. 그렇기에 이미지 해상도에 맞추어 작업하는 것이 효과적입니다.

매우 커 보이는 성 같지만 사실 작은 스케치입니다.

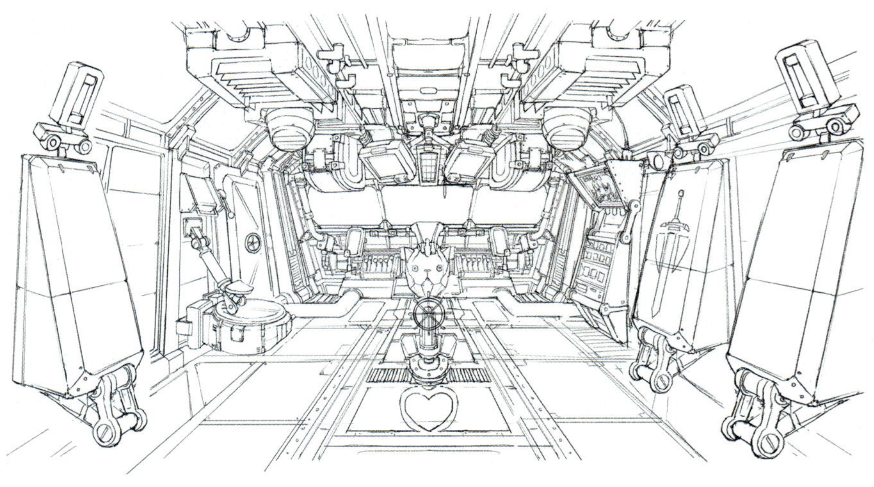

작은 실내 이지만 고해상도 작업입니다. 이 두 개의 스케치는 서로 해상도는 다르지만 결국 터치의 강도는 비슷합니다.

TIP 예를 들어 너무 가깝게 zoom in 한 상태에서 지속적으로 스케치하면 전체적인 선의 균형이 깨지기 쉽습니다. 작은 그림은 작은 그림답게 큰 그림은 큰 그림답게 그려주는 것이 좋은 그림의 시작입니다.

빛과 공기

빛 (Right) 빛은 물체가 광선을 빨아들이거나 반사하여 나타나는 색

사실 빛은 무형이며 색도 없는 상태라고 할 수 있습니다. 우리가 인지하는 건 단지 물체의 색 변화로 빛의 강도를 인지하는 것입니다. 사실 이런 이론은 그다지 중요해 보이지 않습니다. 하지만 그림의 깊이를 알수록 이런 자연 원리가 좀 더 중요해집니다. 어쩌면 그림을 잘 그린다는 것은 빛을 잘 알기 때문이라고 해도 과언이 아닙니다. 결국 빛을 잘 알기 때문에 색감도 정확히 쓸 수 있기 때문입니다.

빛의 종류

실제로 그림에 쓰이는 빛은 두 가지라고 생각하시면 됩니다. 하나는 인공 조명이고 하나는 태양광입니다.

인공 조명

인공 조명은 전구의 빛이라고 생각하면 편하게 이해할 수 있습니다. 조명의 특성은 불빛의 각도가 좁고 한정적이어서 태양광보다 약하다는 건 당연합니다. 그렇기 때문에 실내에서 전구를 등지고 있는 천정이나 가구의 구석은 많이 어둡습니다.

태양광

태양광은 말 그대로 햇빛입니다. 대부분 야외에서 느끼는 빛이고 강하고 넓게 사물을 비춥니다. 태양 빛은 직진성을 띄고 있고 지구 자전의 영향으로 태양의 빛 각도도 바뀝니다. 예를 들어 저녁으로 갈수록 그림자 길이가 길게 바뀝니다.

태양광에 의한 사물 표현은 같은 물체라 하더라도, 인공 조명에 의한 실내 그리기와 매우 다릅니다. 실내는 매우 좁은 빛 영역으로 사물이 표현되는 반면, 야외에서는 사방에 빛이 있다고 가정해야 합니다. 이런 부분은 매우 어렵게 다가오지만 결국 태양광도 직진성이 있기 때문에 이해하기 어렵지 않습니다.

빛이 사물을 지나 반대로 반사하는 현상입니다. 주로 사물의 음영 쪽으로 다시 비추는데, 주광보다는 약하게 들어납니다. 이런 반사광은 주변의 환경이나 사물의 재질에 따라 바뀝니다. 쉽게 말해 주변이 하얀 곳에 공이 있다면 하얀색의 약한 빛이 공 뒤로 투영되는 것입니다. 반사광은 그림의 생동감을 주는 중요한 역할을 합니다.

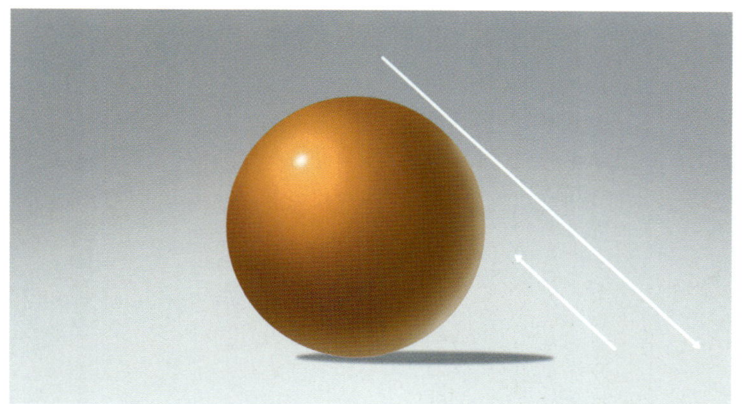

실내 인공 조명에 의해 반사광이 거의 없음

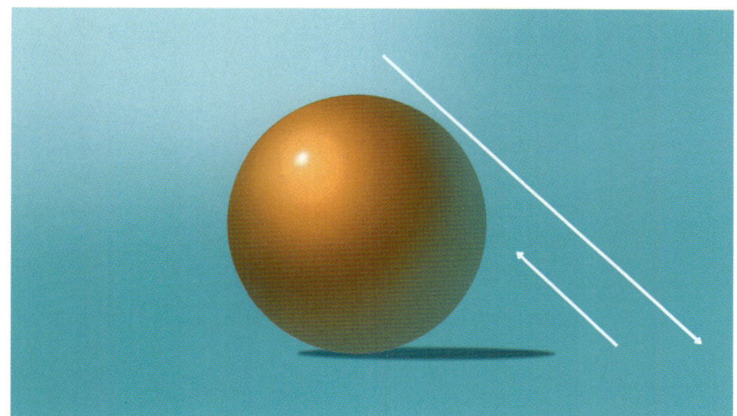

태양광에 의해 반사광이 인공 조명에 비해 많음

공기 (기후)

그림은 빛과 반사광만으로 그리는 것은 아닙니다. 또 하나 공기 상태(기후)입니다. 똑같은 시각 때 같은 양의 빛이라 해도 기후에 따라 느낌이 바뀌기 때문에 꼭 고려해봐야 할 부분입니다. 이를 잘 이용한다면 좀 더 다양한 연출이 가능해집니다.

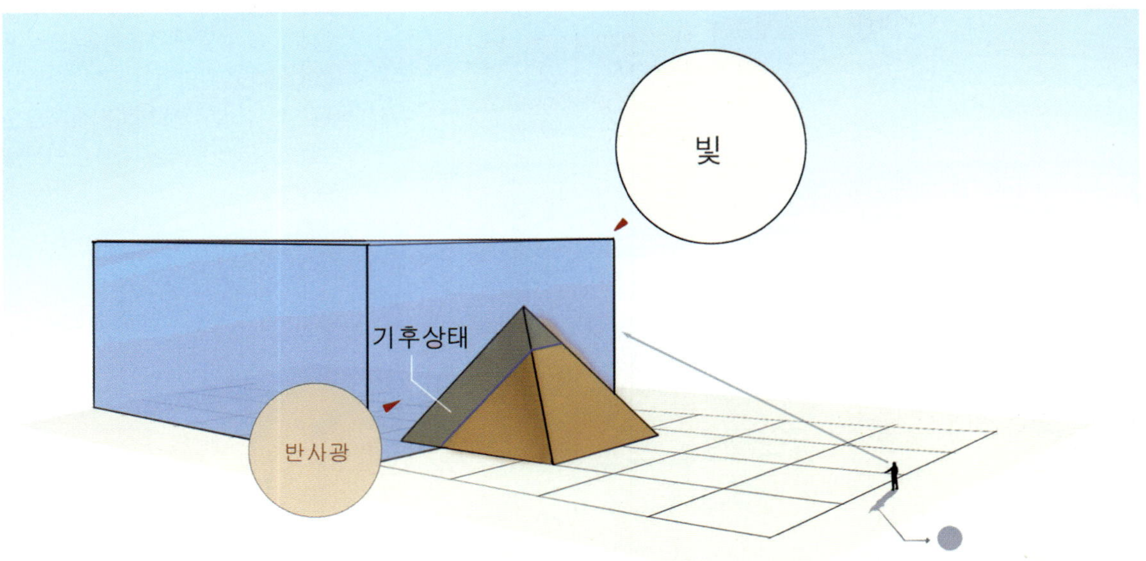

01

넓은 야외에서 기후를 많이 느낄 수 있습니다. 밖에 나가서 멀리 있는 산을 바라볼 때 가까이 있는 건물보다 흐리거나 푸르게 보이는 것은 현재 기후 상태라고 생각하면 됩니다. 이러한 기후의 색감은 곧 공기 원근법으로 이어집니다.

맑은 공기 상태의 예

02

멀리 있는 사물이 뚜렷하게 보이고 하늘을 닮은 청명한 색이 느껴집니다. 공기 상태는 하늘의 색감에 따라 변하는 것을 알 수 있습니다.

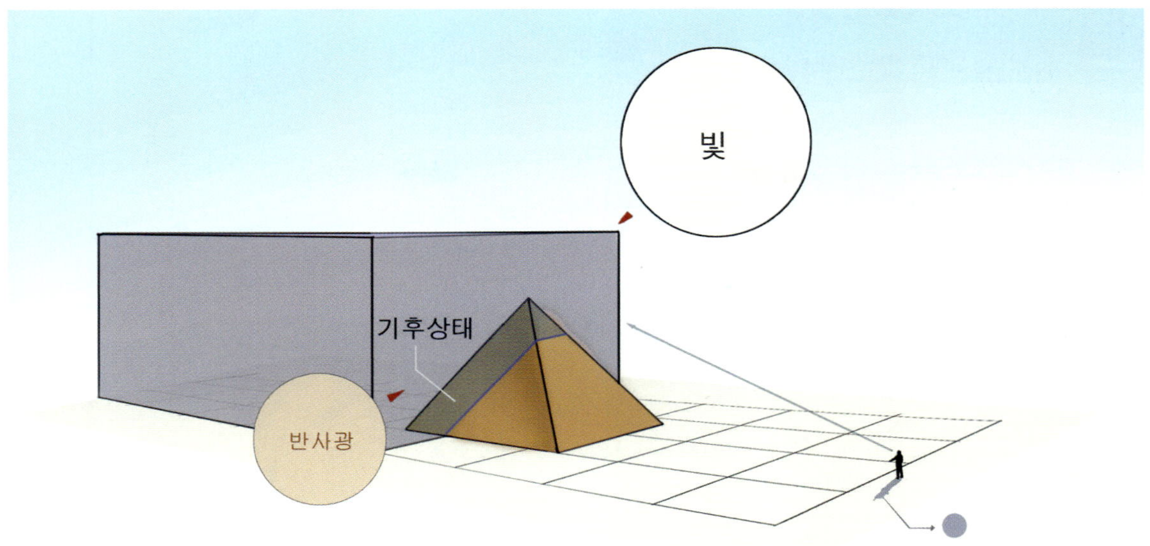

03

기후 상태가 조금 나쁜 상태입니다.

공기가 맑지 않거나 흐린 날의 예

04

흐린 날은 하늘의 채도가 떨어지고 멀리 있는 사물의 채도가 전반적으로 떨어지기 시작합니다. 하지만 근경으로 돌아오면 다시 채도를 회복합니다.

시간대별 라이트 컬러(Light color)

시간대별로 느껴지는 빛의 색은 서로 다르기 때문에 꼭 짚고 넘어가야 할 부분입니다. 낮 과 저녁 그리고 밤으로 나누어 시간대별 빛의 색과 반사광의 느낌을 알아보겠습니다.

01

낮은 태양의 위치가 높은 각도에 있고 반사광도 아주 강해 물체의 색이 많이 왜곡되지 않습니다. 빛의 색은 물체의 명도와 채도가 변하는 상태라 생각하면 좋습니다. 빛에 많이 노출되거나 가까운 쪽은 밝은 동시에 채도가 상승합니다. 반대로 어두운 부분은 반사광의 색 영향으로 조금 푸르고 어둡게 표현합니다. 이 푸른 반사의 색은 때에 따라 다른데 청명한 날씨에는 대부분 푸른색을 띠고 있고 흐린 날에는 푸른색이 약해집니다. 그림을 그릴 때 유의할 점은 빛의 반대 부분을 너무 어둡게만 처리하는 것 보다 반사의 빛을 고려해야 한다는 점입니다.

02

저녁의 태양은 각도가 낮고 반사광의 강도가 약해지기 시작합니다. 낮과 반대로 건물의 꺾인 면이나 어두운 부분은 그림자와 음영 속에 묻히는 현상이 일어납니다. 그림자의 길이는 낮에 비해 더 길어지고 어두워집니다. 저녁의 빛은 붉은색을 띠고 있고 그 강도가 강하기 때문에 물체의 색을 조금 왜곡시키기도 합니다. 원래 색보다 더 붉은빛이 더 첨가되는 기분입니다. 반사의 색은 푸른색이 아닌 보랏빛으로 나타납니다.

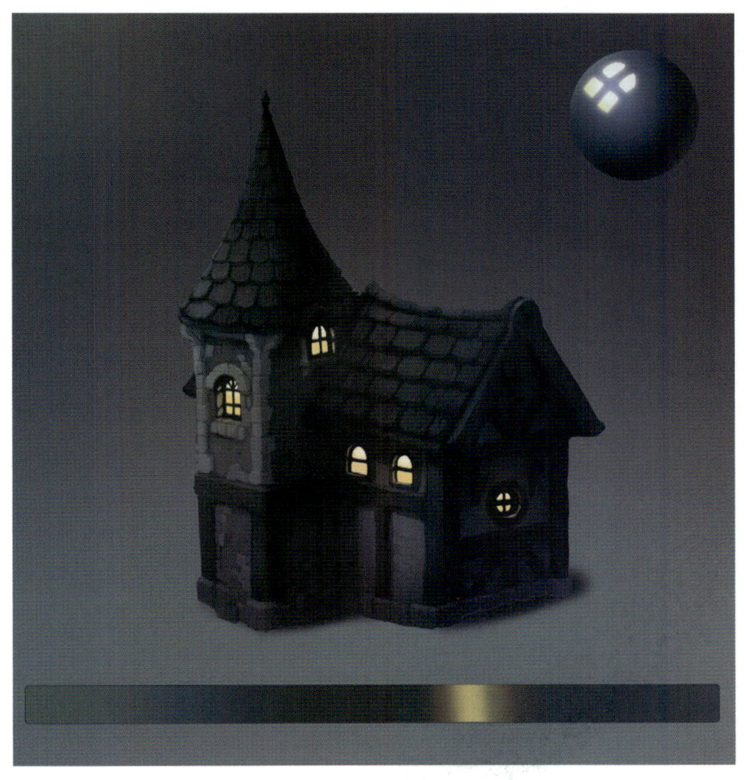

03

밤에는 태양이 없지만 달은 있을 것입니다. 달의 미약한 빛으로 사물의 색이나 재질을 알 수는 없지만, 어느 정도 형태는 인지할 수 있을 것입니다. 그래서 밤의 풍경은 인공 조명의 영향이 큽니다. 창문의 불빛이나 가로등 정도가 밤의 분위기를 결정짓는 중요한 빛이라 할 수 있습니다. 반사광은 거의 없다고 가정하지만 대신 주변의 조명이 있다면 그 빛으로 표현하는 것이 최선입니다.

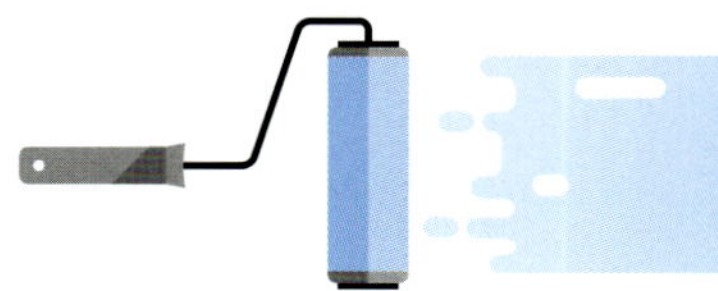

형태와 색감의 짜임새

드로잉에 있어 가장 많이 야기되는 것이 '구도' 입니다. 구도는 작품성에 있어 가장 높이 평가되기도 하며 구도 감각은 타고나야 한다는 주장도 있을 만큼 어렵고 감각이 필요한 부분인 것은 확실합니다. 하지만 구도는 타고나야 하는 것이 아니고 접근방식을 바꿔야 한다고 생각합니다. 쉽게 말해 구도는 '흰 종이 안에 어떤 사물을 어떻게 얼마나 배치할것인가?' 입니다. 누구나 머리 속에 멋진 이미지들이 들어있습니다. 머리 속 이미지를 형상화 하기 위해서는 어려운 이론보다 좋은 요령으로서 풀어나가는 것이 좋은 방법이라고 생각됩니다.

구도법

구도를 잡기 이전에 가장 중요한 것은 투시법입니다. 일단 투시법을 이해해야 구도의 개념이 잡힐 것입니다. 현존 구도 법의 명칭은 삼각구도, 평행구도, 곡선구도 등이 있지만 구도 법에 얽매어 그 방식에 갇히는 경우를 많이 보았습니다. 그래서 용어는 생략하고 방법적인 이야기만 해 보겠습니다.

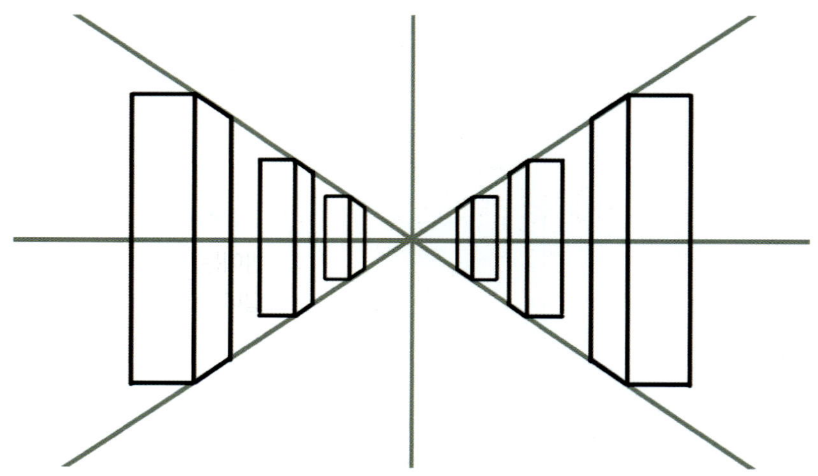

1점 투시를 이용한 구도

중앙으로 모이는 1점 투시의 특성상 사물을 배치하면 이런 형태가 나오기 마련입니다. 안정적이지만 지루한 구도입니다. 그 이유는 한가지 일정한 크기를 유지한 상태에서 반복되기 때문입니다. 구도를 배우는데 있어 중요한 점은, 좋지 않은 배치를 피하는 것이 더 중요하다고 생각해야 합니다.

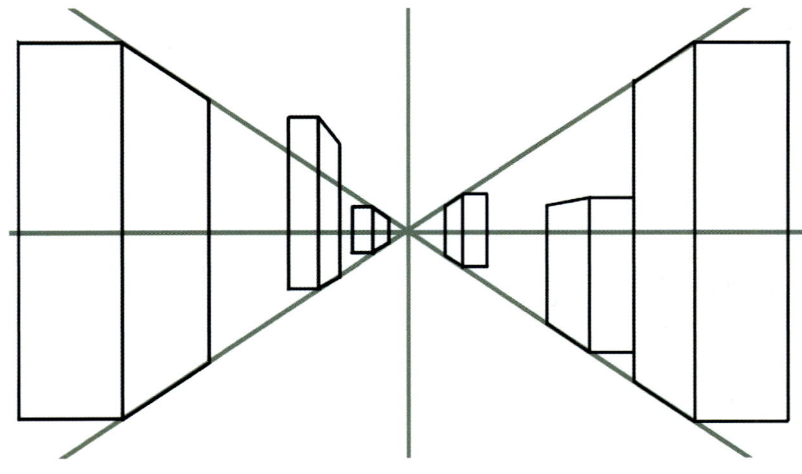

02

이번엔 서로 다른 크기와 거리로 재배치했습니다. 이전 그림보다는 재미있는 느낌이 납니다. 무작위로 사물을 배치하는 것은 조금 어려워 보이지만 정확한 이론이란 게 없기 때문에 본능적으로 보기 편한 느낌으로 끌고 가는 것이 좋습니다. 비유하자면 음악과 비슷한 것 같습니다. 음악에는 '도레미파솔라시도'라는 음계가 있습니다. 만약 악기를 연주하는데 '도, 도, 도, 도' 같이 한 음만 반복되거나 저음이나 고음만 반복된다면 듣기 싫은 음악이 될 것 입니다.

> 옛날 제 스승님께서 "그림은 음악과 깊은 관계가 있어!" 라고 하신 말씀이 생각납니다. 그때는 무슨 말씀인지 완전히 이해하지 못했지만 그 후로 그림을 10년 넘게 그려 온 시점에서 약간의 연결고리를 찾을 수 있게 되었습니다. 음악에서 무작위의 음 배치는 '구도와 많이 닮았다!' 라는 생각이 듭니다.

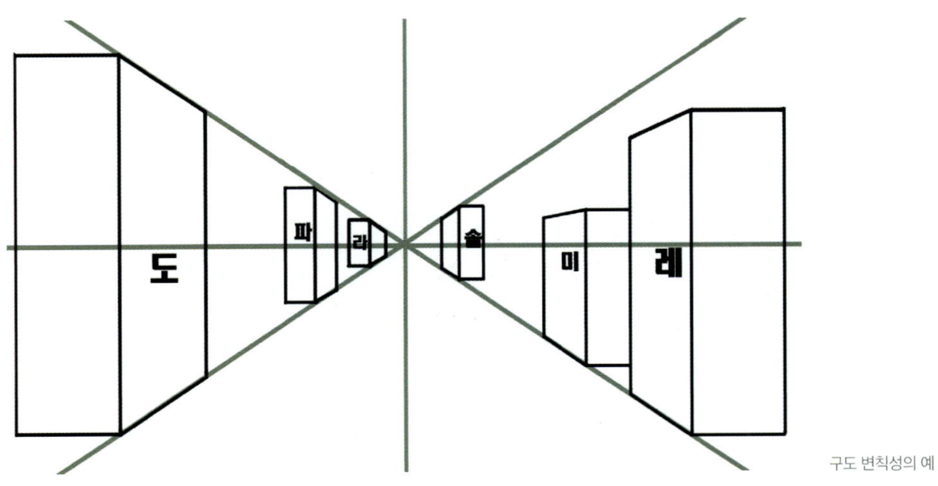

구도 변칙성의 예

03

다소 황당해 보일 수도 있지만 가만히 들여다보면 납득이 가는 구조입니다. 앞뒤 좌우를 봐도 서로 팽팽한 균형을 보여줍니다. '도'와 '레'는 간격에 차이가 없으니 좌우로 대립하고 나머지는 좌우 음들과 다르게 배치합니다. 예시가 절대적인 것은 아니지만 이러한 방법으로 구도를 이해해 나가는 것도 좋은 방법이라 생각합니다. 구도를 익히기보다는 모든 이미지에 대립의 균형에 집중해면 자연스레 본인의 상상 속 이미지가 나오기 시작합니다. 사람의 눈은 정확합니다. 뭔가 이상한 느낌이 나면 분명 문제가 있는 것입니다. 구도를 잘 잡기보다는 문제점을 찾는 것이 더 빠르다고 볼 수 있습니다.

라파엘로의 그리스도의 변용

간혹 유명한 명화들을 보면 목표를 향해 흘러가는 사물들의 팽팽한 대립을 느낄 수 있고 주인공이 있고 그 주변으로 서로 다른 크기와 포즈로 리듬감 있게 배열되어 있는걸 볼 수 있습니다

렌브란트의 야경

구도에 있어 또한 중요한 부분이 시선입니다. 시선을 따라가는 구도를 알아보겠습니다. 구도에서 시선은 꼭 지정된 사물이 아닐 수도 있습니다. 무언가 모여있는 형태이기도 하고, 빈 공간이기도 합니다.

01

여백이 많은 이 그림은 면 배치로 해석한 구도입니다. 여백을 남겨두지만 허전하거나 산만하지 않게 사물을 배치하였고 1점 투시, 좌측 시점으로 잡았습니다. 집과 배 등을 한 무리로 생각하였습니다. 전체 그림에서 차지하고 있는 면적만 생각하고 있기 때문에 각 개체의 규모는 무시합니다.

02

주 시점에 뭔가 주인공이 될만한 사물을 정하고 목표로 다가가는 형체를 만듭니다.

주인공을 향해 자연스럽게 몰려가는 기분을 냅니다. 요령으로는 자연 지형이나 하늘 그리고 다른 사물이 주 시점으로 모이게 하는데, 현재 예시에서는 하늘과 바다가 많이 비어있습니다. 이를 해결하기 위해 중간에 그물을 두고 하늘엔 오른쪽으로 크게 구름을 배치하였습니다. 이것은 왼쪽에 사물의 주도권이 강하여 오른쪽에 다른 요소의 사물로 시선을 끌어오는 방식입니다.

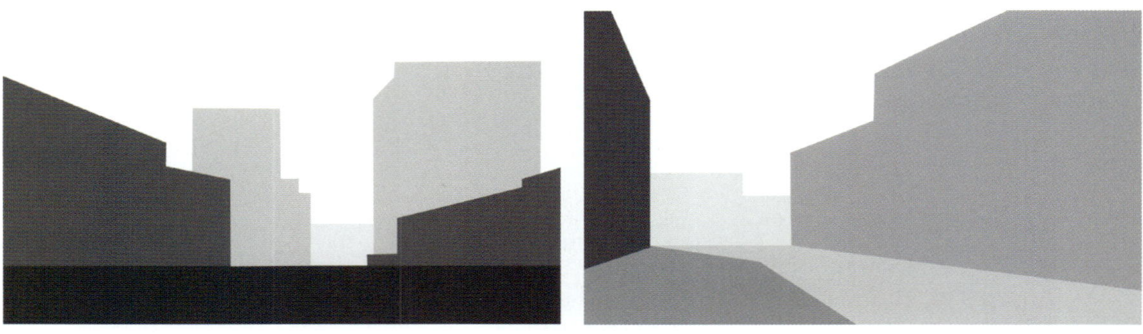

가운데나 좌우측으로 몰리는 구도는 사물의 면적을 위주로 구도를 만들면 좋습니다. 어딘가 한쪽으로 과도하게 몰리면 어색한 구도 되기 때문에 면적의 활용으로 이해해 보도록 합시다.

면 배치가 자유로워지기 시작했다면 소재와 시점을 바꿔봅니다.

누가 봐도 '중앙이 주인공이다!' 라고 생각합니다. 그 이유는 중앙이 뭔가 특별해 보이기보다는 주변 사물들이 마치 중앙에 사물을 위해 있는 것처럼 보입니다. 그럼 이 그림에 대해 알아보겠습니다.

방향성 - 중앙에 있는 사물을 향해 근경에 어두운 사물들이 오른쪽을 돌아 중앙으로 향하고 있어 자연스레 주 사물에게 시선이 집중됩니다.

배치 - 거리의 간격마다 작은 사물을 배치해 거리감을 표현해 좀 더 중앙으로 향하는 느낌을 만들어 줍니다.

03

중앙부 뒤로는 원경의 실루엣이 하늘의 심심한 느낌을 커버해주고 있습니다. 이 모습은 중앙의 사물이 약간 좌측으로 기울어진 바위 같습니다. 이를 이용해 뒤에도 비슷한 각도의 형체가 세워져 중앙을 받쳐주고 있습니다. 생각해보면 결국 중앙의 사물에 의해 모든 것이 꾸며진 것입니다.구도를 잡는 결정적인 요령 중 하나는 주인공에게 어떤 환경과 어떤 친구를 만들어 주느냐 입니다. 이건 어렵고 힘든 것이 아니라 경험입니다. 하나의 주인공을 그리고 계속 주변을 바꾸어주세요. 그렇게 연습하면 나만의 구도가 나오기 시작합니다.

누구나 구도 감각이 있습니다. 그 증거는 보통 셀프 카메라 일명 셀카를 찍을 때 알 수 있습니다. 휴대폰을 들고 친구들과 셀카를 찍을 때 화면에 인물이 돋보이게 하기 위해 본능적으로 앞뒤 좌우 위치를 맞춥니다. 이러한 움직임 자체가 구도 감각이라고 생각합니다.

01

구도는 결국 리듬감이겠지요. 계속 음악과 비교하는데 정말 비슷합니다. 음악가가 박자 감각이 좋아야 하는 것과 비슷합니다. 그렇다면 리듬감을 기르려면 어떻게 연습하는 것이 좋을까? 그것은 형태의 거리와 길이, 부피 등을 자유롭게 연출하는 것이 중요할 것입니다.

02

형태 들의 간격을 불규칙하게 벌려놓습니다. 벌어진 사이 간격을 모두 다르게 하고 비슷한 간격이 반복되지 않게 하는 것이 포인트입니다.

03

이제 길이를 늘려줍니다. 마찬가지로 비슷한 길이가 반복되지 않도록 불규칙하게 늘려줍니다. 여기에서 이 높낮이들이 한쪽으로 기울어지거나, 전체가 다 들리지 않도록 주의 합니다.

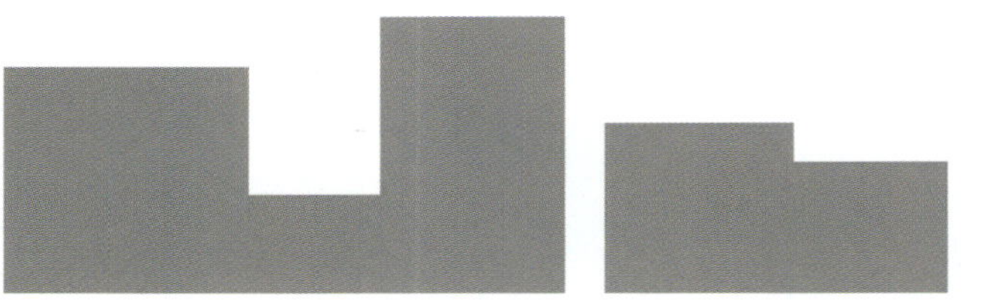

면과 면 사이를 연결합니다. 어떤 집합체로 이끌어나가기 위함입니다. 이전 단계가 개체의 불규칙성이라면, 이번엔 전체 덩어리의 구도로 해석해 보겠습니다.

Transform으로 오른쪽의 폭을 줄여 거리감을 만들어 줍니다. (Transform은 포토샵 기능 단락 참고)

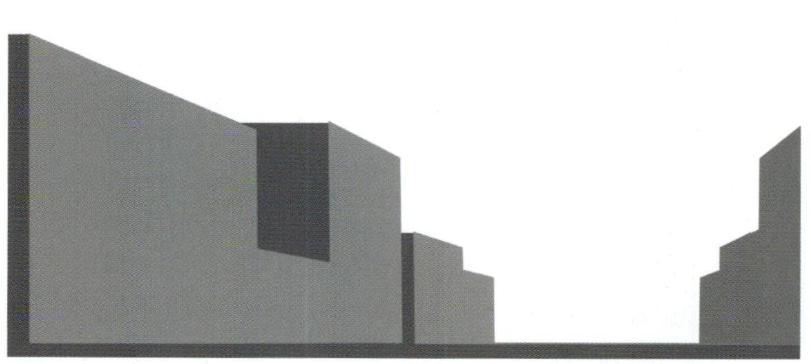

옆면을 어둡게 처리하여 입체감을 만듭니다. 어떤 거리의 빌딩이 되었습니다. 이러한 방법으로 다양하게 활용할 수 있습니다. 예를 들어 먼저 1번 예의 박스들이 나무들이라면 아마 자연스럽게 배치된 숲이 되었을 것입니다.

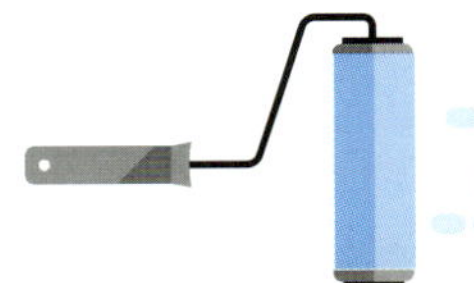

터치와 그라데이션

포토샵의 브러시는 디지털 드로잉의 핵심이고 가장 중요한 기능입니다. 그럼 브러시의 특성과 활용방법을 알아보겠습니다.

포토샵 브러시

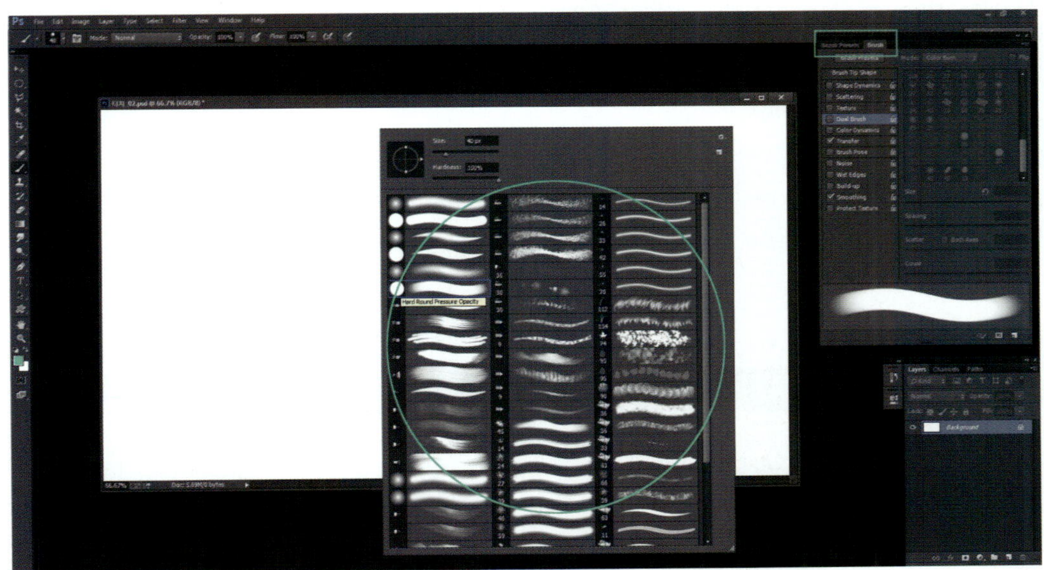

본격적으로 드로잉을 하기 앞서 브러시(B)를 누릅니다. 하얀색 캔버스 위에서 타블렛 펜 아래 버튼을 (마우스 우클릭) 누르면 녹색 동그라미와 같은 브러시 프리셋이 나타납니다. 또 다른 방법으로는 브러시 상태에서 브러시 툴박스 → brush presets (브러시 프리셋)을 누르면 프리셋 박스가 보입니다. 브러시 프리셋은 브러시의 형태나 속성이 다른 브러시들을 모아 둔 곳입니다.

> **TIP**
> 보통 포토샵을 처음 설치 후 기본 번들로 제공되는 브러시들이 있겠지만, 앞으로는 좀 더 많은 브러시가 사용될 수 있습니다. 기본으로 제공되는 브러시 말고 유저들이 속성을 개조한 커스텀 브러시도 있습니다. 배경에서는 표현하는 방식이 회화에 가깝기 때문에 감성을 위해 자연스러운 붓의 움직임이 필요합니다. 그렇기 때문에 다양한 형태의 브러시가 필요합니다. 요즘은 인터넷에 커스텀 브러시가 굉장히 다양하게 보급되어 있어서 자유롭게 많은 브러시를 접해 볼 수 있으니, 자신과 맞는 브러시를 찾는 것도 좋은 방법입니다.

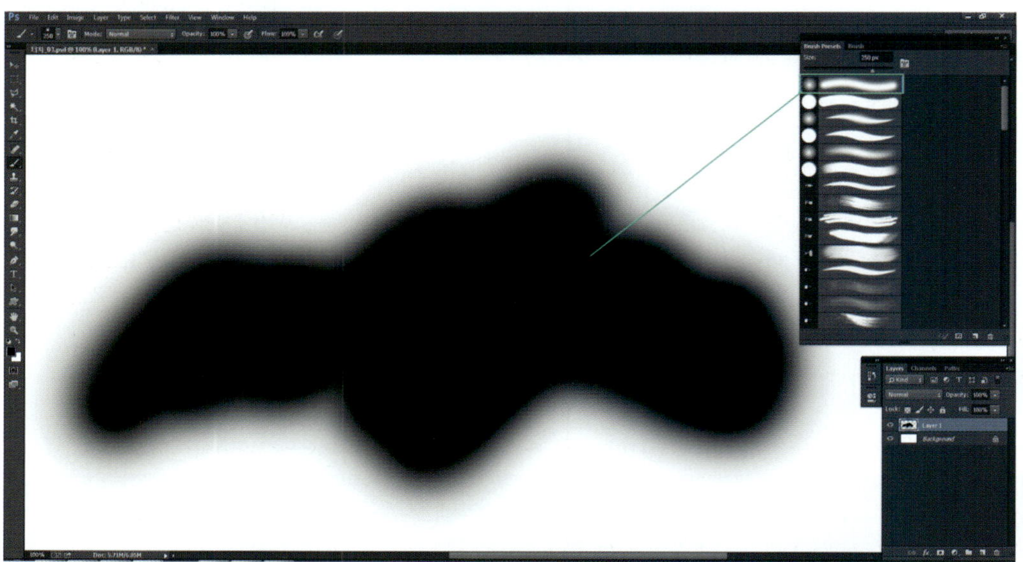

01

브러시 프리셋을 보면 첫 번째에는 에어브러시가 있습니다. 에어브러시는 외곽 라인이 없는 것이 특징이고 부드러운 처리를 할 때 쓰이고 비교적 많이 쓰이는 브러시입니다. 대부분 하늘이나 물, 표면 상태를 표현할 때 쓰입니다.

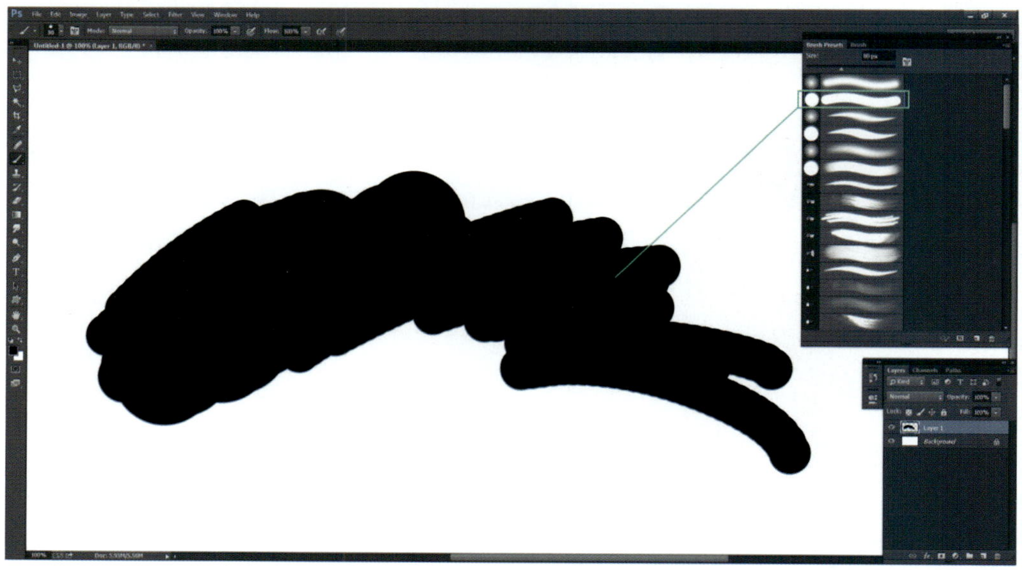

02

두 번째로 보면 하드브러시가 있습니다. 에어브러시와는 반대로 외곽 라인이 날카롭게 끊어지는 모양입니다. 이 브러시는 주로 면을 깨끗하게 채우거나 날카로운 외곽 라인이 필요할 때 쓰입니다.

03

세 번째는 필압(압력 감지)이 들어가는 형태의 브러시입니다. 이 브러시가 가장 많이 쓰이는데 주로 스케치나 미세한 터치, 선을 만들 때 사용됩니다. 그럼 이 브러시의 속성을 알아보겠습니다.

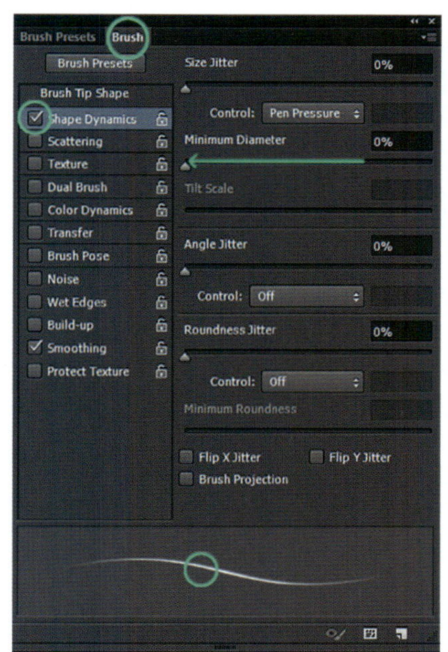

브러시를 선택한 상태에서 오른쪽에 이런 브러시박스를 보면 Shape Dynamics라는 곳에 파란 색으로 표시되어있습니다. 이 때 화살표 위치의 바를 좌우로 움직이면 하단 브러시 상태 표시 창에 감압 강도가 바뀌는 것을 알 수 있습니다. 이 기능은 이 브러시에만 해당하는 것은 아니고 모든 브러시에 적용 시킬 수 있습니다. 원한다면 다른 브러시를 이 속성으로 바꾸고 쓸 수 있습니다.

TIP   "왜 갑자기 필압(감압)이 작동하지 않죠?" 라고 묻는 경우가 많은데 이때 왼쪽과 같은 상태 창을 열고 Shape Dynamics가 체크되어있는지 확인해 보면 됩니다.

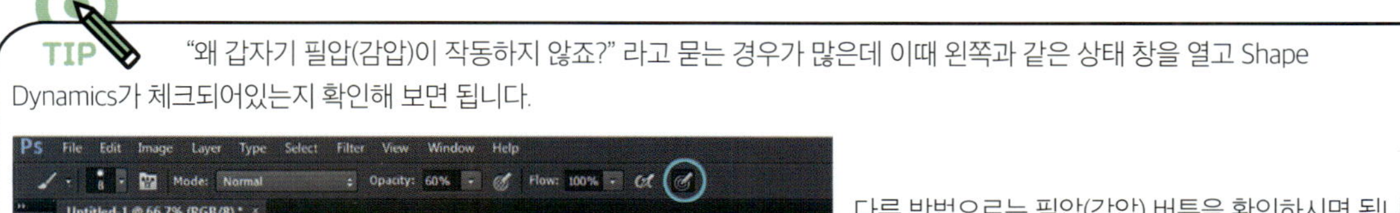

다른 방법으로는 필압(감압) 버튼을 확인하시면 됩니다.

네 번째 브러시는 터치의 시작과 끝 지점만 퍼지는 브러시입니다. 주로 면 처리를 할 때 많이 쓰입니다. 필자는 이 브러시를 가장 많이 사용합니다. 그래서 추후에 많이 언급될 수 있습니다.

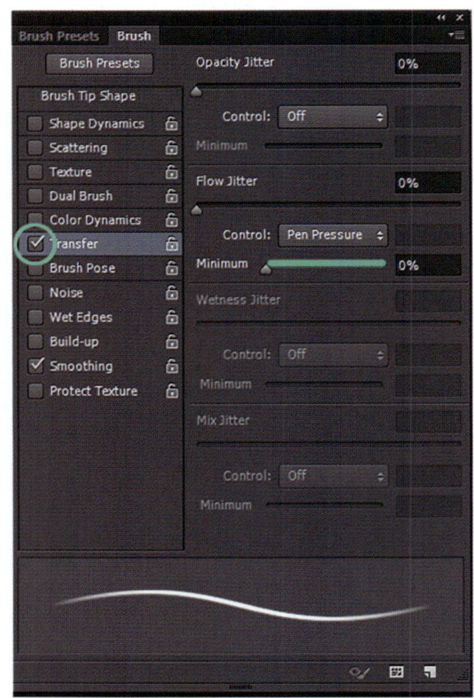

이 브러시의 속성을 보면 Transfer에 불이 들어와있습니다. Minimum 게이지를 움직이면 브러시의 끝 선에 부드러운 부분이 다시 단단하게 모이는 느낌이 날것입니다. 이 기능도 마찬가지로 다른 브러시에 적용이 됩니다. 어떤 브러시던 끝이 사라지는 느낌을 주고 싶으면 이쪽 Transfer에 있는 Minimum 게이지를 움직이면 또 다른 느낌을 얻을 수 있습니다.

더 많은 기능들이 있지만 일단 핵심 기능만 가지고 시작해 보겠습니다. 좀 더 자세한 부분은 후에 튜토리얼에서 알려드리겠습니다.

그림을 처음 배울 때는 자연스레 그라데이션이라는 것을 하게 됩니다.. 명암을 표현하는데 있어 가장 핵심적인 표현 방법이 되겠습니다. 이전에 브러시를 소개해 드렸는데 브러시 종류에 따라 그라데이션을 배워보도록 하겠습니다.

 **그라데이션 스타일 1**

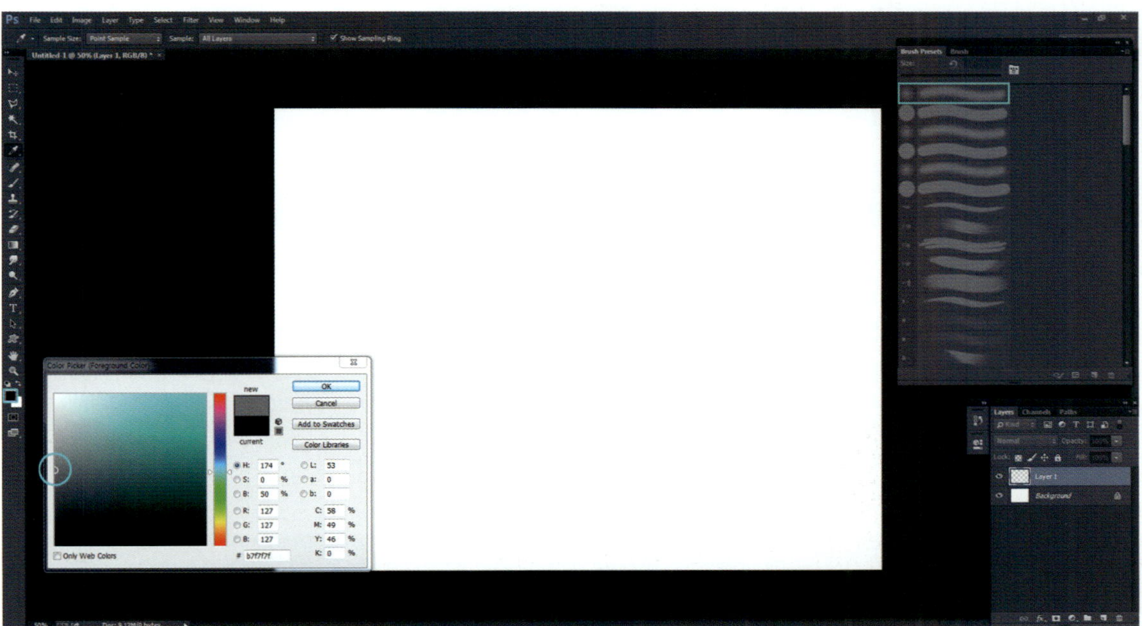

새 캔버스를 불러오시고 좌측을 보면 Brush Presets이 있습니다. 여기에서 첫 번째 브러시를 선택합니다. 첫번째 브러시는 에어브러시 느낌입니다. 외곽처리가 부드럽게 되어있어서 그라데이션에 가장 용이한 브러시입니다. 이제 좌측 녹색 네모 표시를 누르시면 컬러피커(color picker)가 열립니다. 색은 쓰지 않고 왼쪽 중간쯤 클릭하시면 그레이의 중간 톤 정도가 됩니다. 이 톤으로 터치를 해봅니다.

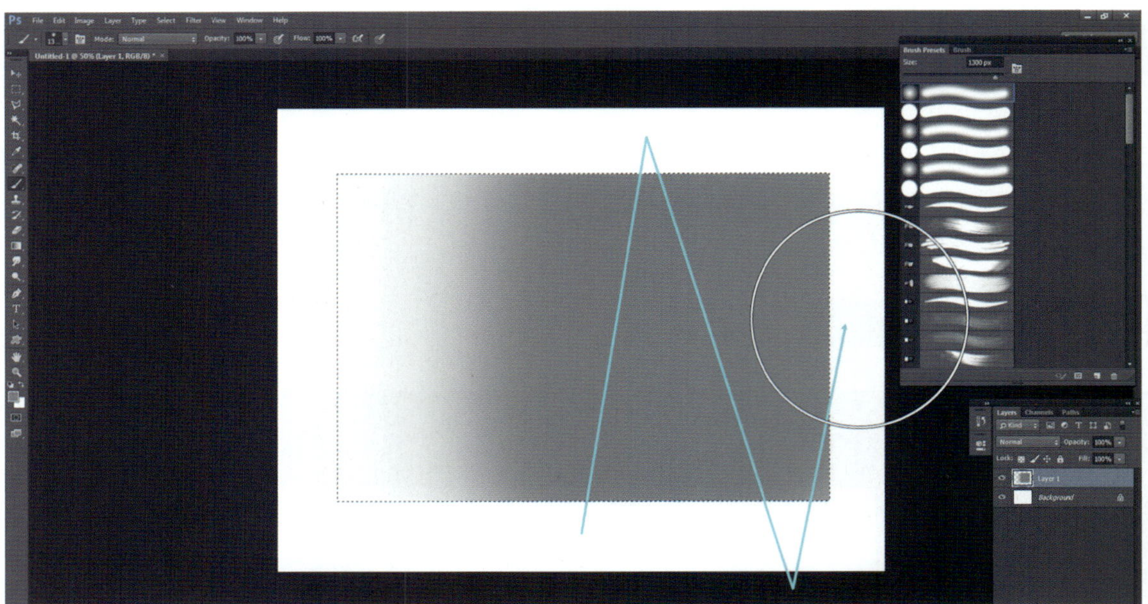

02

파란 화살표의 방향대로 움직입니다. 시작 지점에서는 펜에 힘을 빼고 가볍게 누른 후 위아래로 움직여 주세요. 그리고 뒤로 갈수록 강하게 눌러주시면 자연스럽게 터치가 됩니다. 여기서 브러시의 크기는 흰색 동그라미 크기 정도로 조금 크게 잡고 하는 것이 편합니다. 브러시크기 조절은 이전 포토샵 기능 단락에 있으니 참고해주시기 바랍니다.

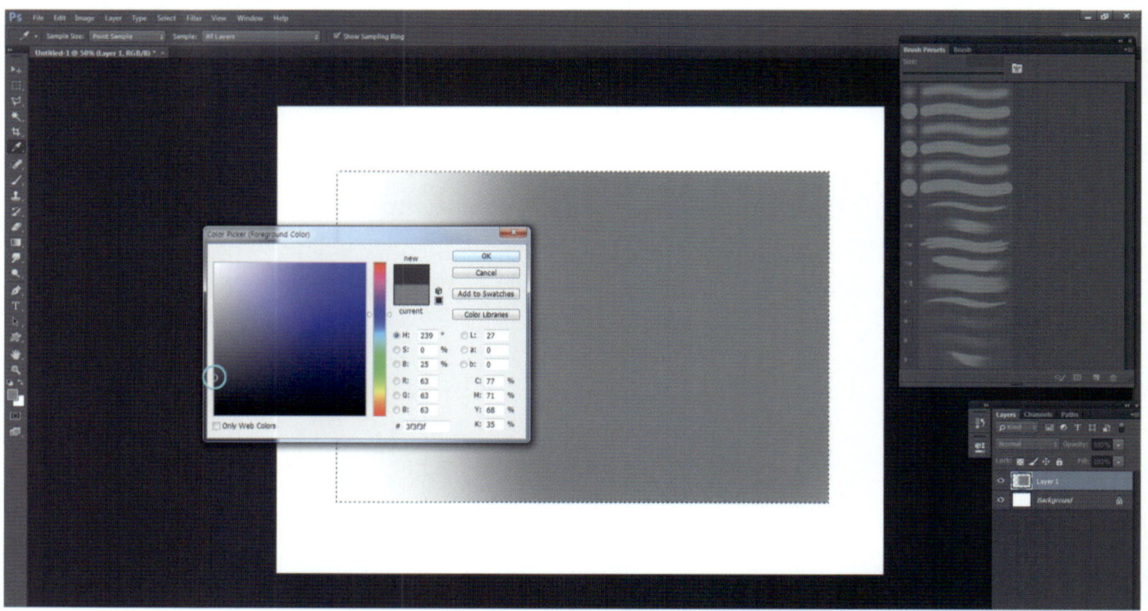

03

그라데이션이 예쁘게 나왔나요? 이번엔 좀 더 어둡게 강조해 봅시다. 다시 컬러피커(color picker)를 엽니다. 그 다음 좀 더 어두운 쪽으로 색을 옮겨 봅니다. 처음부터 너무 어둡게 들어가면 예상과 다르게 될 수 있으니 단계별로 내려옵니다.

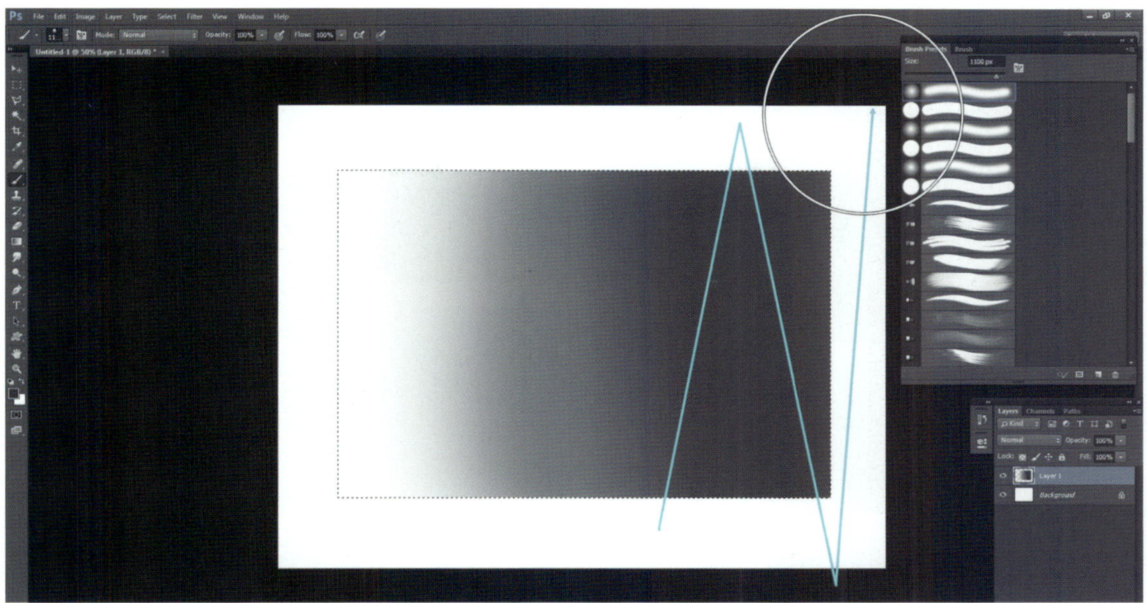

파란 화살표를 따라 터치해봅니다. 시작 지점은 먼저 칠한 톤의 중간 지점에서 다시 시작해 주세요. 이렇게 어둡게 마무리하면 3톤 정도의 그라데이션을 할 수 있습니다.

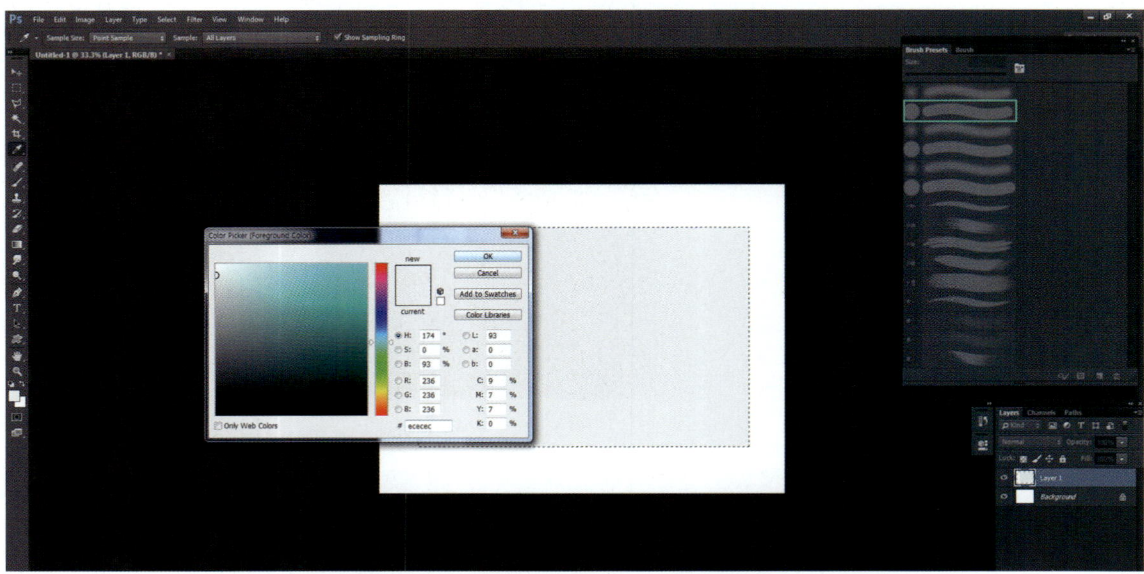

 **01**

이번에는 우측에 녹색 표시된 부분의 하드브러시를 이용해 그라데이션을 해 봅시다. 하드브러시의 특징은 외곽선이 날카롭기 때문에 그라데이션할 때에 잘 사용하지는 않지만 특성을 알기 위해 시도해보는 것이 좋습니다.

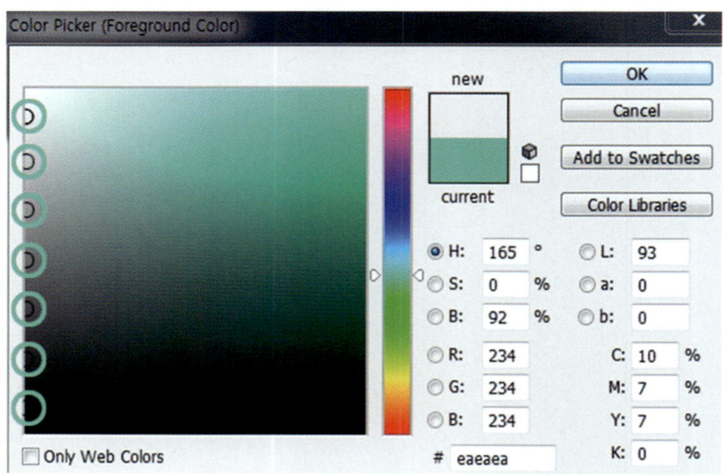

02

하드브러시는 그라데이션이 끊어져서 나오기 때문에 음영 단계를 이렇게 순차적으로 지정하여 터치합니다.

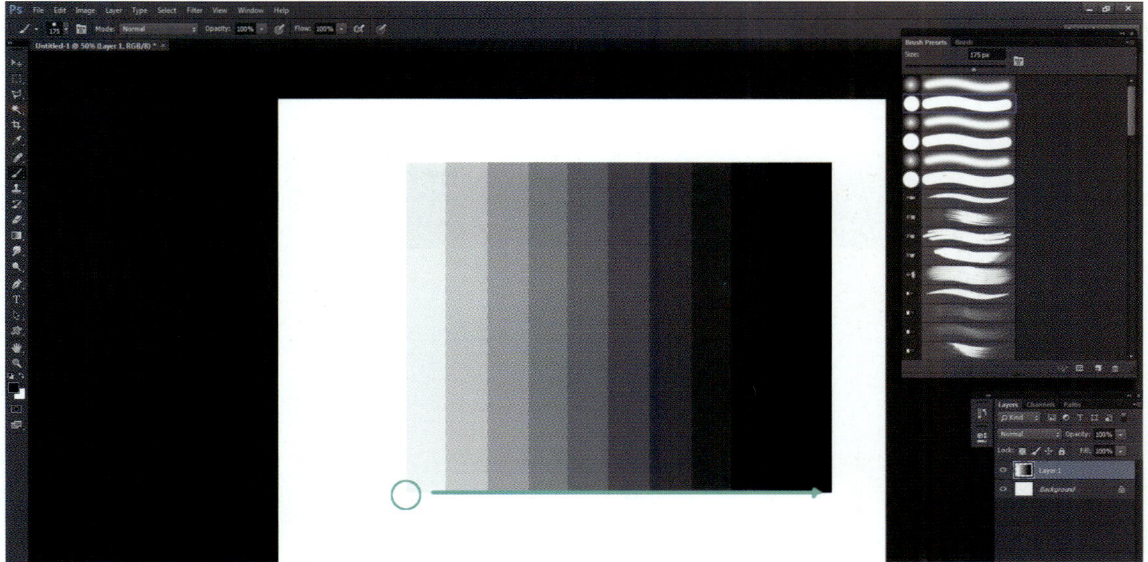

03

밝은 색부터 차례대로 터치합니다. 이런 터치는 사용될지 않을 것 같지만 사실 많이 사용됩니다. 날카롭게 꺾인 면을 그린다던가 부서진 물체 등을 표현할 때 많이 필요로 합니다. 이런 하드브러시로 분명하게 그리는 것이 그림의 힘을 더욱 강하게 하는 부분도 있습니다. 하지만 모든 그림을 하드브러시로 그리면 굉장히 날카롭고 딱딱해 보이겠지요. 그러므로 모든 브러시의 특징을 잘 알아야 합니다.

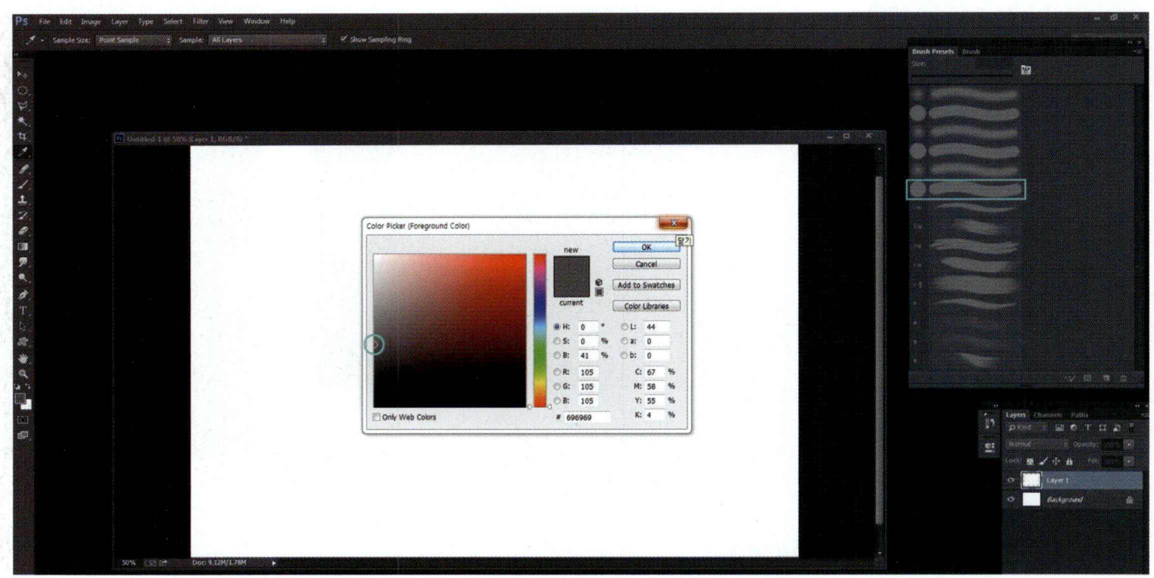

01

브러시박스 6번째에 있는 브러시는 양쪽 끝이 부드럽게 빠지는 특징이 있습니다. 먼저 컬러피커(color picker)를 열고 전과 마찬가지로 중간 지점의 어두운 강도로 시작해 봅니다. 이번에는 터치 방법이 조금 다릅니다. 브러시모드에서 포토샵 상단을 보면 오파시티(opacity)라는 것이 있습니다. 이것을 조절하면서 터치합니다. (포토샵 기능편에 브러시 오파시티에 대한 설명이 있습니다.)

필자는 이 브러시를 60%이상 사용합니다. 이는 부드러우면서도 경계가 분명한 느낌입니다. 이 브러시로 그라데이션을 하면 조금 다른 느낌이 듭니다. 깨끗한 면을 얻기보다는 작업자의 손의 움직임 따라 다른 느낌이 나오기 때문에 감성적으로는 더 유리하다고 생각합니다.

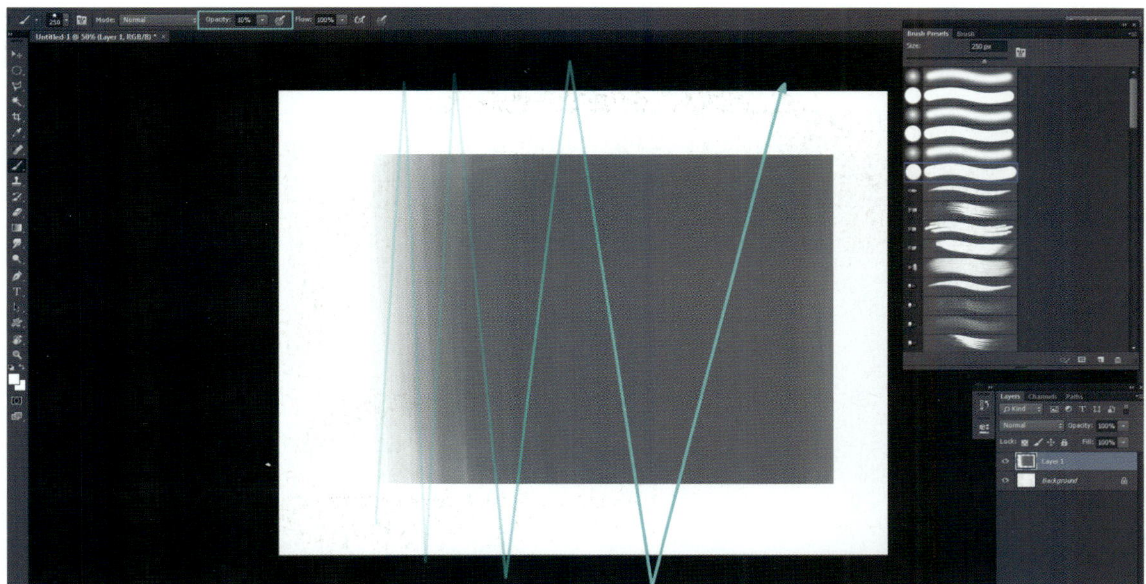

02

녹색 박스에 표시된 opacity(오파시티)를 보면 수치를 조정하는 곳이 있습니다. 이 수치를 20%정도로 낮추어 줍니다. 숫자2 번(단축키)을 누르면 20%로 바로 조정됩니다. 화살표 경로대로 힘 조절을 하면서 오른쪽으로 점차 옮겨갑니다.

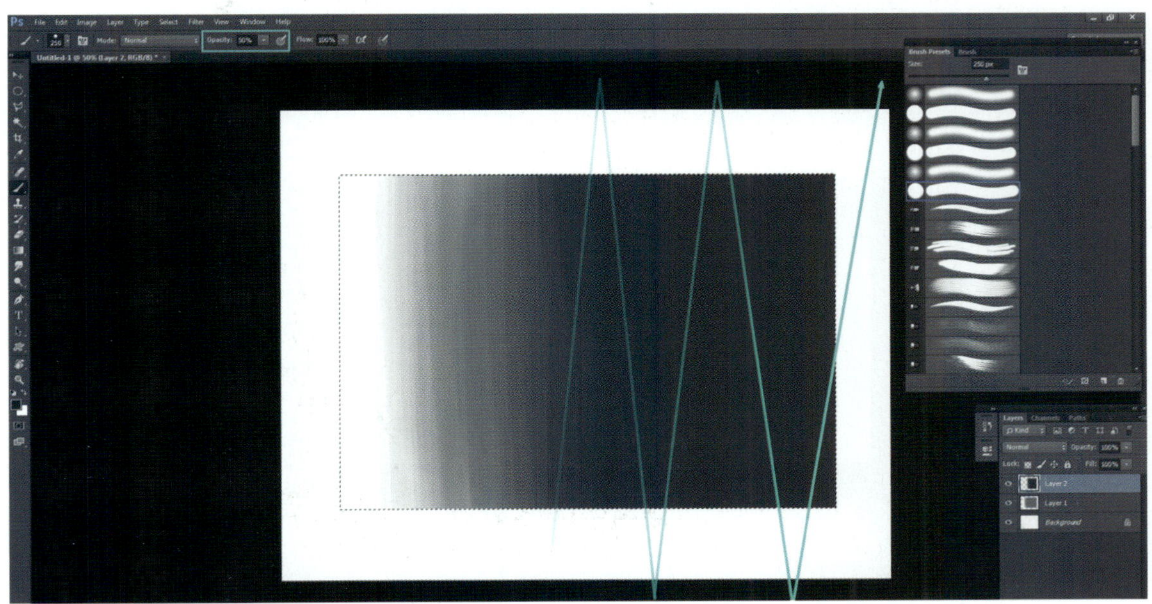

03

이번에는 더욱 어두운 색으로 중간지점부터 끝까지 옮겨갑니다. 표면이 완전 깔끔하지 않은 상태라면 이 브러시를 사용하는 것이 가장 유리합니다.

컴퓨터로 하는 작업이라 아마도 CG적인 느낌이 강하게 들 수 있으나 자연스런 그림을 그리기 위한 시작이 이런 것이 아닌가 싶습니다.

01

브러시로 터치하는 것이 익숙해졌다면 이제 구체를 그려 보겠습니다. 보통 미술에서 처음 배우는 것이 구체를 그리는 것입니다. 이 과정이 지루해 보이지만 빛과 양감을 동시에 이해하기 좋기 때문에 상당히 도움이 많이 됩니다.

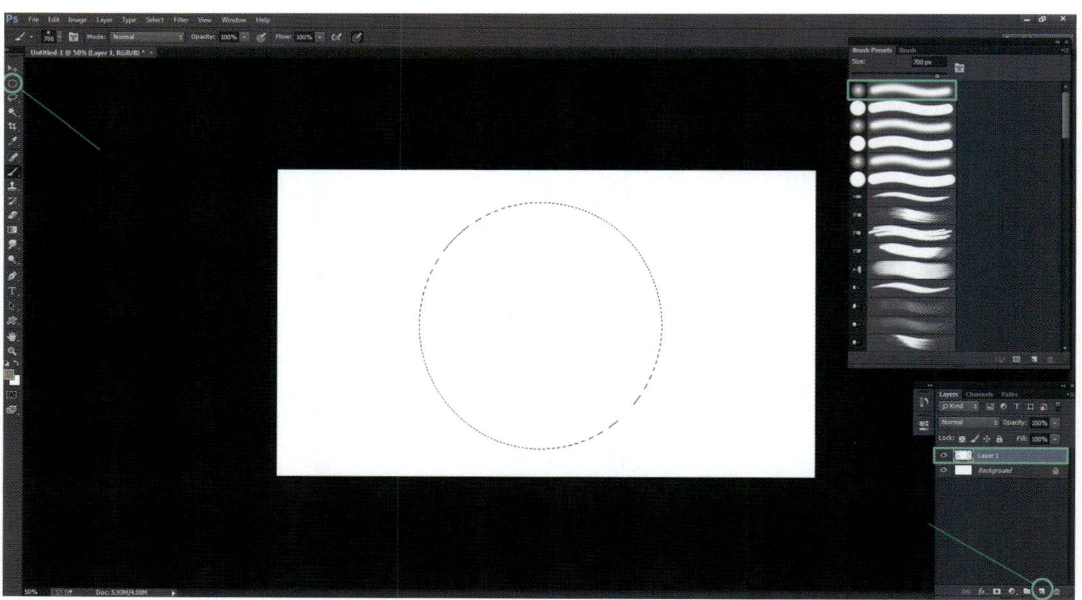

02

먼저 동그라미 틀이 필요합니다. 점선으로 영역이 잡혀있다면 깔끔하게 원을 그릴 수 있겠지요. 단축키M을 누르면 marquee tool 모드이고 Shift를 누른 상태에서 캔버스에 드레그하면 됩니다. 그리고 우측 레이어 박스에서 오른쪽 하단 두 번째에 있는 레이어 생성 버튼을 눌러줍니다. 레이어 생성 단축키는 <Ctrl+J> 입니다. 작업단계를 거칠 때마다 레이어를 꼭 하나씩 다시 생성해서 작업해 주세요. 그래야 후에 수정이나 관리에 용이합니다.

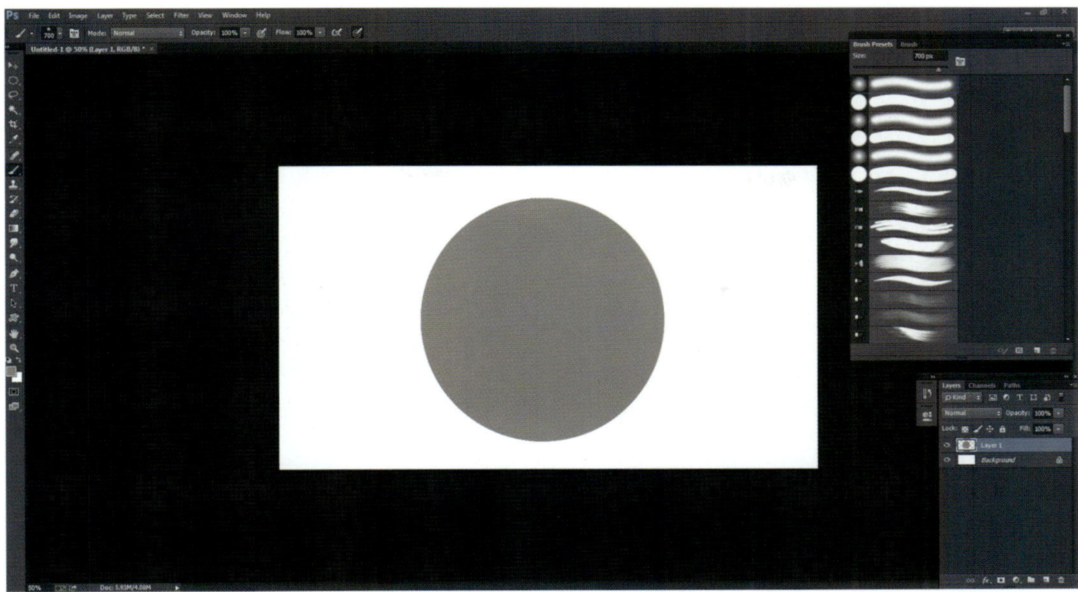

03

브러시 박스 첫 번째에 있는 브러시로 시작해 보겠습니다. 구체 영역을 지정한 후에 브러시로 밑색을 그려 줍니다. 이 색은 너무 어둡거나 밝지 않게 하는 것이 좋습니다.

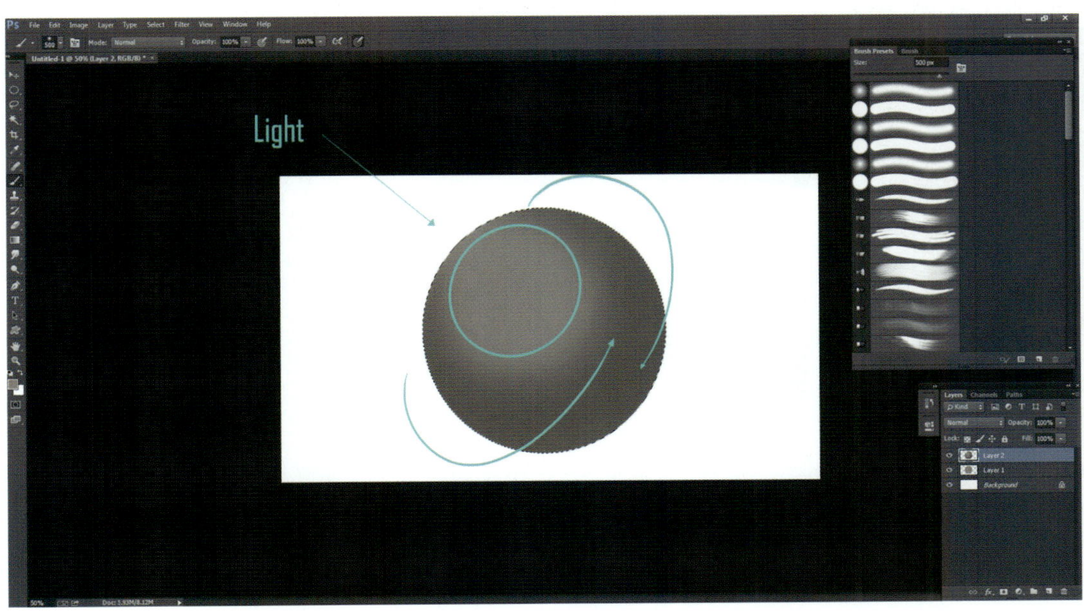

04

좌측에서 빛이 온다고 가정하고 시작해 봅니다. 브러시 크기를 적당히 크게 하고 화살표 방향으로 움직이면서 명암을 그려줍니다. 첫 번째 브러시는 에어브러시 속성이기 때문에 부드럽게 퍼집니다.

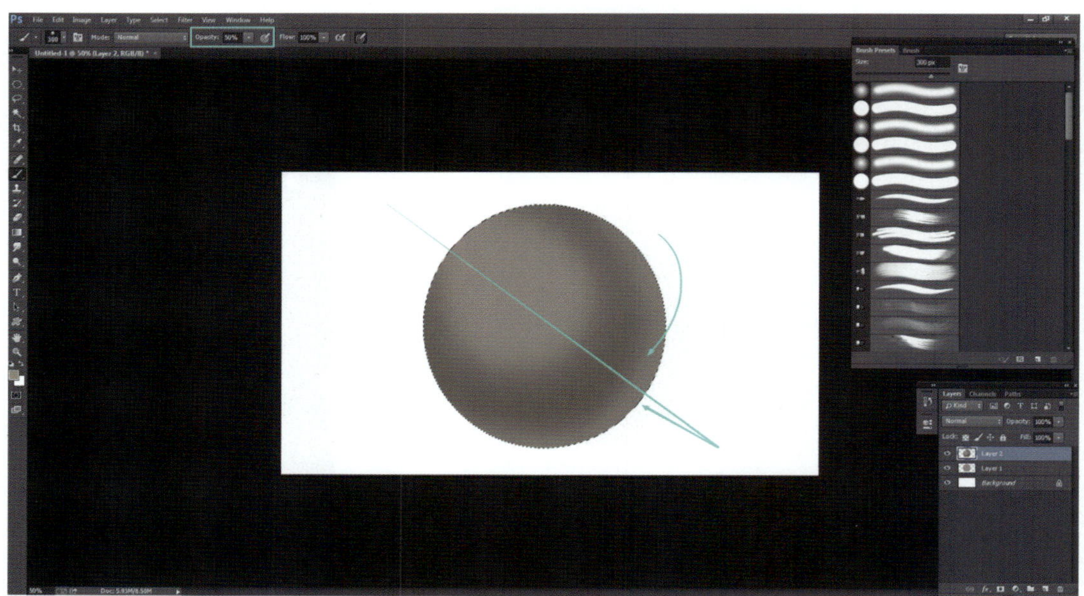

05

다음 반사광을 그리는데 지금의 환경 자체가 화이트 톤의 상황이라면 반사광의 색이 약간 백색으로 비춰져야 합니다. 현재 구체의 어두운 부분에 반대로 화이트로 그려줍니다. 브러시의 오파시티(opacity)는 50%정도로 낮추고 하는 게 유리합니다. 100%로 하면 톤을 맞추기 어렵습니다.

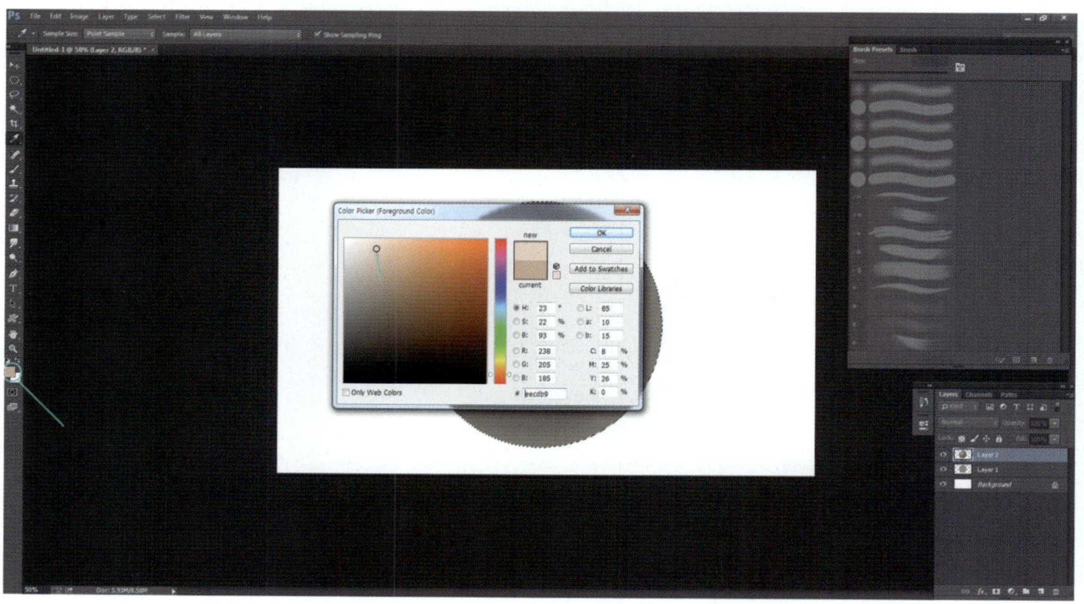

06

좌측 컬러피커(color picker)를 클릭 하고 컬러를 밝은 쪽으로 지정하고 밝은 부분을 터치합니다.

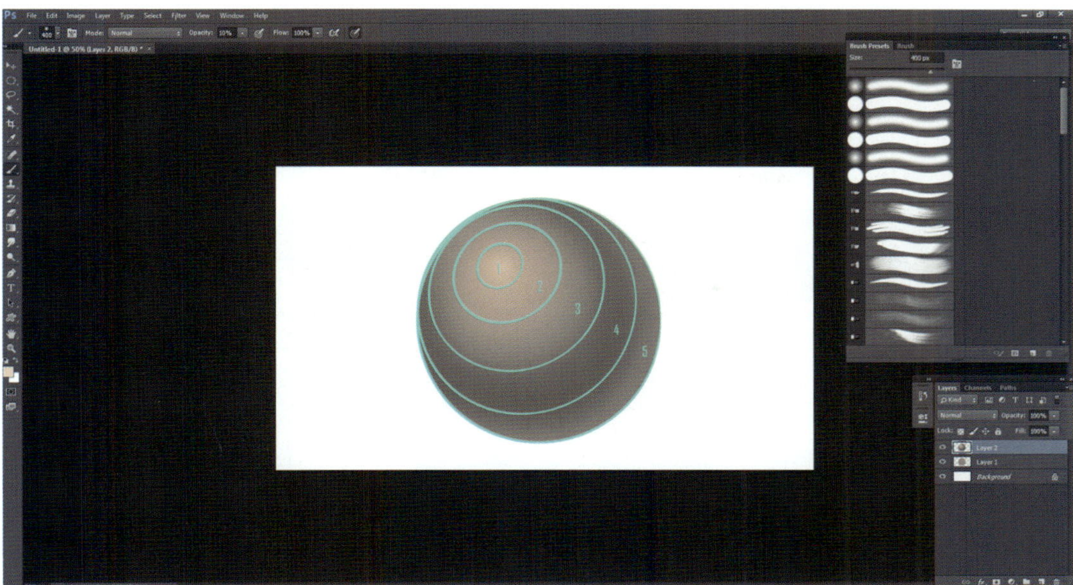

07

이렇게 순차적으로 점점 어두워지게 터치합니다. 4번으로 넘어가면 반사광의 영향권입니다.

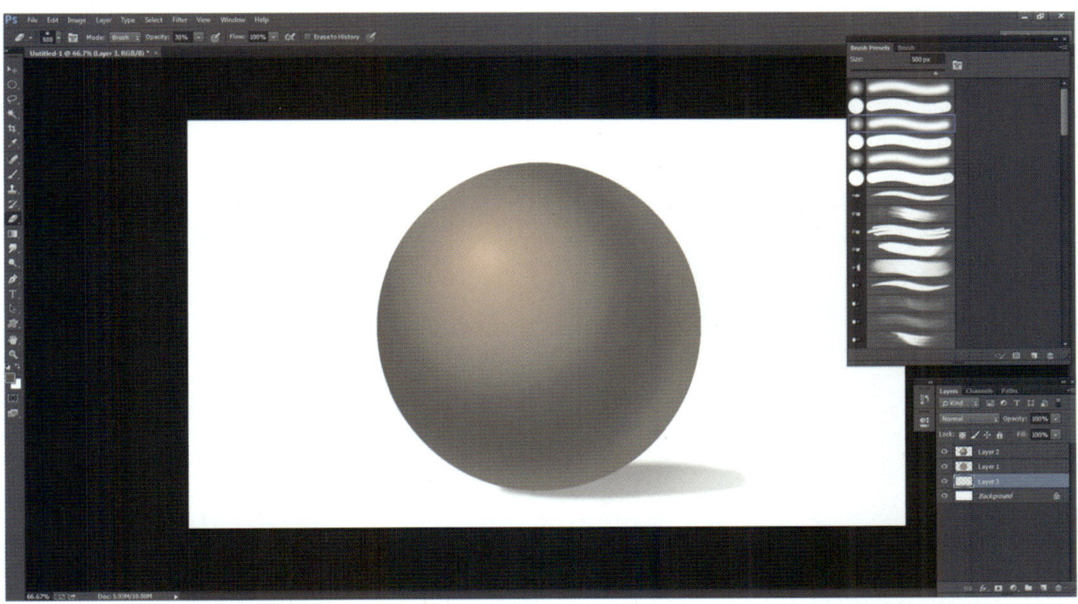

08

완성된 모습입니다. 양감이 잘 느껴지도록 수 차례 반복해 연습해줍니다. 사실 구체 그리기가 쉬워 보이지만 상당히 감각을 필요로 하는 작업입니다. 명도와 채도의 균형, 명암과 빛의 이해가 다 들어있는 결정체입니다.

브러시 프리셋의 두 번째에 배치되어 있는 하드브러시를 이용해 단면 구체를 그려 보겠습니다.

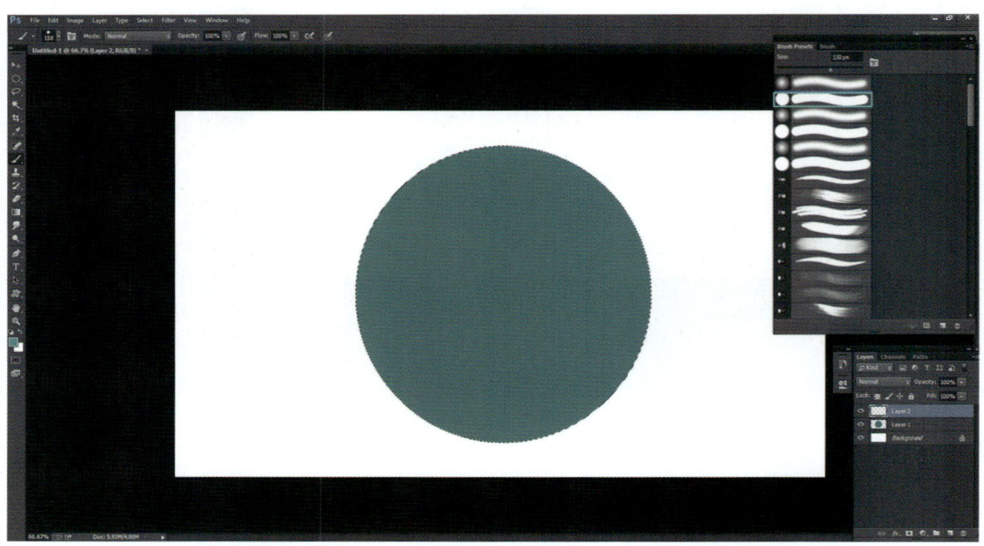

01

처음 과정은 이전과 비슷합니다. 영역을 잡고 중간 톤으로 채색합니다.

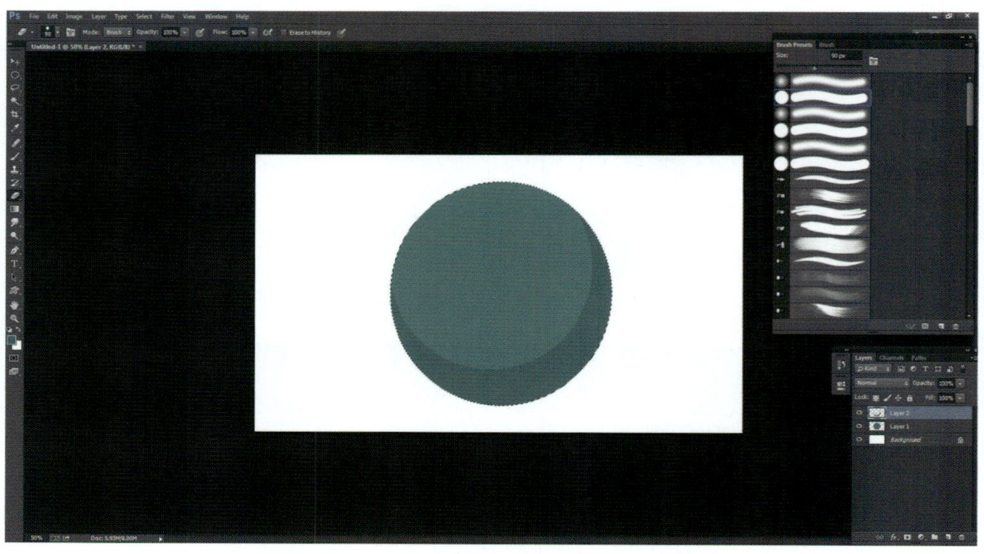

02

다음으로 명암을 넣어 주는데 브러시가 하드 타입이라 단면(툰 스타일)으로 처리하는게 좋습니다. 명암 모양을 직접 그리려면 힘들기 때문에 명암 톤을 채우고 동그랗게 지워 주는 게 더 편리합니다.

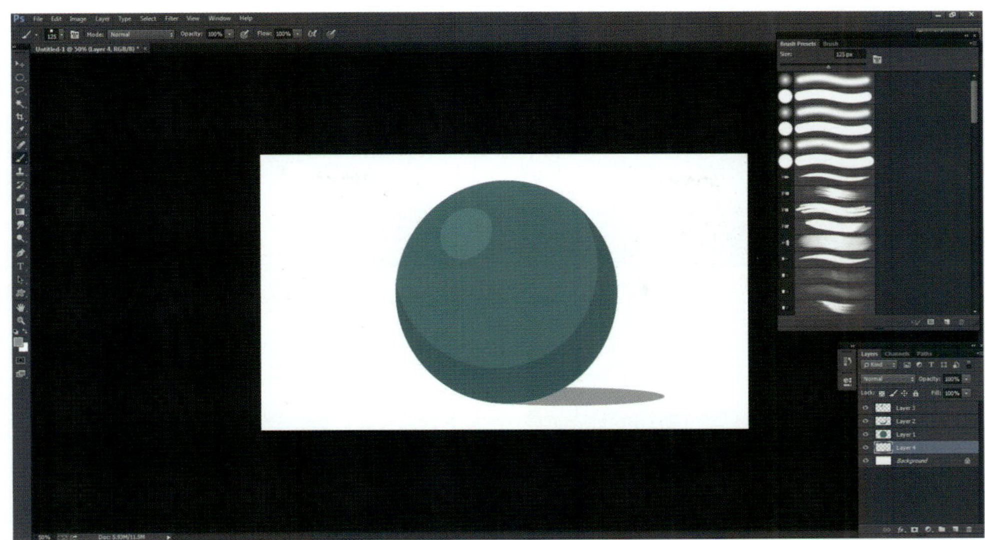

하이라이트도 귀엽게 찍어 보았습니다. 이러한 하드 타입의 터치는 주로 툰 스타일에 사용되지만 글자나 도형 디자인할 때에
도 쓰입니다.

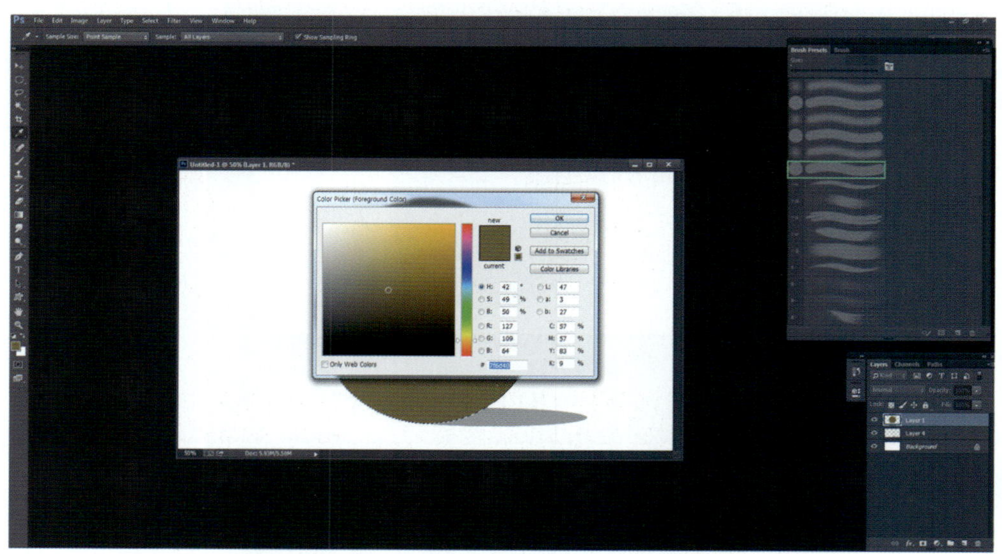

6번째 위치한 브러시는 회화적이고 자연스러운 느낌으로 그리고 싶을 때 사용합니다. 끝 선이 사라지는 모양이고 붓 터치 느낌이 납니다. 브러시 속성 Tansefer의 영향을 받습니다. 일단 이전 구체 그리기와 같이 영역 안에 중간 톤으로 채색하고 그라데이션 준비를 합니다.

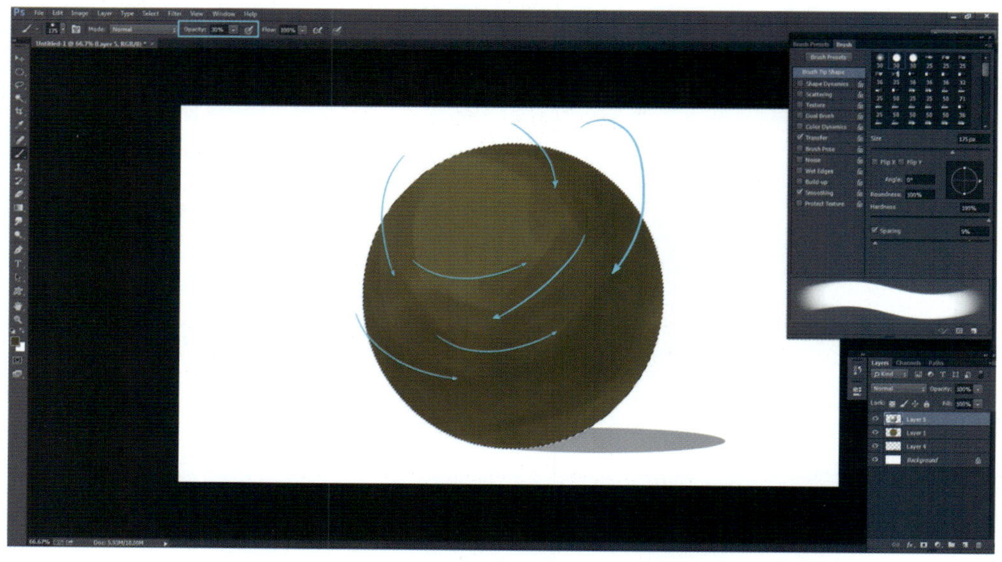

화살표시 방향대로 터치하는데 상단에 있는 오파시티(opacity) 값은 낮게 설정합니다. 30%만 주고 해보겠습니다. 어두운 곳에서 강하게 누르고 밝은 곳으로 터치합니다. 밝은 쪽으로 향할 때 힘을 빼주면서 올라갑니다.

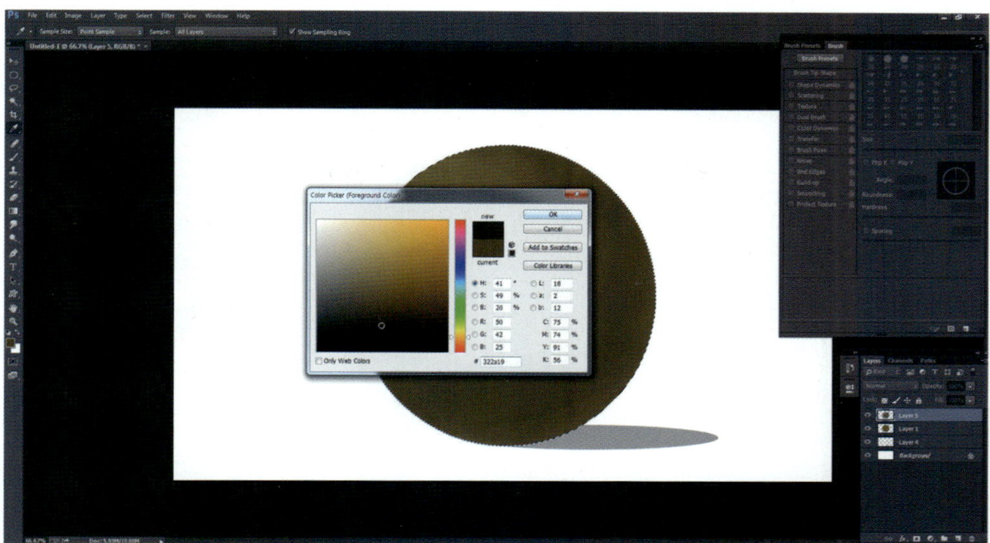

03

터치를 여러 번 반복 후 면의 느낌이 부드러워지면 좀더 어두운 톤으로 음영을 강조합니다.

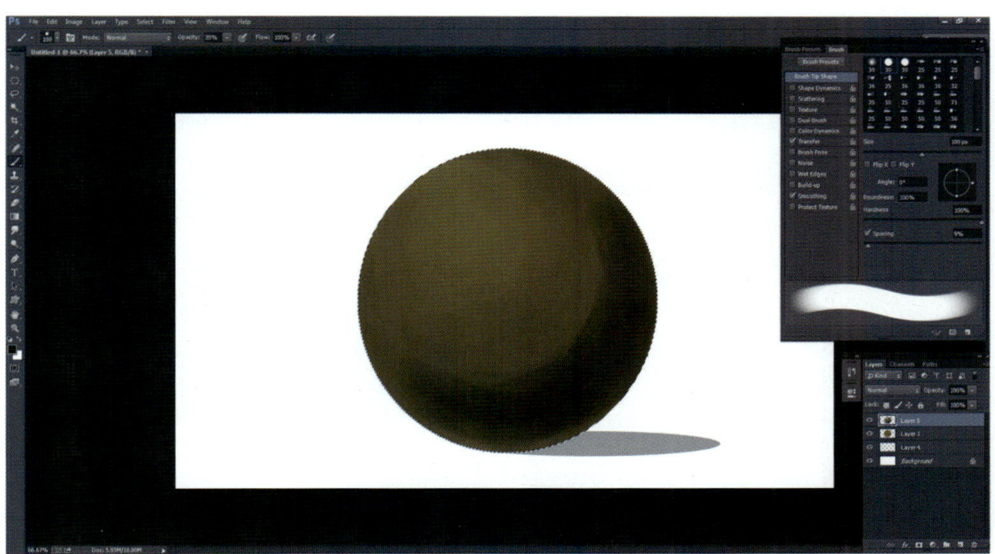

04

다소 딱딱한 느낌이 듭니다. 그래서 중간에 연결되는 톤을 찾아 매끄럽게 연결합니다.

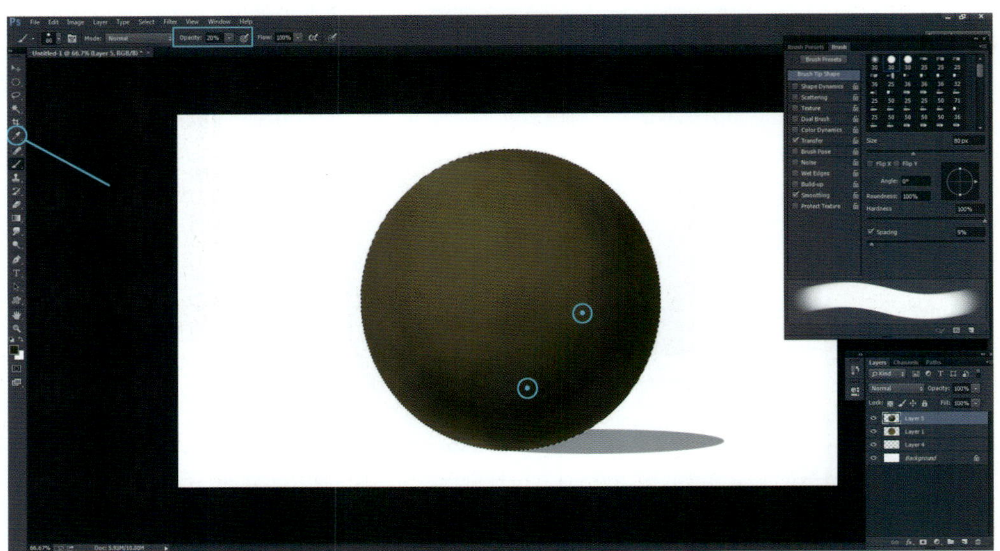

0 5

브러시 모드에서 <Alt>키를 누르면 커서가 스포이드 모양으로 변합니다. 이것으로 어두운 곳 중간지점에 찍으면 중간 경계의 톤을 잡을 수 있습니다. 이것은 가장 많이 쓰이는 동작이고 포토샵으로 그릴 때 핵심적인 기능이라 얘기할 수 있습니다. 색의 중간 농도를 빨리 잡아내야 매끄럽게 드로잉을 이어나갈 수 있습니다.

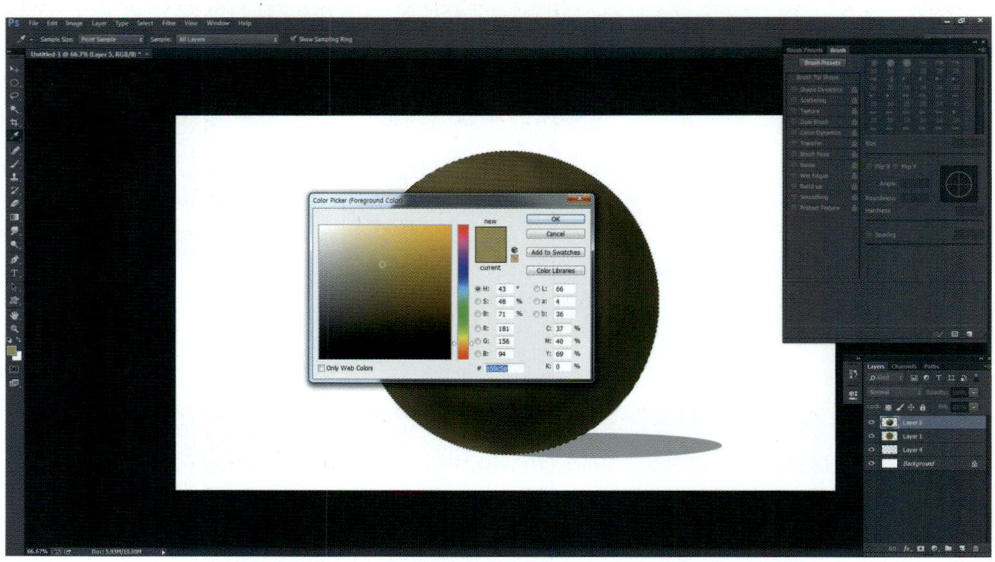

0 6

중간 톤 찾기가 잘 이루어졌다면 이제 밝은 영역으로 갑니다.

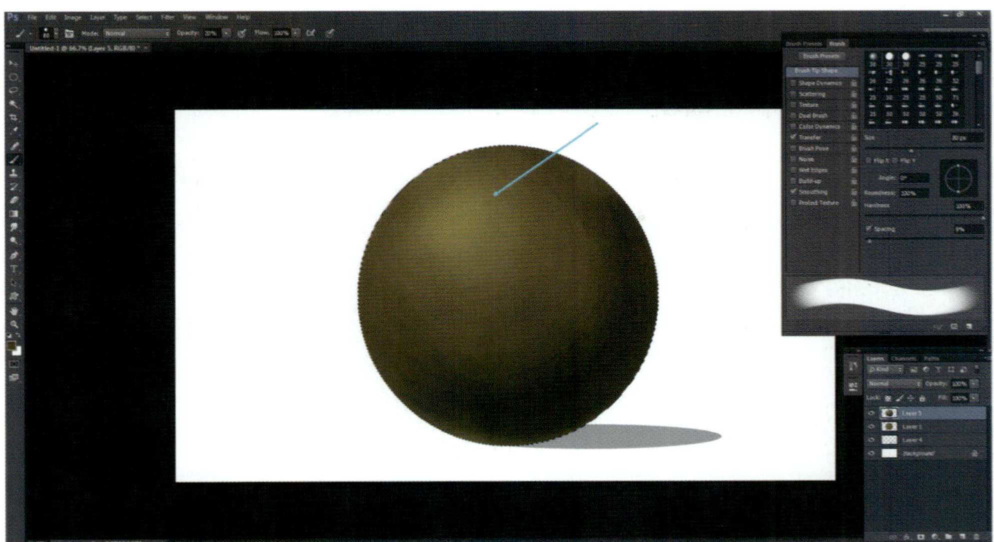

가장 밝은 쪽을 향해 동그라미를 그리듯 터치를 합니다.

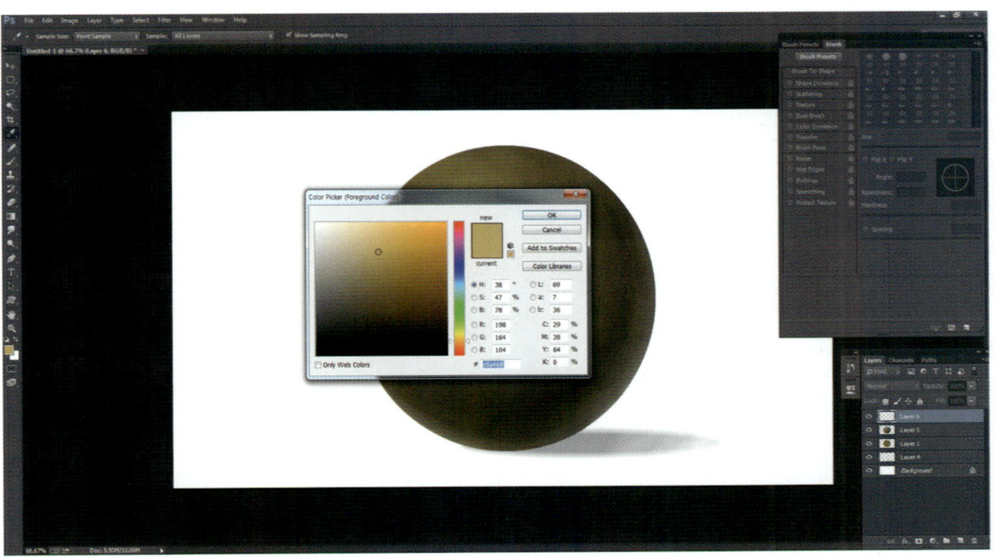

다음은 확연히 밝은 색을 지정한 후 하이라이트를 표현합니다.

09

이런 방식은 터치가 다소 보이기는 하지만 질감적 느낌은 많이 얻을 수 있습니다. 대부분 컨셉아트를 할 때 이런 느낌을 많이 냅니다. 너무 깨끗하게 처리하다 보면 차가운 느낌이 많이 들기 때문에 이런 방식의 터치가 많이 쓰입니다.

구체를 그려보았다면 표면 상태를 바꾸는 터치를 해봅니다. 이는 터치가 그림에 주는 영향이나 빛의 강도 이해에 도움을 주는 좋은 연습 방법입니다.

01

전에 그린 구체에서 다시 시작해 봅니다. 브러시는 6번째 Transfer속성 브러시입니다.

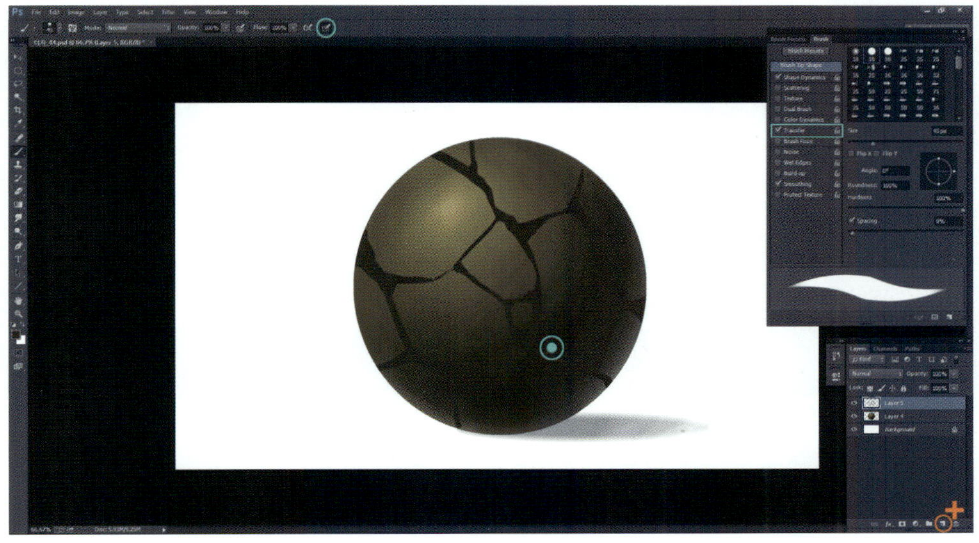

02

구체의 가장 어두운 톤으로 색을 지정하고 브러시는 필압 모드로 바꿔줍니다. (필압 체크는 상단 동그라미 표시) 그리고 그림과 같이 뭔가 갈라진듯한 느낌으로 자유롭게 터치합니다. 꼭 레이어를 새로 생성해서 작업합니다.

터치 후 우측하단에 네모로 표시한 부분을 누르세요. 작업된 레이어의 오파시티(opacity) 값을 조정합니다. 이건 각자 기분대로 해주면 되는데 적당히 부드러운 느낌이 나면 좋습니다.

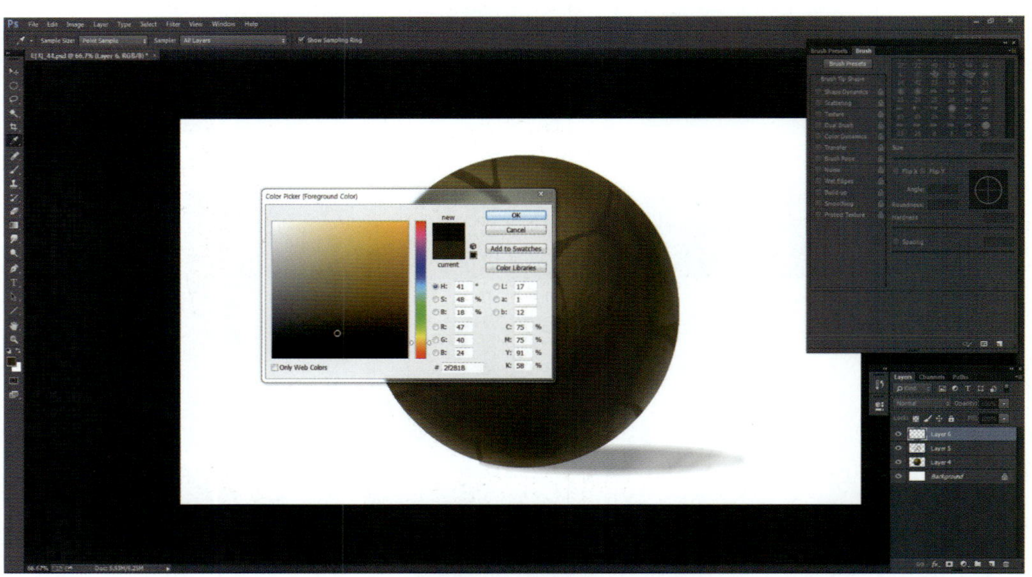

터치의 단계가 느껴지도록 먼저 그린 어두운 터치에 더 깊게 패인 부분을 추가합니다

05

이전 단계에서 그린 어두운 터치의 해당 레이어를 전과 같이 오파시티 값을 조정해서 강도를 맞춥니다.

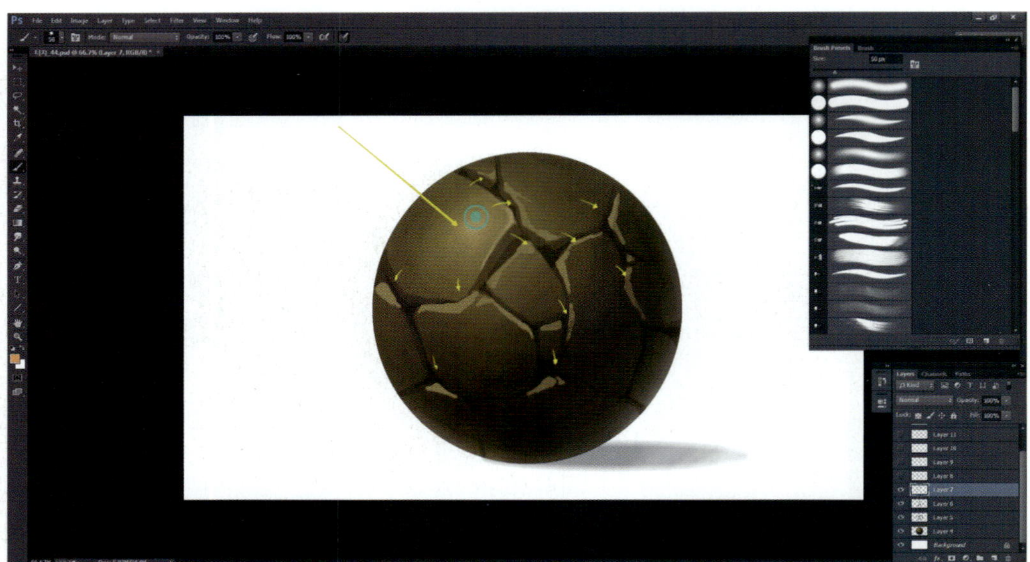

06

다음은 밝은 부분을 터치합니다. 이제 빛 방향을 잘 봐야 합니다. 최초 빛이 오는 방향을 보면 어떻게 영향을 주는지 표시를 보시면 알 수 있습니다. 깨진 모서리 부분이 가장 빛의 영향을 많이 받을 것입니다.

07

밝은 부분을 터치 했다면 또다시 레이어의 오파시티를 조정합니다. 이때 터치한 부분의 변화를 주기 위해 후면 쪽은 지우개로 조금씩 지워주면 더 자연스럽습니다.

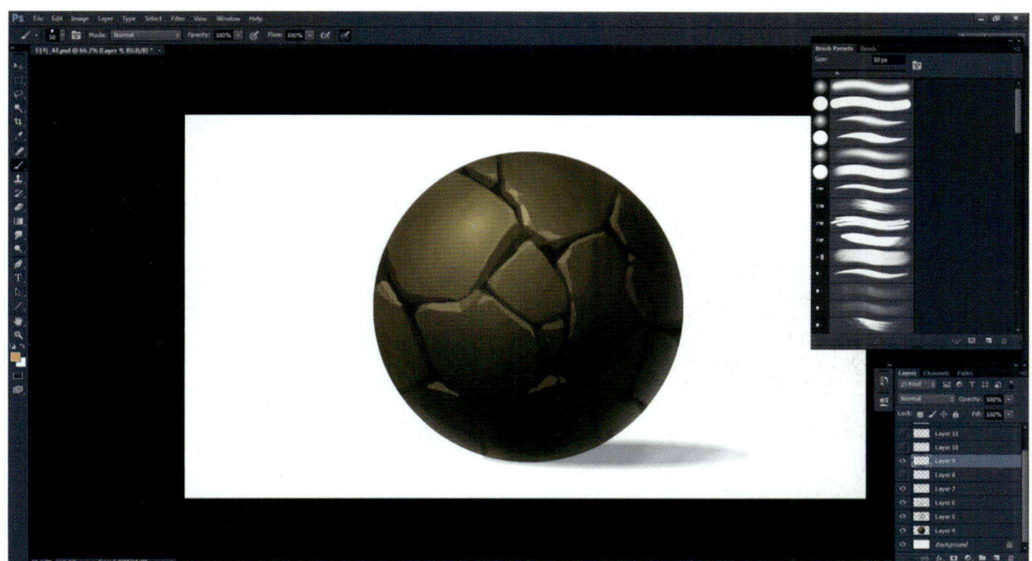

08

다음은 조금 더 밝은 하이라이트 부분을 터치합니다.

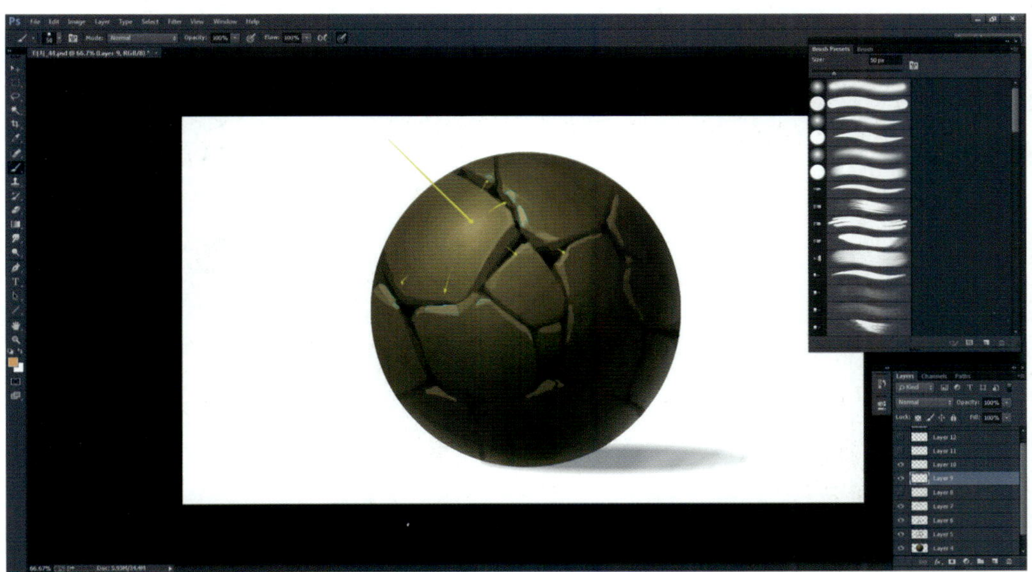

09

빛과 가장 가까운 곳이나 모서리 등에 하이라이트를 그려줍니다. 하이라이트는 사람마다 다르게 표현하지만 물체 표면의 질감을 고려하고 그려야 합니다. 예를 들어 돌에 하이라이트를 강하게 주면 바로 금속이 되는 것처럼 반대로 하이라이트가 약하면 흙덩어리처럼 보입니다. 빛을 얼마나 반사하고 있는가 또는 빛을 얼마나 흡수하는가를 표현하는 것입니다

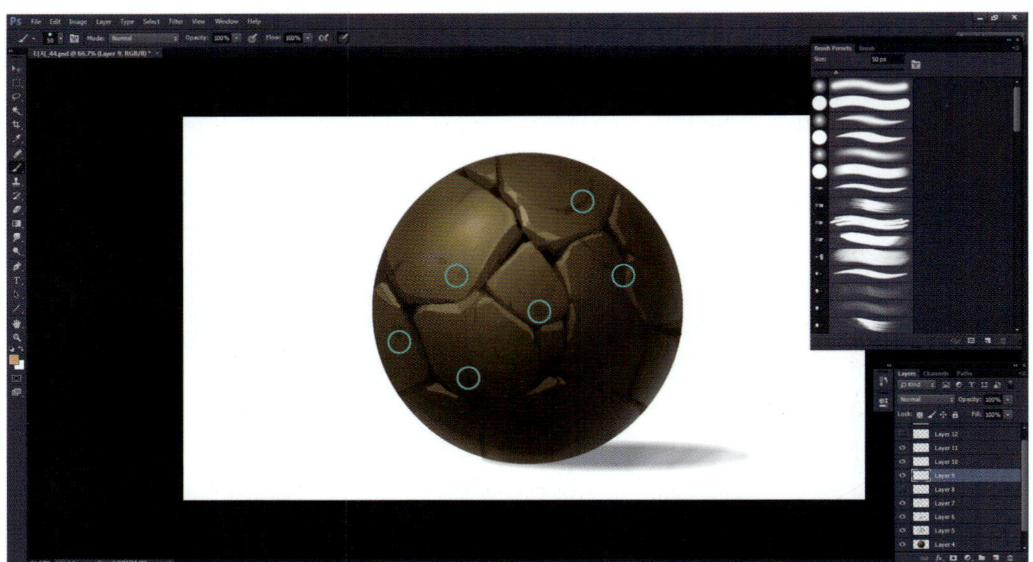

10 좀 더 재미 요소를 주기 위해 표면에 데미지를 더 추가해봅니다.

11 데미지를 준 곳도 빛 방향에 맞게 하이라이트를 주고 반사광 쪽은 밝은 면으로 처리해보았습니다.

이전 단계의 구체를 디테일하게 다듬었습니다. 그리고 여기서 중요한 부분은 터치의 구분입니다. 사물이 크다면 규모에 맞는 터치를 해야 합니다. 스케일에 맞추어 터치하는 것을 알아보겠습니다.

01

이전 단락에 그렸던 구체를 그대로 인용했습니다. 옆에 캐릭터가 하나 있습니다. 실제로 비교한다면 이렇습니다. 디테일을 살리더라도 뭔가 기준이 있어야 합니다. 그 기준은 비교할만한 대상을 두거나 예상을 하고 디테일을 살려야 합니다. 위 그림에서 구체는 캐릭터의 크기로 봤을 때 큰 바윗돌 정도로 보입니다. 반대로 거리가 멀어지거나 규모가 늘어나면 시야에 들어오지 않기 때문에 표현하는 터치도 작아집니다. 예를 들어 거대한 바위산을 볼 때 돌의 틈 사이까지는 볼 수 없는 것과 같습니다.

02

이번 그림은 캐릭터가 작습니다. 이런 경우에는 표면의 균열된 상태보다 표면의 면 처리가 중요해 집니다. 위의 예시와 비교하면 확연히 드러납니다. 거대함에 있어 작은 부분의 요약에 집중해야 합니다. 이러한 터치의 균형은 끊임없이 훈련해야 합니다.

작은 사물과 크 사물은 터치의 차별화가 중요합니다. 그림을 그릴 때에는 항상 내가 무엇을 그리고 있는지 그림은 어떤 상황에 있는지 표현하고자 하는 사물은 얼마나 큰 지를 정확히 알고 그려야 합니다.

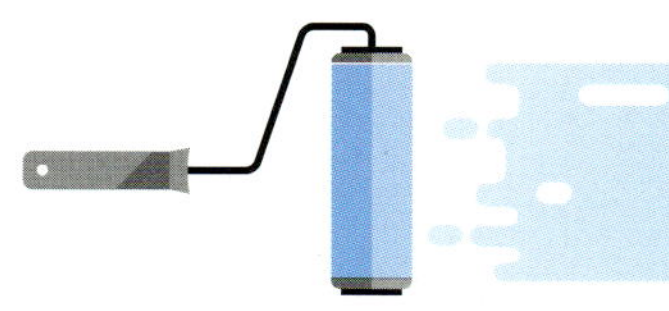

색이란 사물이 빛을 흡수하거나 반사나 투과하는 동안 우리의 눈에서 느껴지는 경험입니다. 결국 우리가 보는 사물은 전부 빛의 색깔이라고 생각하면 됩니다. 예를 들어 밤에는 물체의 색깔을 잘 볼 수 없는 이유입니다. 물론 빛 자체에도 색은 존재합니다. 이를 '광원색' 이라고 일컫습니다. 요즘 인터넷이나 서적을 보면 색에 대한 많은 정보를 얻을 수 있습니다. 하지만 색에 대한 이론이 아주 많아 어렵게 느껴질 수 있습니다. 또한 색의 이론과 원리를 전부 배운 후 그림을 그린다는 것은 정말 괴로운 일입니다. 그런 것보다 그리면서 하나하나 익히는 것이 더 즐겁고 색감을 빨리 익힐 수 있는 방법이라 생각됩니다.

색의 이름

색을 공부하기에 앞서 중요하게 알아두어야 할 것은 색의 이름입니다. 이는 화학자가 원소기호를 알아야 하는 이유와 같겠지요? 색은 기본적으로 빨간색(빨강), 주황색, 노란색(노랑), 초록색, 파란색(파랑), 남색, 보라색 일명 '빨, 주, 노, 초, 파, 남, 보'의 원색으로 분류합니다. 이것은 누구나 알고 있는 기본 상식입니다. 하지만 이제 그 색의 이름과 성질을 알아야 합니다. 공부를 하기에 앞서 간단한 컬러 차트를 만들어 보았습니다. 이 컬러 차트가 절대적인 것은 아닙니다. 저자가 공부할 때를 기준으로 생각했던 컬러이고 더 이상 많이 알려고 하지도 않았습니다. 대부분의 색은 이 차트 안에서 다 나올 수 있습니다. 원색에서 밝거나 어둡게 변형하면 다른 느낌의 색으로 바뀌고, 다시 원색을 서로 섞어서 조합하기도 합니다. 머릿속에서 이런 색들이 섞여 밝아지고 어두워지는 것을 상상할 수 있다면 이미 색감의 고수가 되어있을 것입니다. 다음 단락들을 읽어보다가 다시 컬러차트로 돌아와 관찰해보면서 이해하면 좋겠습니다.

color

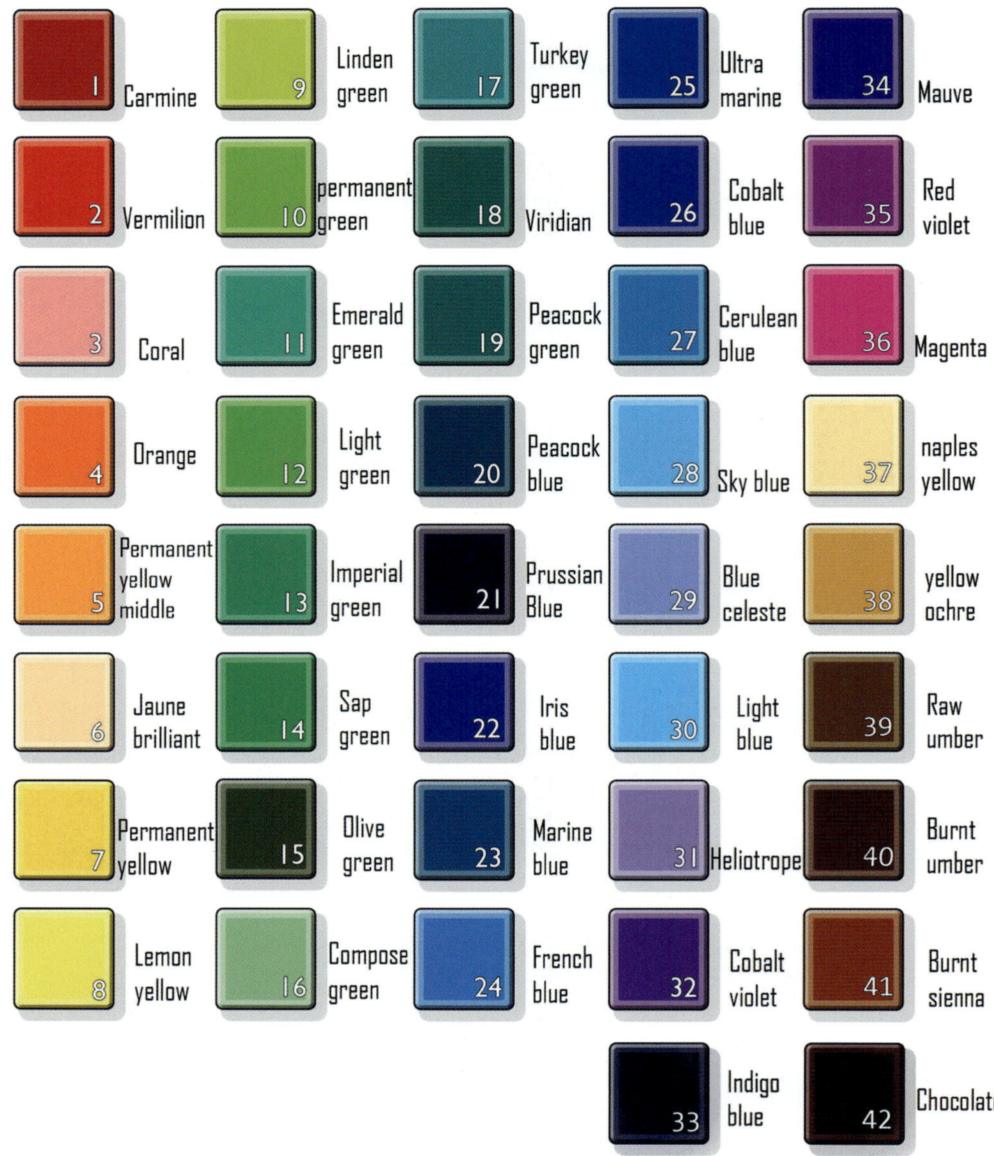

위에 컬러차트를 봐주시기 바랍니다. 여러 색의 이름이 있습니다. 여기 있는 영문 이름을 한번에 외우기 보다는 조금씩만 숙지해 주시기 바랍니다. 이런 방식의 색 공부는 수작업(수채화, 유화, 아크릴화) 등에 실제로 적용이 가능합니다.

색의 종류

색은 크게 난색과 한색 (warm & cool) 정도로 나뉩니다.

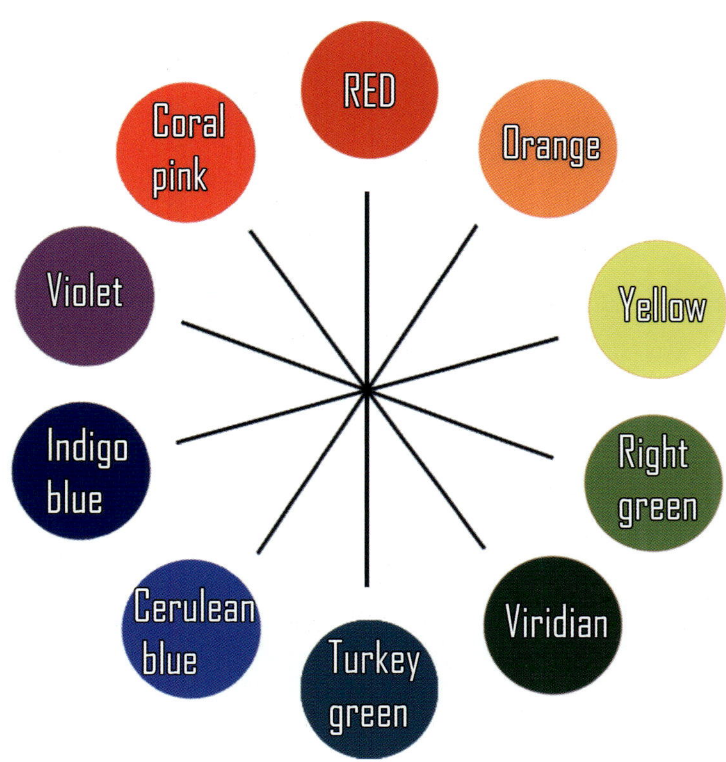

중앙 상단 레드와 아래 블루를 중심으로 아래위로 붉은 느낌과 아래 푸른 느낌의 그래프(보색표)가 있습니다. 위쪽 붉은 계열이 난색입니다. 우리가 보통 덥거나 따뜻한 느낌을 주는 색입니다. 그리고 아래 푸른 계열은 춥거나 시원한 느낌을 주는 한색입니다.

01

간단하게 설명하자면 하늘을 기준으로 한 원거리의 색은 전부 한색계열입니다. 그렇기 때문에 대부분 먼 거리는 푸른빛의 영향을 받습니다. 공기나 기후 상태도 전부 한색으로 표현됩니다. 반대로 근거리나 빛을 많이 받는 색은 난색으로 표현합니다. 같은 색을 가진 물체여도 멀리 있거나 가까이 있을 때는 색깔이 바뀝니다. 왜냐하면 같은 색의 물체도 멀리 갈수록 공기의 영향을 받고 한색의 영향권 안으로 들어가기 때문입니다.

02

난색과 한색으로 원근감을 표현하는 예로 이런 규칙은 유용합니다. 나무의 색이 라이트 그린(Light green)이라면 똑 같은 색으로 나열해 그린 후 세루리안 블루(Cerulean blue)를 입혀주면 색감으로 원근을 표현할 수 있습니다

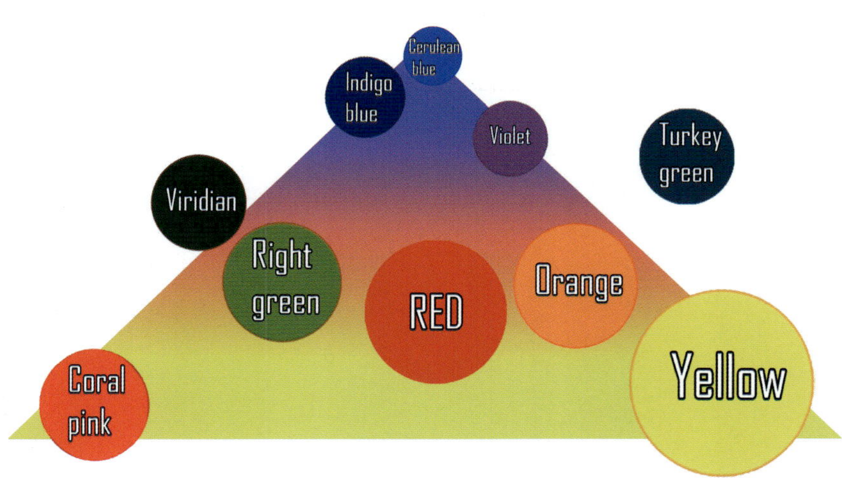

03

거리로 색을 이해하는 것은 아주 유용합니다. 보통 재질적인 색부터 공부하지만 환경 자체를 이해하는 것이 더 중요합니다. 특히 배경 컨셉은 더욱 그렇습니다. 난색과 한색을 특성에 잘 맞춰 그리면 시원한 원근감과 사실감을 얻을 수 있습니다.

보색관계

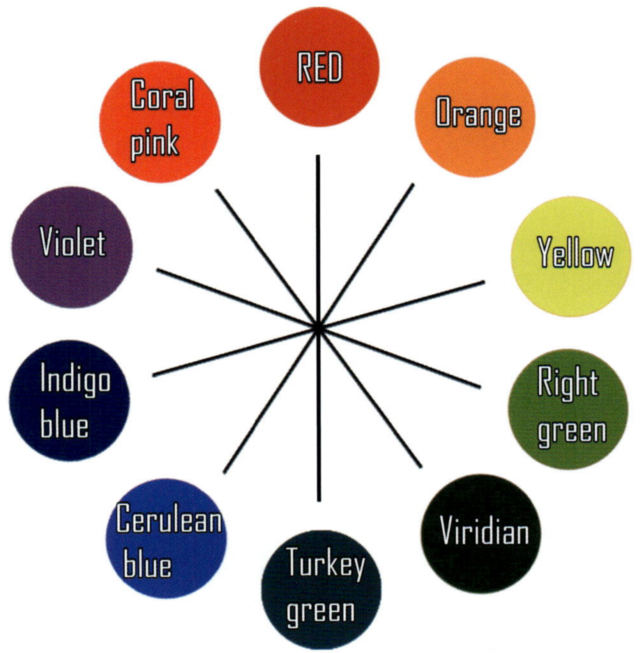

보색관계는 서로 대비되는 색이 조화를 이루는 것을 말합니다. 또는 두 색상이 서로의 특성을 잘 나타나게 해주는 것을 말하기도 합니다.

그래프(왼쪽 보색표)를 보면 중앙의 사선이 보색의 위치를 말해주고 있습니다. 서로 마주하고 있는 색을 보면 성질이 다른 색들입니다. 서로 확연히 다르지만 만나면 각 색상의 특성이 강하게 드러납니다. 이런 보색관계를 잘 알고 있다면 색감을 익히는데 있어 많은 도움을 줄 것입니다.

명도와 채도

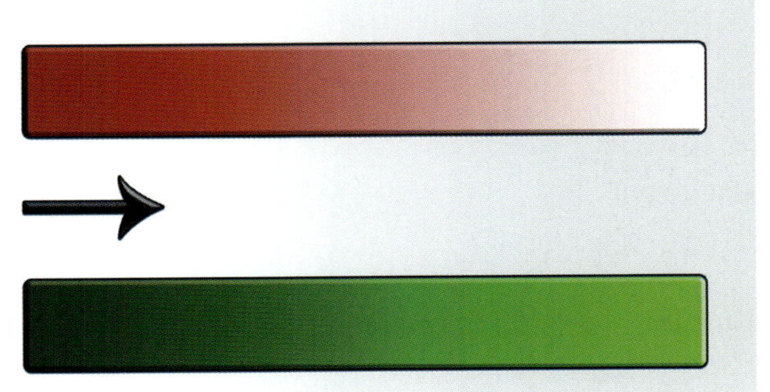

명도는 좌측 빨간색 바와 같이 밝기만 올라간 상태입니다. 원색에 화이트가 첨가되어 밝기가 증가된 상태입니다. 녹색 바는 채도입니다. 마치 밝기가 올라간 것 같지만 사실 색이 바뀌었습니다.

이런 명도와 채도는 간단한 것 같지만 초보자가 가장 많이 실수하는 부분입니다. 상황에 따라 색을 증가시켜야 하는 상황은 많이 발생합니다. 그때 채도와 명도를 반대로 표현하는 실수를 할 때가 많습니다. 대부분 명도가 증가하는 것은 빛을 점차적으로 잘 받은 상태라고 치면, 채도의 증가는 빛의 반사에 민감한 물체의 색이라고 생각하면 좋습니다.

원색은 저마다 특성이 있습니다. 사람으로 따지면 성격이라고 할 수 있습니다.

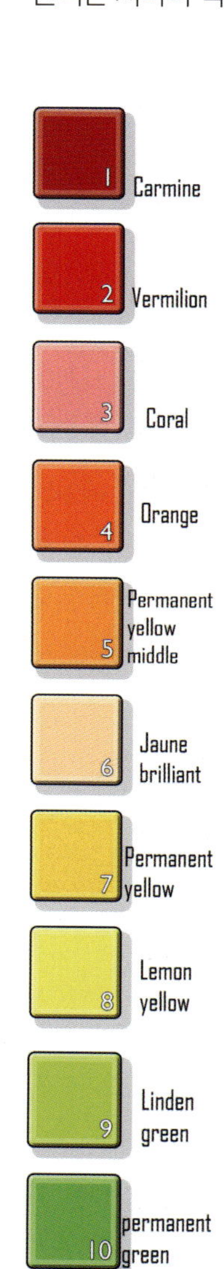

1 카민(Carmine) : 가장 보편적인 빨간색이고 성질이 아주 강합니다. 소품이나 디자인의 포인트 컬러로 쓰이고 단독으로 쓰는 것은 거의 불가합니다.

2 버밀리언(Vermilion) : 따뜻한 성향이 강하고 그라데이션 시 탁해질 확률이 있습니다. 포인트를 줄 때 사용하면 좋습니다. 붉은 색의 중간톤에 배치합니다.

3 코랄(Coral) : 핑크와 비슷하고 캐릭터 디자인에 많이 쓰입니다. 다른 색과 섞일 때 같은 붉은 계열이 아니면 탁해질 수 있습니다.

4 오렌지(Orange) : 활용도가 높은 편입니다. 저녁 하늘이나 가을 풍경에 주로 쓰입니다. 붉은 계열 색에는 대부분 잘 어울립니다.

5 퍼머넌트 옐로우 미들(Permanent yellow middle) : 노란색과 붉은색을 연결하는 색 정도로 보면 좋습니다. 채도가 강해 강한 빛의 표현에 쓰입니다.

6 쟌 브릴리언트(Jaune brilliant) : 피부색과 유사하지만 다루기 힘든 화이트 혼합 색상입니다. 붉은색을 제외한 다른 색과 만나면 심하게 탁해집니다.

7 퍼머넌트 옐로우(Permanent yellow) : 가장 대표적인 노란색이고 어떤 색과 섞여도 좋은 색깔이 나옵니다.

8 레몬 옐로우(Lemon yellow) : 빛 표현에 유리하고 다른 색과 섞여도 좋지만 채도 감소가 있습니다.

9 린든 그린(Linden green) : 보통 그린톤에서 밝게 빛나는 색으로 쓰입니다.

10 퍼머넌트 그린(Permanent green) : 투명한 나뭇잎을 표현할 때 좋고 채도가 충분하기 때문에 다른 색과 혼합해도 좋은 색이 나옵니다.

11 에메랄드 그린(Emerald green) : 차가운 느낌의 대표적인 그린톤이기 때문에 물이나 원경의 숲 등을 표현하는데 유리합니다.

12 라이트 그린(Light green) : 그린톤의 중앙지점이고 활용도가 높습니다. 노란색과 잘 어울립니다.

13 임페리얼 그린(Imperial green) : 차가운 성향을 가진 그린톤이고 진하고 어두운 식물을 표현하는데 좋습니다.

14 셉 그린 (sap green) : 조금 채도가 높고 차가운 기분이 있으며 무난하게 사용할 수 있는 색입니다.

15 올리브 그린(Olive green) : 저채도의 어두운 그린이지만 의외로 널리 사용됩니다. 그린 톤을 차분하게 다운시키는 역할을 합니다. 보라색, 파란색과 혼합하여 쓰기 좋습니다.

16 컴포즈 그린(Compose green) : 저채도의 그린톤이고 다루기가 힘든 편입니다. 혼합보다는 단독으로 쓰이는 편이고 원색을 다운시키는 역할을 합니다.

17 터키 그린(Turkey green) : 귀족적인 느낌이 있는 그린입니다. 차가운 느낌이고 원경이나 물의 표현에 많이 쓰입니다.

18 비리디언(Viridian) : 굉장히 짙은 색이고 어둡거나 차가운 느낌에 어울립니다. 보라색, 파란색과 단짝입니다.

19 피콕 그린(Peacock green) : 무난해 보이지만 특수한 색이며 때에 따라 블루계열로 보이기도 합니다. 주로 물을 표현하는데 많이 쓰입니다.

20 피콕 블루(Peacock green) : 두 가지 성질이 있는 색으로 블루와 그린의 특성을 다 가지고 있으며 굉장히 차갑고 어두운 색입니다. 물이나 설경의 음영 색으로 좋습니다.

21 푸루시안 블루(Prussian blue) : 거의 블랙 대용이라고 봐도 될 만큼 어둡고 차갑습니다. 블루계열 중 가장 어두운 색입니다.

22 아이리스 블루(Iris blue) : 블루 중에 가장 세련되어 보이는 색상으로 성질이 가장 차가운데 다른 색을 섞어도 차갑고 밝게 만드는 특징이 있습니다.

23 마린 블루(Marine blue) : 푸른 느낌의 바다, 설경을 표현하는데 좋고 그린과 잘 어울립니다.

24 프렌치 블루(French blue) : 블루계열 중 가장 보편적인 색이고 해안가 하늘색으로 적합합니다.

25 울트라 마린(Ultra marine) : 어두운 느낌의 블루이고 보통 혼합해서 씁니다. 거의 모든 색에 혼합해도 좋고 시원하면서 어둡게 만들어 줍니다.

26 코발트 블루(Cobalt blue) : 어두운 느낌의 블루지만 약간 보라색으로 보이는 특징이 있습니다.

27 세루리안 블루(Cerulean blue) : 중간 정도의 명도를 가진 블루이고 블루계열의 색 단계를 줄 때 연결 색으로 사용하면 좋습니다.

28 스카이 블루(sky blue) : 일명 하늘색 이라고도 하는 색입니다. 라이트 블루와 비슷하지만 조금 더 차분한 느낌이 듭니다.

29 블루 세레스트(blue celeste) : 블루 계열에서 채도가 낮은 편에 속합니다. 특유의 부드러운 느낌이 있어 동화 같은 색감이나 낮의 반사광의 색으로도 쓰이고, 색을 전반적으로 차분히 다운시키는 성질이 있습니다.

30 라이트 블루(Light blue) : 하늘 색이나 물 표현에 사용 되고 그린톤과 잘 섞이는 색입니다.

31 헬리오트로프(Heliotrope) : 블루 계열에서 채도가 낮은 편에 속합니다. 특유의 부드러운 느낌이 있어 동화 같은 색감이나 낮의 반사광의 색으로도 쓰이고 색을 전반적으로 보라색으로 가려는 성질이 잇습니다.

32 코발트 바이올렛(Cobalt violet) : 보라색의 기준이라고 보면 됩니다. 채도가 높아 색을 혼합 할 때 좋습니다.

33 인디고 블루(Indigo blue) : 블루 계열 중 가장 어두운 색입니다. 블랙 대용으로 사용하기도 하고 브라운 계열의 색과 잘 어울리는 특성이 있습니다.

34 마브(Mauve) : 짙은 보랏빛이 신비한 느낌과 차갑고 혼란스러운 느낌을 줍니다. 판타지에 어울리는 색입니다. 어두운 혼합 색을 얻을 때 좋습니다.

35 레드 바이올렛(Red violet) : 붉은 색을 띠는 보라색입니다. 자줏빛이라고도 하며 핑크와 바이올렛의 연결 지점에 있습니다.

36 마젠타(Magenta) : 핑크에 보라색이 섞여있는 느낌입니다. 붉은계열 색을 이어주는 중간톤 정도로 적합합니다.

37 네이플스 옐로우(Naples yellow) : 저채도의 노란색인데 포근한 느낌이 있지만 다른 색과 잘못 섞이면 굉장히 탁해집니다.

38 옐로우 오커(Yellow ochre) : 사용 빈도가 최고 높은 옐로우 오커는 거의 모든 사물이나 환경에 다 쓰입니다. 색 혼합 결과도 좋은 색입니다.

39 로우 엄버(Raw umber) : 흙색이라는 느낌이 드는데 실제로는 흙보다 나무를 그리거나 색을 다운시키는 목적으로도 쓰입니다.

40 번트 엄버(Bunt umber) : 은근히 고집불통인 색입니다. 비슷한 노란 계열에서 너무 강하고 붉은 계열에서는 불을 부칩니다. 허나 어두운 보라색이나 파란색을 만날 때 깊이 있는 명암톤을 얻을 수 있습니다.

41 번트 시에나(Burnt sienna) : 저자가 가장 좋아하는 색입니다. 시에나는 거의 만능입니다. 고채도의 색을 섞어도 좋고 저채도를 섞어도 부드러워집니다.

42 초콜렛(Chocolate) : 레드 계열 중 가장 어두운 색입니다. 붉은 색의 명암으로 사용하기에 강한 색이고 어두운 블루 계열과 잘 어울리는 특성이 있습니다. 특성이 강해 단독으로 사용하기 힘든 칼라입니다.

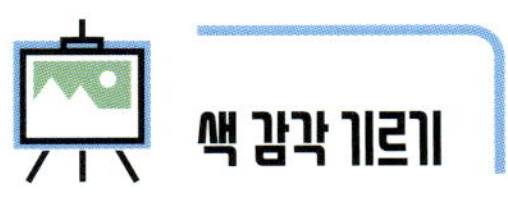

색 감각을 기르기 위한 좋은 방법은 실사를 보고 색을 원색으로 해석해서 그림으로 만드는 것입니다. 자료가 뭐가 됐든 좋습니다. 최소한 지금까지 배운 컬러 차트로 구분해 낼 수 있다면 반은 성공한 것입니다.

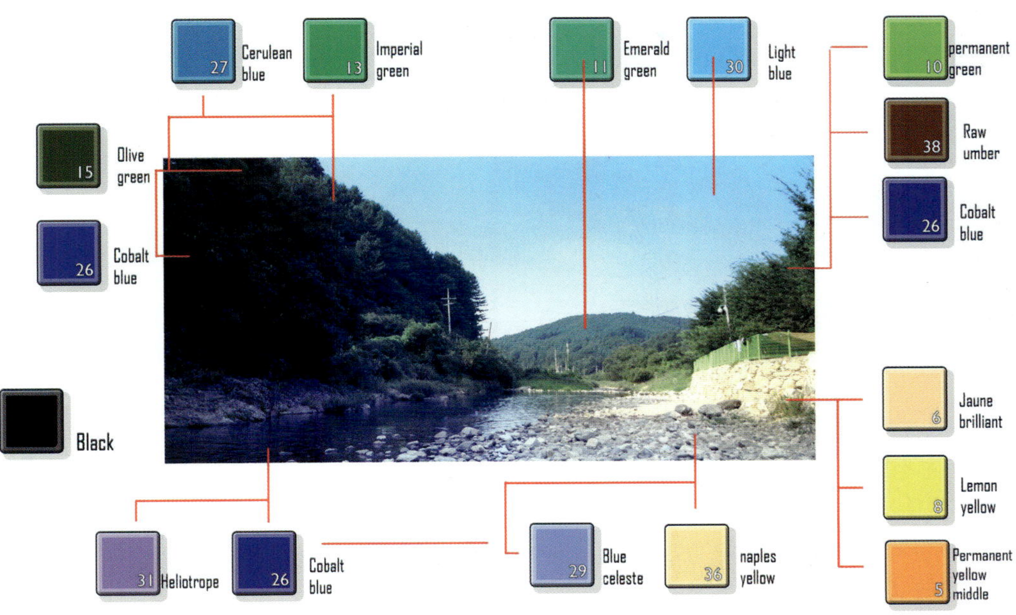

01

디지털 세상인 현 시대에는 쉽게 이미지를 만들고 수정할 수 있는 툴이 많이 있습니다. 하지만 색 감각을 키울 수 있는 도구는 없습니다. 색감은 툴이 아닌 물감을 만져봐야 잘 알 수 있을 텐데, 컴퓨터 사용의 증가로 인해 물감을 만져볼 기회가 많지 않습니다. 그래서인지 요즘은 본인이 익숙한 색만을 쓰거나 무채색 계열로 그려 포인트만 주는 방식이 많이 쓰이는 것 같습니다. 이제는 기계에 의존하는 모습보다는 또 하나의 그림 도구로써 사용해야 할 것입니다.

02

실사를 보고 원색으로 색을 찾아 냈다면 이제 각 색의 명도와 채도를 조절하고 혼합된 색을 만듭니다. 색의 혼합 방법은 브러시로 원색을 칠한 후 레이어의 오파시티(opacity)를 낮추면 됩니다. 그리하면 색이 서로 겹치며, 혼합된 색이 나타납니다.

 **03**

이렇게 색의 혼합 정도가 숙지가 되면 색의 감각이 생기기 시작한 것입니다. 이후 좀 더 많은 색들을 찾아내고 혼합해보는 과정에서 색의 성질을 잘 알게 될 것이고, 한층 나아가 좋은 색감의 그림을 그릴 수 있게 될 것입니다. 사진을 볼 때 느껴지는 색을 원색으로 구분해 채도와 명도를 조절하면 비로서 나만의 색으로 그림을 그릴 수 있게 되는 것입니다. 항상 색의 뿌리를 찾는 습관을 길러 둡시다.

 ## 컬러 피커 (Color picker)

포토샵 기능 중에 가장 중요한 부분이라고 할 수 있는 컬러 피커는 색을 찾고 좌표를 알려주는 역할을 합니다.

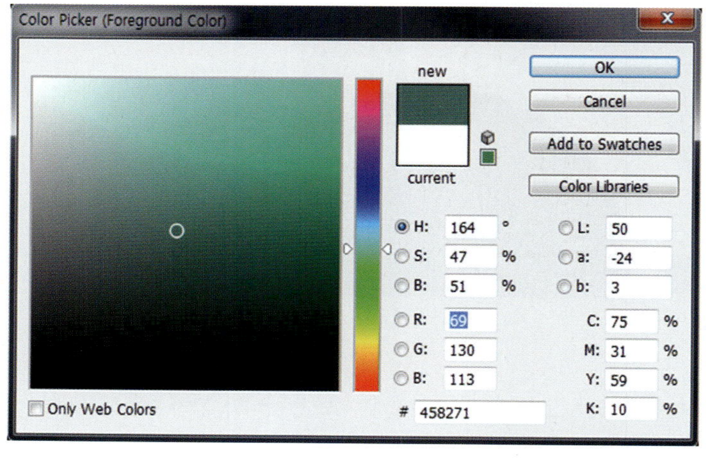

01

컬러피커의 인터페이스 구성은 이렇습니다. 좌측에 색 강도를 정하는 큰 컬러판이 있고 우측에는 좌표와 기능이 있습니다. 이제 하나씩 알아 보도록 하겠습니다.

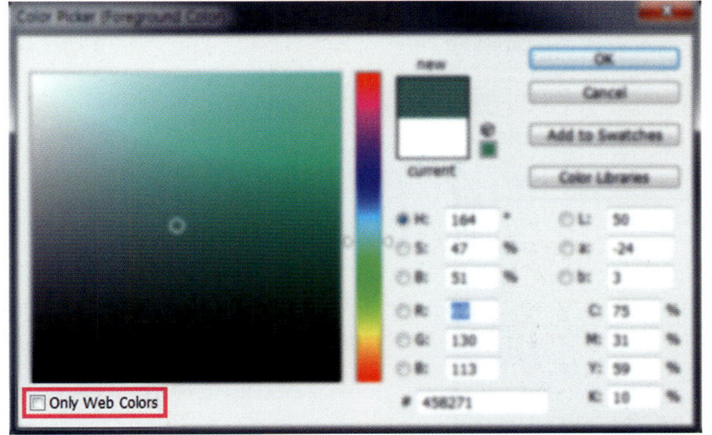

02

좌측 하단에 only web colors 라는 문구
가 있습니다. 이곳은 체크하지 않고 쓰
는 것이 좋습니다. 이것은 색깔을 단순
한 단위로 나누어 버리는 기능이고, 기
본적으로 사용하지 않아도 됩니다.

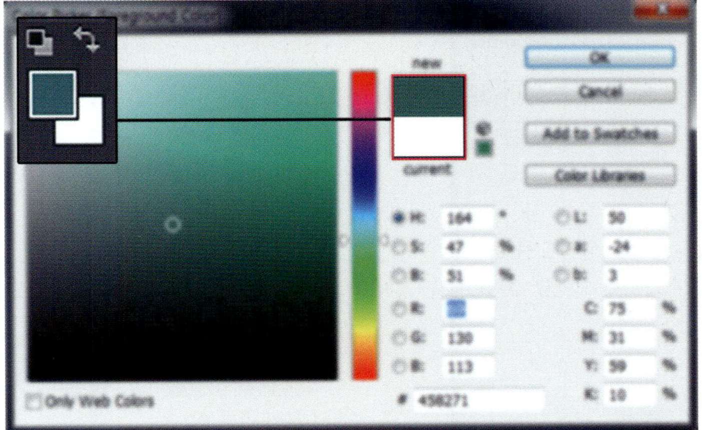

03

이곳은 현재 사용되고 있는 컬러를 보여
주는 곳이고 아래 화이트 부분은 체인지
해서 쓸 수 있도록 하거나 뒤쪽에 깔리
는 색으로 쓸 수 있습니다. 예를 들어 브
러시 커스텀 중에 두 가지 색이 섞여 나
오게 하는 기능이 있는데 이때 사용됩니
다. 한마디로 두 색을 지정해 두고 섞이
게 하는 것입니다.

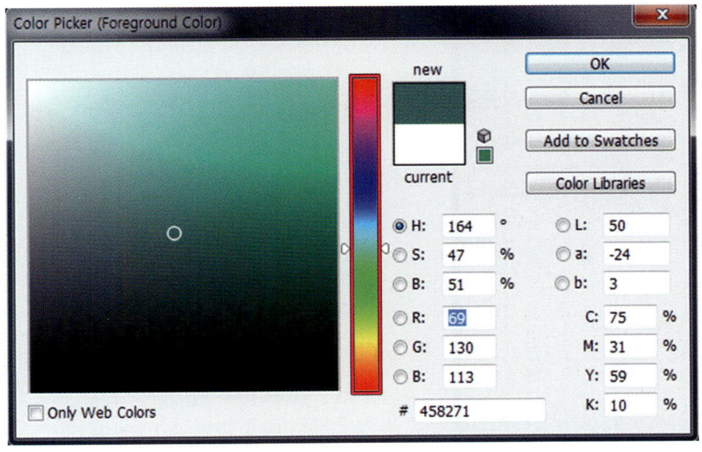

04

가운데 여러 가지 색이 있는 게이지가 보
입니다. 이쪽은 색상의 종류를 바꿀 수
있는 기능입니다. 가운데를 중심으로 아
래는 난색 계열로 되어있고 위로는 한색
계열로 나누어져 있습니다.

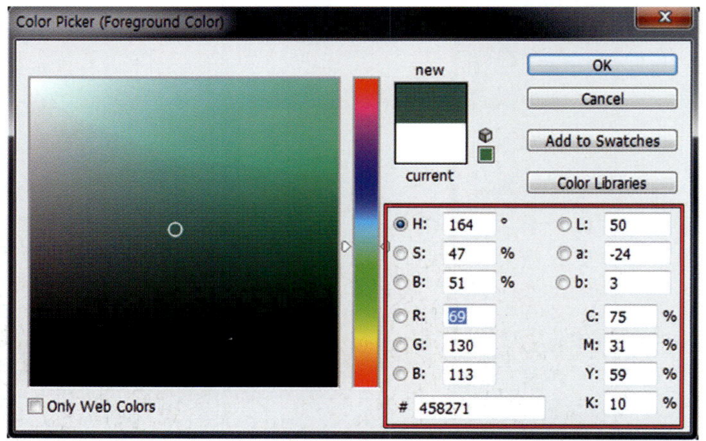

05

우측하단에는 현재 색의 좌표가 표시 됩니다. R G B 값을 중심으로 수치가 표시되고 강도가 표시 되는데 이것은 인쇄나 UI디자인에 많이 필요합니다.

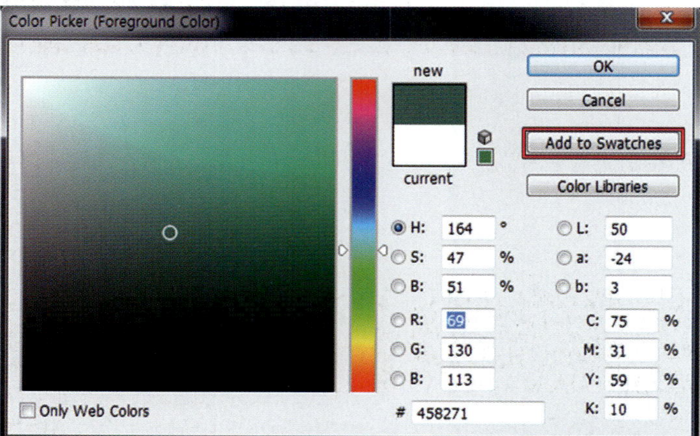

06

Add to swatches 라는 버튼이 있는데 이것은 현재 색깔을 팔레트에 저장하는 기능입니다. 버튼을 누르면 색의 이름을 따로 지정해 저장이 가능하고 swatches 패널에서 확인 가능 합니다.

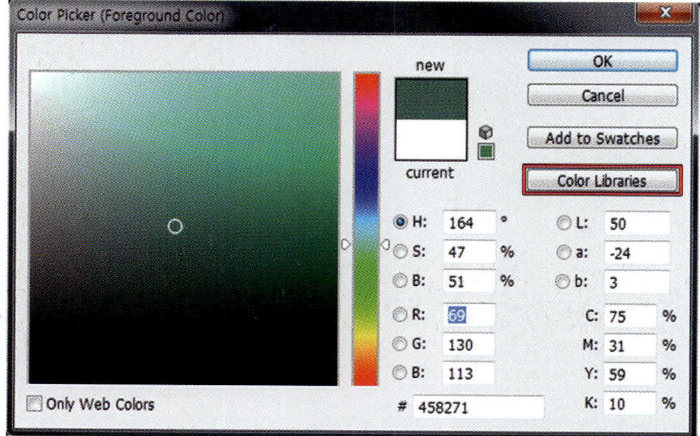

07

Color Lidraries 는 색을 단계별로 나누어 주는 기능입니다. 이것을 이용해 자연스러운 색 변화를 만들 수 있습니다.

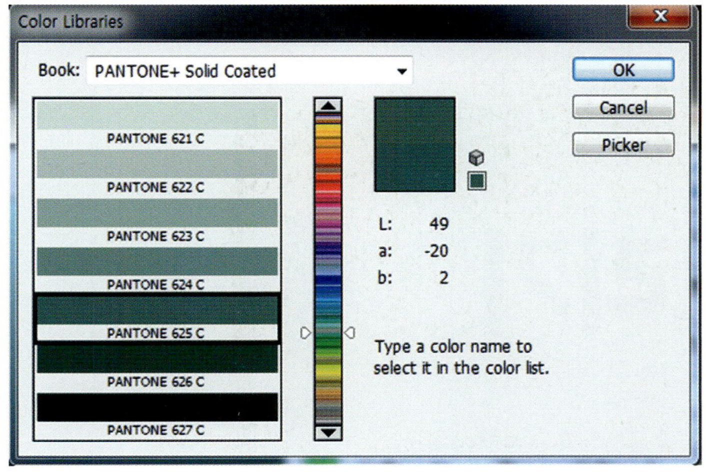

08

명도 별로 차례대로 나열됩니다. 다른 색
을 지정해도 똑같이 나열됩니다.

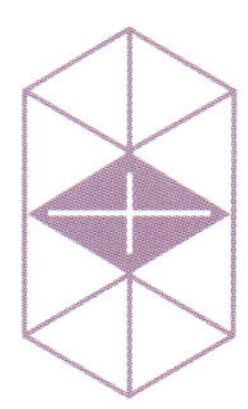

사물 그리기

그림을 그린다면 사물을 그릴 수 있어야 할 것입니다. 사물의 형태나 색감 디자인의 감각이 많이 쌓여있어야 본인이 원하는 그림을 자유롭게 그릴 수 있습니다. 이번 단락에서는 사물을 그리는 기초적인 과정을 담았습니다. 눈여겨봐야 할 부분은 원색으로 이해하는 색감의 뿌리와 원리에 맞는 드로잉입니다. 그리고 가장 중요한 것은 그림의 순서인데 적절한 색감의 균형을 유지하며 그리는 과정을 알아보도록 하겠습니다.

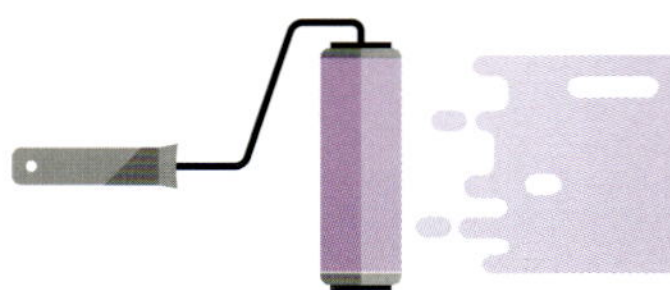

풀 그리기

먼저 풀 그리기를 해보겠습니다.

밑선 그리기

풀을 관찰해보면 지면에서부터 뻗어 나와 회전하듯 하늘로 향하는 모습을 하고 있습니다.간단하고 러프한 선으로 먼저 풀의 잎의 움직임을 기록합니다. 아무 계획 없이 스케치하는 것보다는 형태를 간음해볼 수 있는 밑선을 그리고 나서 시작하는 것이 좋습니다.

스케치하기

풀의 성장 방향을 따라 잎을 그려나갑니다.
잎의 모양이 일률적인 느낌이 나오지 않도록 주의 하고 잎이 뻗은 모양이 다양한 방향으로 뻗어 나가도록 그리는 것이 포인트입니다.

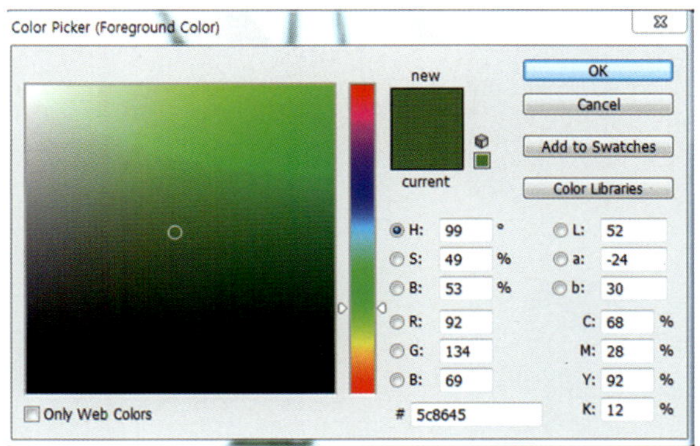

풀의 색은 여러 가지가 있지만 가장 대표적인 라이트 그린으로 시작해 보겠습니다.

02

밑색을 채색합니다. 이때 스케치한 레이어의 하위로 레이어를 새로 생성해서 작업합니다.
(레이어 생성과 병합은 기초 단락에 설명이 있습니다.)

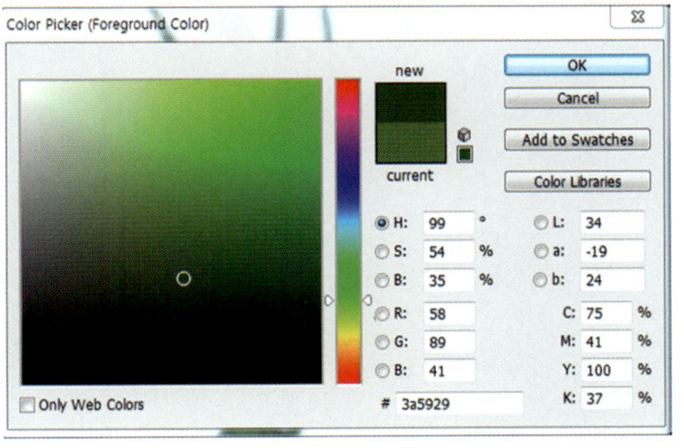

03

이제 조금 더 어두운색으로 명암을 넣어보겠습니다.

04

풀잎의 어두운 부분을 찾아야 하는데 주로 하단은 어둡게 하고 상단은 밝게 합니다. 이때 풀잎 사이에 그림자를 넣어 풀의 형체를 서로 분리해 줍니다. 왼쪽에서 들어오는 빛 방향을 고려해서 오른쪽의 풀잎에 그림자가 나타나도록 합니다.

05

한 단계 어두운 톤으로 구석을 강조합니다. 풀잎이 겹친 부분을 중점으로 터치합니다.

06

어두운 부분이 강조되었다면 이번에는 밝은 부분을 찾아 터치합니다. 채도와 명도를 올려 터치해야 합니다.

07

풀은 그린톤만 갖고 있지 않고 다른 색도 가지고 있습니다. 예를 들어 뿌리 쪽으로 가까울수록 흰색이 나타나거나, 잎 중간이 노랗게 변색한 부분도 있을 수 있습니다.

08

마지막은 하이라이트로 마무리합니다. 하이라이트는 주로 빛과 가장 가까운 곳이나 표면이 반사하는 부분에 터치합니다. 이렇게 작은 풀 하나를 그려보았습니다. 이제 더 많이 모여있는 풀의 모습을 그릴 텐데 한 가지 염두에 둘 것은, 사물의 개수가 많아질수록 터치의 양도 많아질 텐데 표현하는 시간이 너무 늘어나지 않도록 합니다. 간결하게 효과를 내는 방법을 터득해야 합니다.

09

어두운 부분이 강조되었다면 이번에는 밝은 부분을 찾아 터치합니다. 채도와 명도를 올려 터치해야 합니다.

수풀 그리기

밑선 그리기

풀에서 시작해 이제 수풀을 그려보겠습니다. 수풀은 풀이 많이 모여있는 형태일 것입니다. 일단 밑선으로 계획을 잡습니다.

스케치하기

전 단계에 그린 밑선을 따라 풀들을 스케치했습니다. 빈 공간과 잎의 모양을 이용해 풀의 안쪽과 바깥쪽을 표현해 줍니다. 일정한 형태를 반복해서 스케치하지 말고 계속 다르게 나오도록 노력해 봅니다.

채색하기

스케치한 레이어의 하위로 레이어를 생성하여 전체를 녹색 계열의 중간 톤으로 채색합니다.

채색 후에는 중간중간 어두운 부분을 터치합니다. 이때 밝은 부분을 남기면서 덩어리를 형성하듯 그려 줍니다. 수풀은 풀이라는 개체가 모여있는 것이기 때문에 양감 표현이 좀 더 중요해집니다.
하나의 형태보다는 덩어리의 형태로 디자인을 끌고 나가야 합니다.

풀잎의 형태는 어둡게 표현한 음영을 다시 지우개로 지워서 터치하는 방식을 사용했습니다. 밑 색에 어두운 음영이 있기 때문에 형태를 만들면서 지워주면 빠르게 효과를 얻을 수 있습니다. 풀잎의 형태를 잡을 때는 브러시나 지우개를 필압(감압) 모드로 해놓고 사용합니다. (필압에 관한 자세한 설명은 기초 단락을 참고해 주세요.)

지우개로 풀잎을 만들었다면 이제 더 어두운 부분을 강조하여 더욱 깊숙이 들어가게 합니다. 명암은 항상 3단계 정도로 느껴지게 해줍니다. 여기에서 어두운 톤은 비리디언과 블랙의 중간색을 사용했습니다

05

풀이 많이 모여있다 해도 그 사이에 빈 공간은 있을 것입니다. 그 공간을 찾아 지우거나 바탕색을 이용해 구멍을 만들어 줍니다. 별거 아닌 터치 같지만 사실감을 주는 효과가 있습니다. 양감을 표현하다 보면 다소 답답한 느낌이 들 수 있는데 이렇게 빈 공간을 표현해서 수풀의 사이 공간을 느끼고 잎들이 더 많이 있는 느낌도 듭니다

06

풀잎 사이로 더 어둡게 보이는 부분이 있습니다. 다시 한 번 풀잎 사이로 어둡게 보이는 부분을 강조해줍니다. 블랙에 가까운 그린톤으로 구석진 부분이 느껴지게 표현해 줍니다. 어둡게 표현한다는 것은 꼭 구석이라는 공간을 표현한다기보다는 더 어두운 물체나 꺾인 면일 수도 있습니다. 이런 과정은 형체의 앞과 뒤를 만드는 과정이라고 이해하는 것이 좋습니다. 어두운 부분과 밝은 부분을 이용해 사물의 존재감을 만드는 것입니다.

07

어두운 부분을 표현하는 과정이 끝난 후에는 밝은 컬러로 풀잎의 반짝임을 표현합니다. 이 과정은 잎이 빛을 받은 모습을 표현한다 생각되지만 사실 풀잎을 좀 더 앞쪽으로 당기거나 튀어나오게 하려는 목적으로 사용됩니다. 그래야만 불필요한 터치를 줄이고 존재감을 살릴 수 있습니다.

풀밭 그리기

.이번에는 보다 더 많은 풀들이 있는 풀밭을 그려 봅니다. 사물 그리기의 공통점은 한 개의 사물보다 그룹별 양감을 강조합니다.-그룹별 양감을 강조하기 위해 터치는 최소화하지만 효과는 극대화됩니다.

스케치

풀밭을 간단하게 스케치해 보겠습니다. 선을 많이 넣는다기보다는 풀들이 모인 형상에 집중합니다. 그림에서 선이 많지 않은 부분은 빛을 많이 받는 부분이라고 인지하면 됩니다.

01

적당한 풀색의 중간 톤으로 밑색을 깔아줍니다. 처음부터 중간 톤을 너무 어둡거나 밝게 하면 에 터치할 때 많은 어려움이 생깁니다.

02

저자의 컬러차트를 보면 유사한 색을 찾아볼 수 있는데 밝은 쪽은 퍼머넌트 그린, 어두운 쪽은 라이트 그린이 예상됩니다. 실제 원색을 파악하고 명도와 채도를 조절합니다. 이렇게 덩어리의 느낌을 살려 터치하는데 브러시의 필압(감압)은 빼고 오파시티(opacity)는 20~30%만 줍니다. 예시를 자세히 보면 터치 자국이 조금씩 남지만 무시하고 덩어리만 신경 씁니다.

03

덩어리의 느낌이 어느 정도 나왔다면 좀 더 작은 영역을 표현합니다. 현재 점선 영역이 추가로 작은 덩어리를 표현한 부분입니다. 명암 차로 양감을 표현하고 있지만 동시에 형태를 감안해야 하고 조금씩 덩어리를 좁혀가는 방법으로 진행합니다.

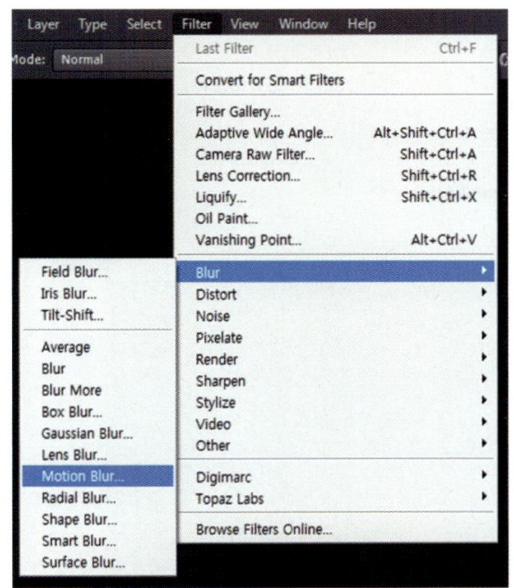

필터(Filter)→블러(Blur)→모션 블(Motion Blur)

01

덩어리의 표현이 끝났다면 해당 레이어를 지정 후에 블러 처리를 한 번 해줍니다. (Blur-블러에 대한 설명은 기초편 참고)블러는 형태를 흐릿하게 하여 부드럽게 만듭니다. 포토샵 상단에 있는 툴바를 보면 Filter(필터)가 있습니다. Filter(필터)를 누르면 Blur(블러)라는 기능이 나오고 블러를 누르고 들어가면 Motion Blur(모션 블러)가 나옵니다. 모션블러는 기본 블러 기능에 방향성을 첨가한 기능을 말합니다.

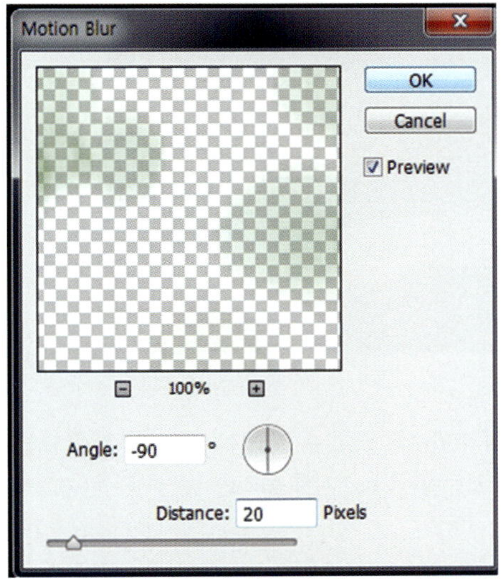

02

모션 블러를 눌러 이런 박스가 나오게 되면 하단에 있는 Angle 과 Distance의 값을 지정해줍니다.
Angle은 이미지를 어느 방향으로 움직일지 조정할 수 있고, Distance는 블러의 양을 조정할 수 있습니다.
여기에서 Angle을 -90도, Distance값을 20Pixels로 지정합니다.
OK를 누르면 적용 됩니다.

03

MotionBlur가 적용된 모습입니다. 이렇게 바탕 작업을 해주면 그림이 한결 부드럽고 자연스러워집니다. 물론 모든 그림에 다 적용하는 방법은 아닙니다. 이는 부드럽게 흔들리는 수풀을 표현하기 위함입니다. 모션블러를 적용했다면 더욱 자연스런 터치를 얻기 위해 브러시의 기능을 알아보겠습니다.

양감을 더욱 살려줄 터치를 위해 브러시 기능을 조금 바꿔 보겠습니다. 그냥 그려도 좋지만 보다 더 자연스럽게 하기 위함입니다. 먼저 브러시박스를 엽니다. 브러시 박스에서 사용할 몇 가지에 대해 짚고 넘어가겠습니다.

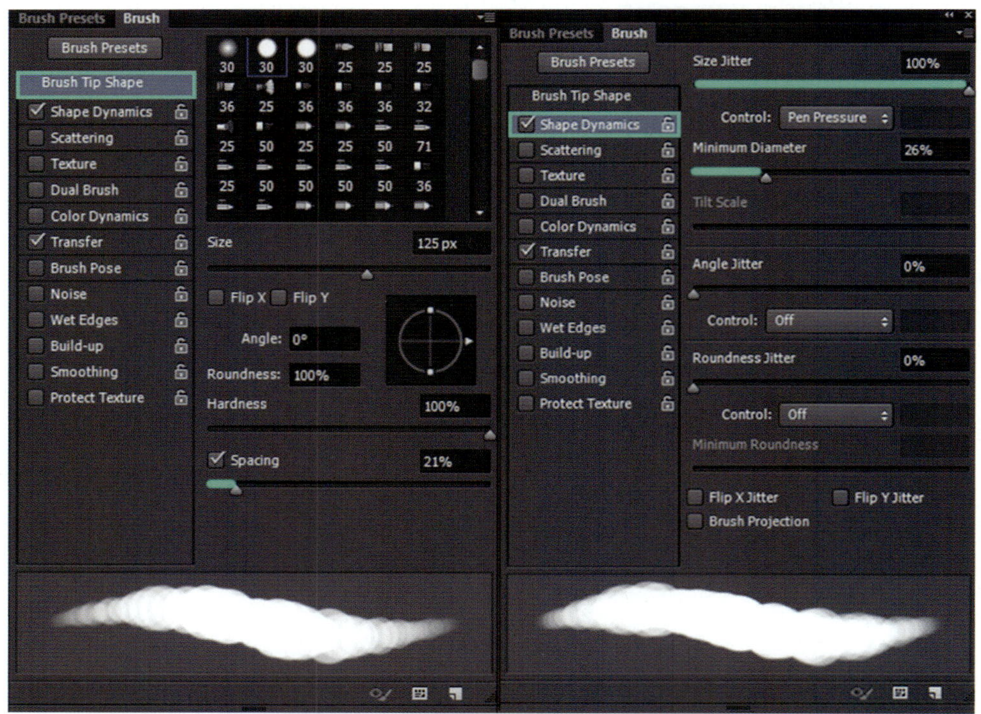

Spacing - 이 Spacing의 값을 조정해 보면 하단에 있는 브러시 형태가 조금씩 바뀌는걸 느낄 수 있습니다. 이것은 브러시 외곽라인의 형태를 분명하게 만들거나 또는 흩어지는 느낌을 줄 때 사용합니다. 수치를 올리면 브러시가 원형으로 끊어지는 느낌이 날 수 있으니 적당히 조절해 주시기 바랍니다.

Shape Dynamics - 브러시 박스에서 Shape Dynamics을 누르고 오른쪽을 보면 Size Jitter가 있습니다. 수치를 끝까지 올리면 형태가 구름처럼 몽글몽글해집니다.

Minimum Diameter - 브러시의 양끝 선이 모이는 강도를 조절하는데 수치가 높아질수록 약해집니다.

01

본격적인 풀 터치를 해보겠습니다. 위 그림에서 중간쯤 어두운색이라고 판단되는 색을 이용해 터치합니다.

02

이번엔 더 강하고 어두운색으로 작은 덩어리를 만들어 줍니다. 이것은 좀 더 구석진 부분을 표현하는 것이기 때문에 조금 러프해도 무방합니다.

03

다시 중간 톤으로 돌아와 이전 어두운 쪽을 커버하듯 터치합니다. 터치는 형태를 보정한다는 느낌으로 해 나아갑니다. 억지로 풀의 형태를 만드는 것보다 전체 형태의 조화를 만드는데 집중합니다.

04

어두운 음영을 다시 지우개로 지우며 풀을 터치합니다. 지우는 과정에서 밝은 풀이 더 생겨나는 효과를 얻을 수 있습니다.

밝은 부분을 표현한 후에 다시 어두운색으로 밝은 영역 쪽으로 터치해 나갑니다. 지금까지의 과정을 보면 덩어리를 두고 계속 넘나드는 느낌이 날 것입니다. 이러한 터치 과정은 상당히 중요한 부분입니다. 터치를 한쪽만 신경 쓰다 보면 답답한 느낌이 들기 때문에 어두운 터치와 밝은 터치를 교차하며 형태를 만들어 나가도록 합니다.

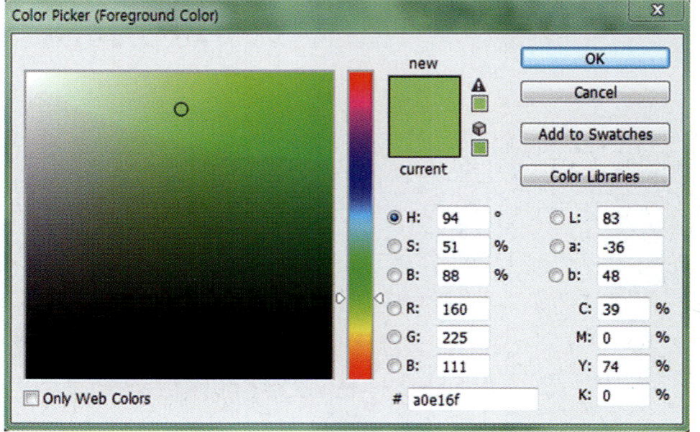

가장 밝은 하이라이트 부분을 표현할 차례입니다. 하이라이트 표현은 보통 마무리 단계에서 하지만 분위기를 가늠하기 위해 하이라이트 위치를 먼저 찾아보기도 합니다. 컬러 피커(Color picker)로 들어가 현재의 중간톤에서 가장 위쪽 부분인 강한 채도의 색으로 지정합니다.

하이라이트를 사용하여 풀밭 위로 튀어나온 풀잎을 표현합니다. 하이라이트는 꼭 밝은 면에만 나타난다기보다 어두운 쪽에서도 나타나기도 합니다. 풀의 길이가 길거나 밝은 색을 가졌다고 가정하고 표현할 수도 있지만 반사하는 재질 상태를 표현한다고 생각하면 좋습니다.

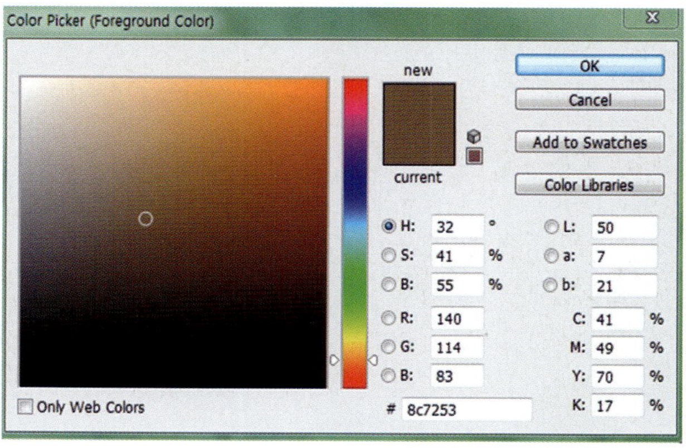

다시 컬러 피커(Color picker)를 꺼내서 붉은 쪽의 색을 사용해 보겠습니다. 그 이유는 풀밭에 숨어 있는 흙의 색을 표현하려 하기 때문입니다. 색감은 컬러차트 중 '로우엄버'나 '번트 시에나' 정도로 예상하고 근사치의 톤을 찾아봅니다. 이때 색의 강도가 너무 어둡거나 밝으면 그림 상에서 뜨는 느낌이 들 수 있으니 중간 지점에서 많이 벗어나지 않게 합니다.

풀밭의 구석진 곳을 터치를 해봅니다. 브러시 오파시티는 10~20% 정도로만 지정하여 작업합니다.

이제 마지막으로 꾸미기를 해봅니다. 흰색과 노란색을 사용하여 클로버 꽃이나 계란 꽃 같은 느낌을 연출했습니다. 이처럼 눈에 띄는 색을 사용하여 약간의 연출로 마무리하면 좋겠습니다

지금까지 풀밭을 그려보았습니다. 처음 바탕 작업에서부터 시작한 터치들이 서로 영향을 주고받고 있음을 알 수 있습니다. 배경은 한 개의 사물에 집중하기보다는 전체의 분위기를 위주로 작업하는 것이 좋습니다. 그림을 그릴 때 어디를 집중시킬 것인지를 파악하고 요약할 곳과 상세하게 표현해야 할 곳을 선별해 주는 것이 핵심입니다. 이러한 방법을 인용해서 더 큰 그림도 어려움 없이 그려 낼 수 있습니다.

나무그리기 1

자연요소 중 많은 비중을 차지하는 것은 아마도 나무일 것입니다. 장차 어떠한 그림을 그리게 되더라도 나무는 빠질 수 없는 중요한 요소가 될 것입니다. 나무 그리기의 중요한 점은 나무의 특성을 잘 살리는 것입니다. 나무를 그리기 위해서는 의외로 많은 테크닉과 기본기를 필요로 합니다

작은 가지와 잎사귀

01

나무의 작은 부분부터 이해하며 그려보는 것이 좋습니다. 나무는 크게 뿌리, 가지, 잎으로 구성되어 있습니다. 이 중에 작은 잎과 작은 가지의 흐름을 알아보겠습니다. 나뭇가지의 성장 모습은 대략 이렇습니다. 한 줄기에서 시작해 다른 줄기가 돋아나고 또 다른 줄기가 돋아나 성장이 반복됩니다. 주로 빛을 향해 뻗어나가는 가지의 모양은 마치 하늘을 향해 혈관처럼 뻗어 나가는 듯 느껴지기도 합니다. 그러다 나무가 무성하게 자라 무거워지면 아래로 쳐지기도 합니다. 이런 가지의 형태는 한쪽으로 치우치거나 좌우가 비슷하게 그리면 느낌이 좋지 않습니다. 불규칙하게 표현해야 훨씬 자연스럽습니다. 세부적으로는 불규칙적이지만 전체적으로는 방향성이 존재합니다.

01

가지의 성장 방향이 잘 파악됐다면 이제 간단한 스케치를 해봅니다. 필압(감압)이 있는 브러시로 강약을 주면서 가지를 따라 잎을 그려나갑니다. 잎이 다양한 방향으로 뻗어 나가도록 최대한 자연스럽게 그려 줍니다. 잎의 크기도 서로 다르게 하여 자연스럽게 자라난 모습을 연출합니다.

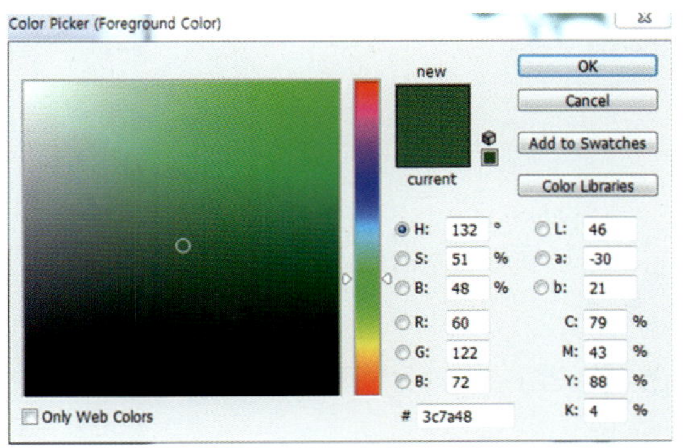

02

채색하기 전 중간 톤을 정해야 하므로 그린의 중간지점에서 시작해 보겠습니다.

TIP   기본색을 중간 톤으로 정하는 이유는 후에 사용될 밝은 색과 어두운색의 터치가 잘 도드라지게 하기 위함입니다.

03

녹색 중간 톤을 이용해 스케치한 레이어 밑으로 채색을 합니다. 이제부터 채색하는 단계를 전부 레이어로 분리합니다. 다음 채색에 유리하게 작용하도록 꼭 레이어를 작업 단계마다 따로 생성해 주시기 바랍니다.

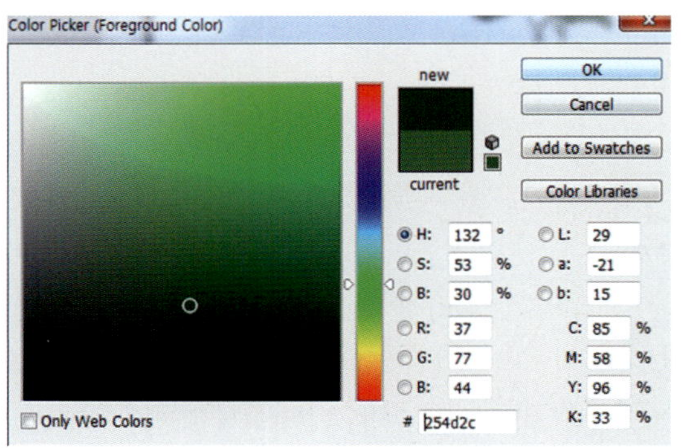

 **04**

다시 컬러피커(Color picker)를 열고 좀 더 어두운 그린톤으로 명암의 단계를 표현해 보겠습니다.

 **05**

처음 넣는 명암은 잎의 앞뒤를 구분하는 정도의 용도로 그려줍니다.

 **06**

처음 넣는 명암은 잎의 앞뒤를 구분하는 정도의 용도로 그려줍니다.

07

다시 언급하지만 작업 단계는 레이어를 따로 지정해야 합니다. 그 이유는 이제부터 알 수 있습니다. 이전에 작업한 밝은 부분을 다시 지우개로 지우는 작업을 합니다. 지우개로 잎맥을 지우면서 그려줍니다. 전 레이어에 중간 톤의 레이어가 있기 때문에 조금 어둡게 드러날 것입니다. (이렇게 역으로 지우면서 터치를 다듬는 방법은 저자가 가장 많이 사용하는 방법입니다.)

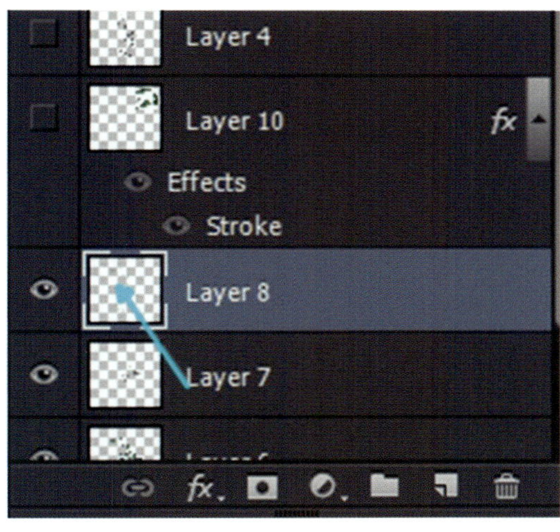

08

예를 들어 이전에 지우면서 작업한 레이어가 8번이라 가정합니다. Ctrl키를 누른 상태에서 이 레이어를 클릭하면 작업된 이미지의 영역이 잡힙니다. (영역은 점선으로 나타나고 그 안쪽만 터치가 됩니다.)

09

영역이 지정되면 이렇게 점선으로 영역이 나타납니다. 이 영역을 이용해 다음 터치를 해보겠습니다.

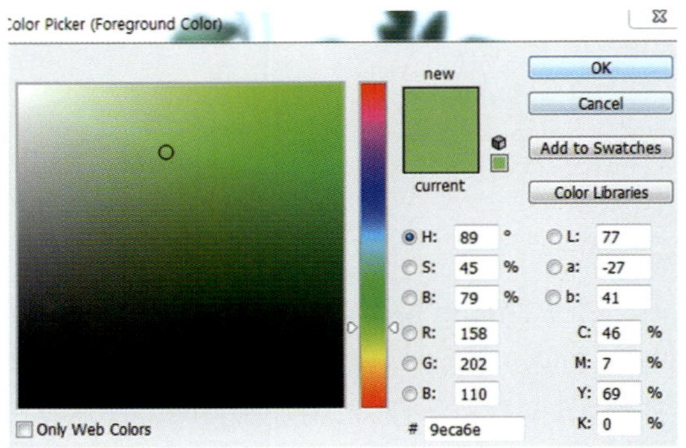

1 0

이제 컬러 피커의 그린 체널에서 채도가 높은 린든 그린색으로 더 밝은 터치할 것입니다. 빛을 많이 받은 그린톤을 표현할 때에는 더 높은 채도를 가진 색감으로 전환시키는 것이 좋습니다.

TIP 빛을 받는 사물을 그릴 때 빛을 많이 반사하는 사물은 높은 채도, 빛을 반사하지 않는 사물은 명도로만 표현합니다.

1 1

밝은 부분을 잎맥을 건드리지 않고 표현했습니다. 이렇게 채색 단계가 분리되어있으면 편리하게 그림을 그려나갈 수 있습니다.

1 2

가장 어두운 부분을 다시 한번 찾아줍니다. 구석진 부분이나 가지의 옆면 정도로 인식하면 됩니다.

13

밝은 부분을 잎맥을 건드리지 않고 표현했습니다. 이렇게 채색 단계가 분리되어있으면 편리하게 그림을 그려나갈 수 있습니다.

14

가장 어두운 부분을 다시 한번 찾아줍니다. 구석진 부분이나 가지의 옆면 정도로 인식하면 됩니다.

15

어두운 음영에도 약간의 색을 첨가해보겠습니다. 차가운 한색의 느낌이 드는 터키 그린을 이용해 음영의 밝은 면을 처리해주면 한결 시원한 느낌이 됩니다.

1 6

식물의 색이라고 전부 녹색만 있는 것은 아닐 겁니다. '옐로우 오커'라는 색을 컬러 편에서 공부했습니다. 이 색은 그린과 잘 어울리고 따뜻한 성질이 있습니다. 차분한 채도를 갖고 있기 때문에 잎의 마른 부분이나 변질된 부분을 표현하기에 안성 맞춤입니다. 이 색감으로 잎의 끝부분이나 마른 부분을 표현해 봅니다. 오파시티(opacity)는 20~30%로 약하게 시작해 주세요.

1 7

잎의 끝부분을 지우면서 찢기거나 벌레 먹은 듯한 느낌을 연출해줍니다. 이러한 터치는 자연스러운 느낌을 주어 한결 예쁜 느낌이 납니다.

나무 그리기 2

나무를 관찰해보면 많은 가지와 잎사귀가 모여 덩어리를 이루고 있음을 알 수 있습니다. 나무는 거리로 구분해야 하는 데 잎이 관찰되는 거리에 있는지 멀리 있는지를 파악하고 그려야 합니다.

잎 그리기

잎을 잘 그려야 나무를 잘 표현할 수 있습니다. 브러시는 반드시 필압(감압)을 사용하고 가지에 잎을 달아준다는 느낌으로 그려나갑니다. 대부분 굵은 가지부터 시작해서 뻗어나가듯 터치합니다.

나뭇잎이 풍성해 보이게 하려면 양감을 잘 살려야 합니다. 나무에서 양감을 살리는 터치는 예시와 **같이 밝고 어두운 면에 잎 모양의 터치를 얹는 방법입니다.** 잎을 끝없이 그릴 수도 없고 너무 많은 터치는 그림을 답답하게 만들 수 있기에 상황에 맞는 적절한 터치를 연습해야 합니다.

01

나무의 덩어리를 먼저 형성해야 하는데 색의 명도와 채도를 이용해 실루엣을 만듭니다. 이런 형태는 구름과 매우 유사한 형태입니다. 첫 단계는 이렇게 러프하게 진행하며 가닥을 잡습니다.

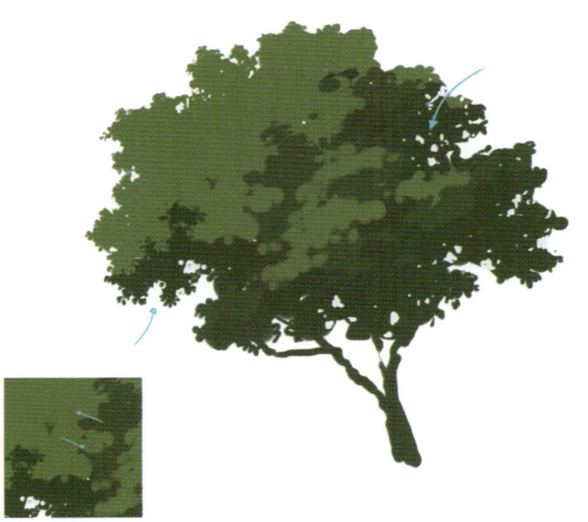

02

덩어리를 보다 더 구체화해 보겠습니다. 이미 형성된 덩어리를 좀 더 구체화할 것인데, 어두운색을 이용해 밝은 영역으로 조금씩 넘어가거나 밝은 쪽에서 어두운 쪽으로 넘어가는 터치를 반복합니다. 그리고 어두운 덩어리 부분에 구멍을 뚫어 잎과 잎 사이의 빈 공간도 표현해 봅니다.

03

밝은 부분에 중간영역의 명암을 터치합니다. 이 색감은 어두운색을 이용하고 오파시티(opacity)를 20%로 낮게 지정하고 터치합니다.

이전 단계에서 명암을 구체화했다면, 이번에는 다시 밝은 톤으로 잎의 형태의 터치를 하고 덩어리를 형성시킵니다. 잎 터치는 가지를 따라 움직여야 하고 터치하면서 전체적인 덩어리 형성에 방해가 가지 않도록 주의하며 터치해 나가야 합니다.

빛을 가장 많이 받은 덩어리를 표현할 차례입니다. 채도가 높은 린든 그린으로 터치하고 오파시티(opacity)값은 40%로 맞춰줍니다. 밝은 터치는 빛과 가까운 오른쪽 상단에 배치합니다.

밝은 영역 위주로 하이라이트를 그려줍니다. 덩어리 사이로 조금씩 튀어나오는 밝은 잎을 그리는 것인데 꼭 밝은 영역에만 터치하기 보다는, 전체 면적에서 좋은 기분이 나는 쪽에 터치해도 무방합니다. 유난히 앞으로 뻗어 나온 가지라고 생각하면 좋습니다.

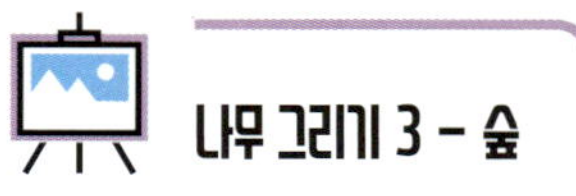

나무 그리기 3 - 숲

다수의 나무들이 모여 숲을 이룹니다. 나무 한 그루를 그릴 때와는 달리 큰 스케일의 숲 그리기의 과정을 진행해 보겠습니다.

스케치

채색하기

나무들이 많이 모여있는 형태는 몽글몽글한 구름 비슷합니다. 덩어리들의 크기를 각자 다르게 하고 하단을 주로 어둡게 합니다.

01

컬러 차트 중에 선정한 4가지 색으로 숲을 그려보도록 하겠습니다. 어두운 색깔로 먼저 실루엣을 만들어 줍니다. 어두운 색깔은 비리디언으로 정했습니다. 비리디언은 차갑고 어두운 느낌이 있어 적절합니다. 항상 이렇게 원색에 기준을 두고 채도와 명도를 조절해 색을 쓰는 것이 좋습니다. 어두운색으로 출발하면 이후 밝은 터치와 면 처리에 용이합니다.

02

이제 밝은 톤으로 덩어리를 만드는데 라이트 그린을 이용해 터치를 해보겠습니다. 스케치를 따라가는 것도 좋지만 전체 규모를 보고 고르게 터치하는 것이 좋습니다. 레이어는 새로 생성해서 작업해주세요.

03

덩어리가 재미있는 형태로 만들어졌다면 이제 채색한 부분을 지우개로 지우면서 디테일을 만들어줍니다.
지우개도 브러시처럼 똑같이 오파시티(opacity)가 조절됩니다. 70~80% 정도로 진행합니다. 조금씩 자국이 남겠지만 후에 터치가 덮이면 오히려 자연스러운 효과가 나타납니다.

밝은 면의 색을 그대로 이용해 좀 더 디테일을 살립니다. 빈 곳을 채우기 보다는 형태를 다듬고 보충한다고 해야 할 것 같습니다.

이제 밝은 쪽을 작업한 레이어를 병합시켜야 합니다. 병합 방법은 지금 작업된 상위 레이어를 지정하고 Ctrl+E를 누르면 아래로 하나씩 병합됩니다. 이전 단계까지 모두 병합합니다.

07

Ctrl 키를 누른 상태에서 병합된 레이어의 창을 클릭하면 점선 영역이 생깁니다.

08

어두운 부분과 밝은 부분이 만나는 지점을 잘 체크합니다. 밝고 어두운 경계를 다시 자연스럽게 이어주는 과정이 필요합니다. 밝은 쪽을 표현한 해당 레이어의 영역을 지정하고 명암을 따로 그려 줍니다.

09

어두운 색을 이용해 브러시 오파시티(opacity) 30%로 음영을 다시 만들어 줍니다. 이런 터치는 밝은 부분에 명암 단계를 더 주어 풍성하게 보이게 하기 위함입니다.

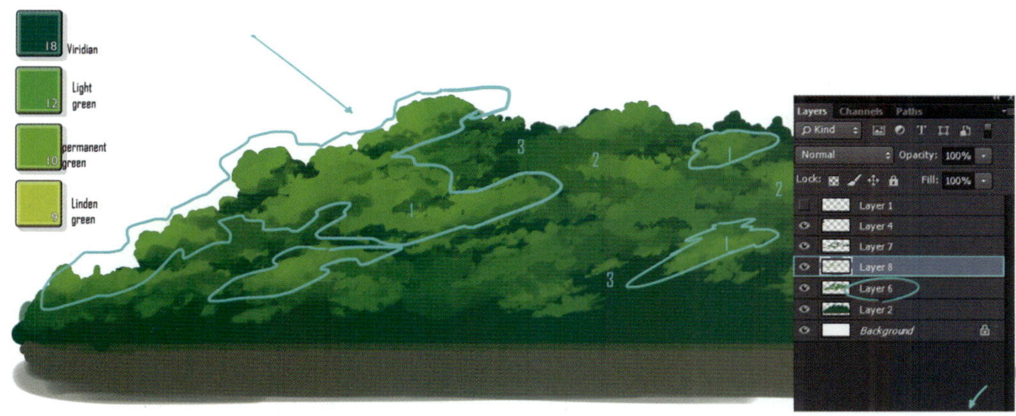

10

밝은 부분을 살짝 어둡게 하여 양감을 표현했다면 이제 밝은 부분을 더 강조할 차례입니다. 이전 작업된 레이어 위에 새로운 레이어를 하나 생성합니다. 생성하기는 화살표 표시한 곳을 누르면 됩니다. 레이어를 생성했다면 이전 레이어를 영역 지정하고 새로운 레이어에 터치합니다. 컬러는 퍼머넌트 그린으로 지정하고 빛과 가까운 곳을 터치합니다.

11

위의 작업을 완료했다면 숲의 하단에 가장 어두운 구석을 터치합니다. 지금까지 사용했던 색보다 더 어두운 색으로 채색합니다. 틈새를 전부 메우지 말고 조금씩 남겨 주시기 바랍니다. 어두운 채색도 꼭 레이어를 새로 생성해서 작업해 주시기 바랍니다.

12

어둡게 채색된 공간을 다시 지우개로 지우면서 밑줄기 만들어 줍니다. 굵기를 다양하게 만들어 주되 위로 올라갈수록 잔가지가 나오도록 합니다.

1 3

가장 아래에 있는 중간 톤의 레이어로 돌아갑니다. 그리고 블랙에 가까운 그린 톤으로 가지와 잎이 만나는 가장 어두운 지점
을 터치해 줍니다.

1 4

이전 예시와 같이 하위 레이어에서 작업합니다. 이번엔 네이플스 옐로우를 사용합니다. 네이플스 옐로우는 빛을 받은 느낌의
차분하고 따뜻한 색으로 만들어 줍니다. 이 색으로 나뭇가지를 표현해 보겠습니다. 10~20% 의 낮은 오파시티(opacity)로 시
작해 봅니다.

15

작은 단위의 터치를 더해 덩어리 감이 풍부해지도록 합니다. 현재 터치된 색들을 그대로 이용해 어두운 곳과 밝은 곳 전부 다
터치합니다.

16

디테일을 높이는 과정입니다. 터치 자국으로 생각되는 부분을 자연스럽게 잎으로 메워줍니다.

17

린든 그린으로 가장 밝은 면을 터치합니다. 터치한다기 보다는 찾아야한다는 표현이 맞을 것 같습니다. 일정한 형태가 반복되는 것을 피하고 항상 변화가 있도록 그려 줍니다.

18

이제 마무리로 블랙으로 가장 어두운 자리를 찾아 터치합니다. 많은 나무들이 겹쳐있기 때문에 빛이 닿지 못하는 곳이 있을 것 입니다. 그런 부분들을 찾아내야 합니다. 이렇게 숲 그리기 과정을 진행해 보았는데 이것을 기본 틀이라 생각하고 다른 색이나 다른 형태의 나무 숲을 소재로 잡고 다양하게 연습해 보시기 바랍니다.

01

나무의 줄기를 그려 보겠습니다. 나무의 가장 거친 부분이라고 할 수 있는 줄기는 지금까지 그려온 잎, 잔가지와는 조금 다른 과정입니다. 마치 바위나 돌을 그리는 듯한 느낌으로 그립니다. 먼저 스케치를 해보았습니다. 원기둥의 구조를 가진 줄기는 좌우의 끝으로 갈수록 촘촘한 결의 느낌이 나도록 스케치합니다.

02

미리 지정해 둔 색으로 밑색을 그려 보았습니다. 노란색을 띄는 줄기의 색이 돋보이도록 배경 뒤에 푸른색을 깔아두었습니다. 황색↔청색은 보색입니다. 그래서 배경을 청색으로 깔아두면 노란 줄기가 훨씬 돋보입니다. 스케치한 레이어 밑으로 새로 레이어를 생성해서 작업해 주시기 바랍니다.

03

이제 스케치를 없애고 동그라미 표시한 어두운 톤으로 명암을 그려줍니다. 오른쪽에서 빛이 비친다고 가정하고 원기둥을 그리듯 명암을 그려봅니다. 일단 거칠게 그려도 좋습니다. 브러시 오파시티는 40~50% 입니다. 투명한 터치로 두 가지 색이 자연스럽게 섞이도록 합니다.

04

이전 단계에서 그린 어두운색을 다시 세로 방향으로 지우며 형태를 만들어줍니다. 여기서 표현하는 형태는 줄기의 결이 될 것입니다.

오른쪽에서 오는 빛을 표현하기 위해 밝은 톤으로 옅게 채색합니다. 이런 과정은 반드시 레이어를 새로 생성해서 진행해야 합니다. 이런 방법이 계속 언급되는 이유는 터치의 효과를 극대화하기 위해서입니다. 디테일한 그림도 좋지만 그림에 가장 중요한 점은 효과입니다.

옅게 터치한 밝은 터치는 다시 지워주면서 나무의 결을 만들어 줍니다. 먼저 스케치한 레이어를 껐다 키면서 재차 확인을 하며 결을 잡아 줍니다.

어두운톤 중에 올리브 그린 같은 톤
이 준비되어있습니다. 이것은 옐로우
톤의 어두운 면을 처리하기 좋은 색
입니다. 뜨지 않고 어둡게 달라붙습
니다. 이런 컬러의 궁합을 잘 기억해
두는 것이 좋습니다. 반드시 유용하
게 쓰입니다. 이런 톤으로 빛이 많이
닿지 않는 왼쪽면을 위주로 조금씩
터치해둡니다.

  Type 2

지금 그리는 나무는 가로수 중 가장
흔한 플라타너스 나무입니다. 이 나
무는 껍질 안쪽으로 하얀부분이 있
습니다. 플라타너스의 줄기를 표현해
보겠습니다. 하얀 부분은 껍질이 벗
겨진 부분이고 나무 표면의 질감을
표현하는 부분입니다.

02

하얀색으로 터치한 부분을 다시 지우면서 앞으로 그릴 껍질 등의 질감표현을 상상해봅니다.

03

쟌 브릴리언트와 유사한 색으로 보조색을 첨가합니다. 하얗게 보이는 부분만 강조되면 자칫 돌처럼 보일 수 있어 채도가 조금 있는 색을 더 첨가하는 것입니다.

다시 어두운 쪽으로 돌아가 어두운 부분을 더 강조합니다. 이때 터치는 흔적을 거칠게 남겨둡니다.

어두운 부분을 지우개로 다듬으면서 나뭇결을 만들어줍니다.
원통의 나무를 표현하는 방법은 그라데이션으로 원형의 느낌을 준다고 생각하는 것보다, 터치로 그라데이션 효과까지 다 나도록 유도하는 것이 포인트입니다.

06

올리브 그린톤을 낮은 오파시티
(opacity)로 밝은 쪽에 터치를 추가
합니다. 이것은 흰색 부분의 명암으
로 인지하면 될 것 같습니다.

07

흰색 속 껍질의 음영을 표현해보는데
어둡게 깔린 올리브 그린을 조금씩
지우면서 나무의 표면상태를 느낄 수
있도록 터치해 나갑니다.

08

나무의 줄기를 간단하게 표현해 보았습니다. 이 과정에서 중요한 점은 그림을 그리는 순서와 간결한 터치로 질감과 명암의 효과를 동시에 해결하는 것입니다.

돌과 바위

시작에 앞서 저자가 오랜 시간 동안 그림을 그려오면서 가장 어려워했던 부분은 바위를 그리는 것이었습니다. 바위를 표현하기 위해서는 여러 조건이 충족되어야 합니다. 빛, 양감, 투시, 디자인, 색감 등이 정확히 맞았을 때 좋은 바위 그림이 나옵니다. 짧은 시간 안에 바위를 다 이해하기는 어렵지만 이해방식을 바꾸면 상당한 시간을 단축할 수 있습니다. 그리고 이 책에서 가장 크게 강조하는 부분이 터치입니다. 터치는 복잡한 과정을 단축하는데 의미가 있습니다. 이는 적은 터치로 큰 효과를 끌어낸다는 뜻입니다. 어쩌면 이번 바위 그리기를 설명하기 위함이라고 해도 과언이 아닙니다. 사실 바위를 잘 그리게 되면 어떤 그림이든 멋지게 그릴 수 있을 것입니다. 형태에 대한 좋은 눈썰미를 키울 수 있는 바위 그리기를 시작해 보겠습니다.

바위 그리기

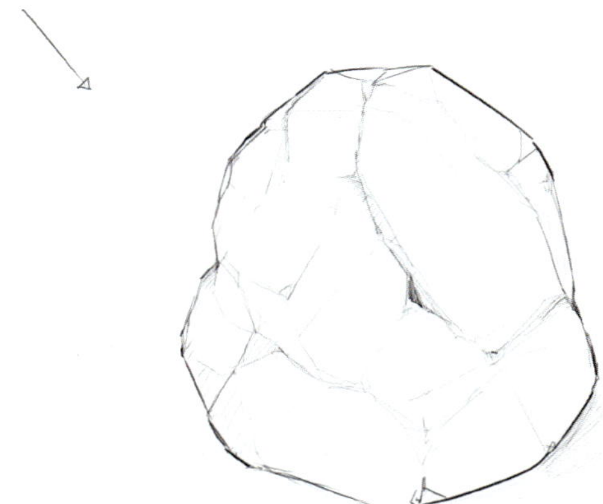

작은 바위 그리기

01

작은 바위부터 그려보겠습니다. 먼저 스케치를 해야 하는데 간단하게 면 단위로만 인지할 수 있게 요약해서 스케치를 합니다. 바위는 단순히 생각하면 도형의 결합물이라고 봐도 될 것 같습니다.

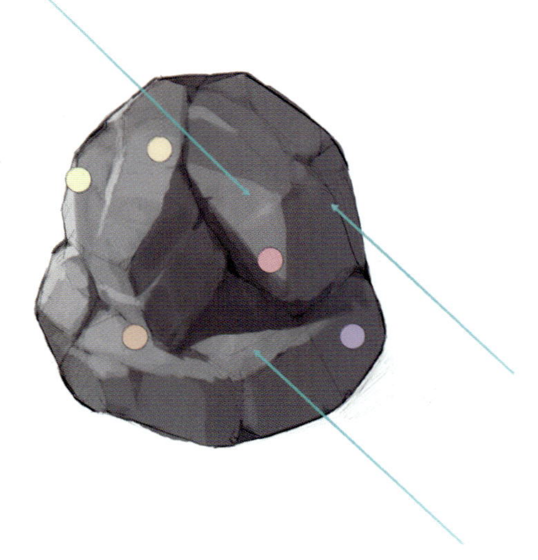

02

빛의 이해를 돕기 위해 먼저 그레이로 명암을 표현
해두었습니다. 명암의 강도는 가장 어두운 구석부터
파악하는 것이 좋습니다. 빛의 반대편은 어둡지만
반사광의 영향으로 형체를 알아볼 수 있을 정도는
밝아야 합니다.

03

일단 이전 단계의 그레이 명암은 잠시 꺼두고 실루
엣 따라 채색을 합니다. 색감은 옆에 4가지 정도의
비슷한 계열의 색을 사용하여 약한 강도로 표면 상
태를 그려 줍니다. 이 과정은 바위의 바탕색 작업 정
도로 생각하면 될 것 같습니다

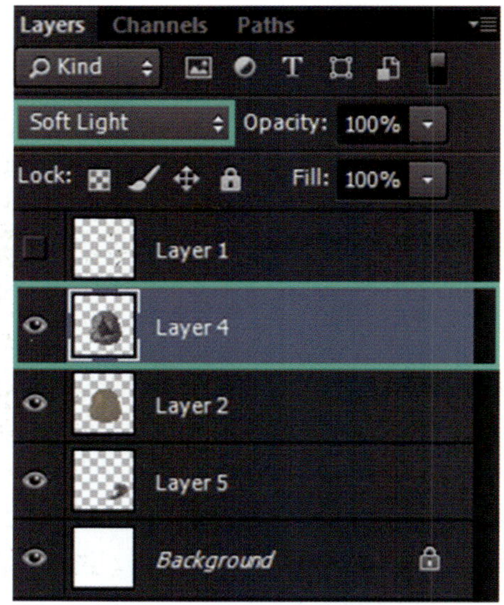

0 4

바탕색 작업이 완료되면 잠시 꺼두었던 그레이 명암 레이어를 켜고 속성을 바꿔줍니다. 레이어 속성을 누르면 중간쯤 소프트 라이트(Soft light)가 있습니다. 이것을 클릭해 속성을 바꿔줍니다.

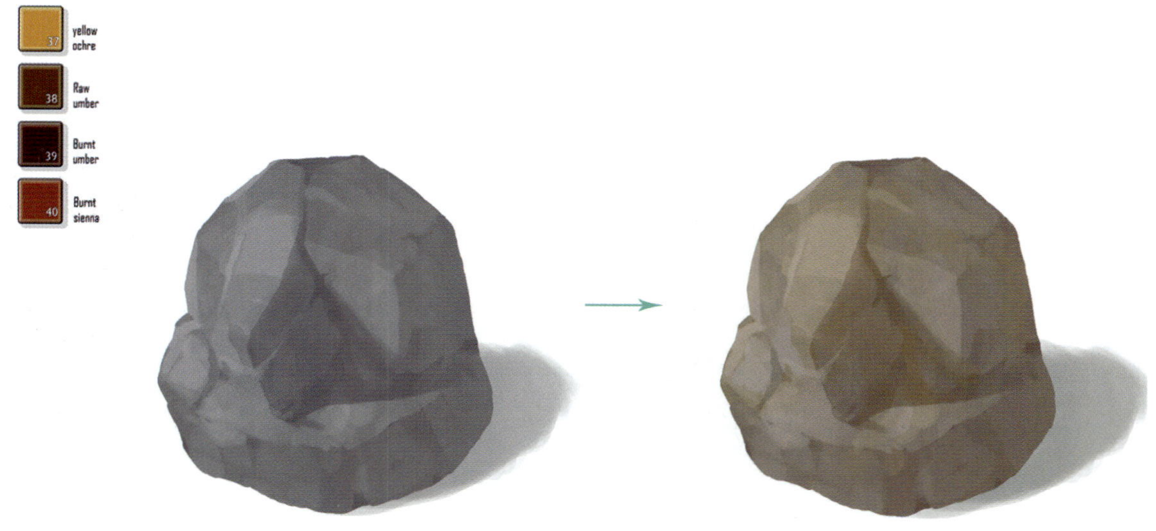

0 5

명암 레이어를 소프트 라이트(Soft light)로 바꾸면 하위 레이어 이미지와 결합된 색감과 형태가 나옵니다. 이것은 예전에 많이 쓰였던 '글레이징 기법'과 유사합니다. 저자는 이 방법을 많이 사용하지 않지만 기초를 익히는 데는 괜찮은 방법입니다. 사실 명암과 디자인, 빛의 양을 정확하게 지키면서 바위를 그려내기는 조금 어려움이 있습니다. 하지만 이 방법으로 훈련해 나가면 극복해 나갈 수 있습니다.

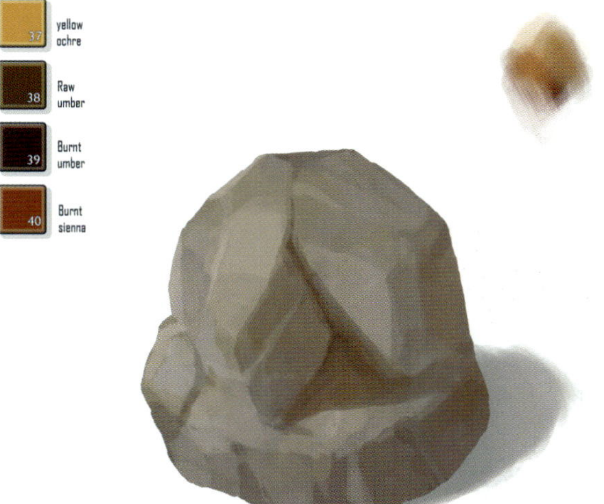

06

이제 결합된 이미지 위에 다시 레이어를 생성하고 어두운 부분을 더 강조합니다. 좌측상단에 컬러를 준비해 두었습니다. 이전에 계열 색으로 보였던 4가지 색의 원색입니다. 이 원색을 화이트나 블랙을 섞어서 채도와 명도를 조정한 것입니다.

좌측 색상은 앞서 바탕색에 사용된 4가지 색의 원색입니다. 우측에는 화이트나 블랙을 섞어 채도와 명도를 조정한 것입니다. 저채도로 보이는 두 색의 채도를 올려보면 전혀 다른 색으로 나타납니다. 이는 결국 원색의 성질을 잘 파악하면 색을 자유롭게 이용할 수 있다는 증거입니다.

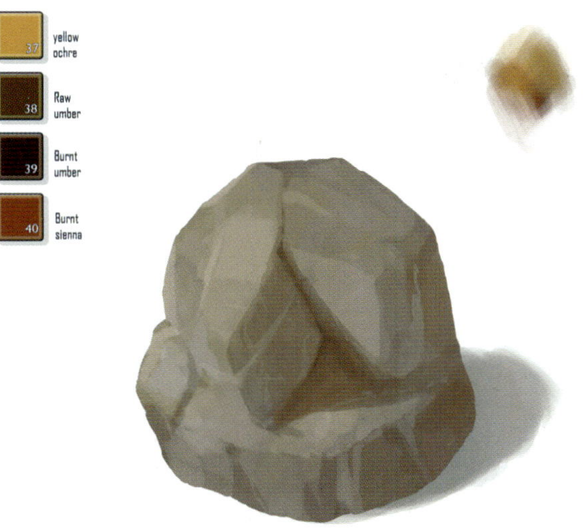

07

다시 밝은색을 이용해 바위의 표면을 다양하게 만들어줍니다. 브러시 오파시티(opacity) 강도는 20-30%로 약하게 진행합니다.

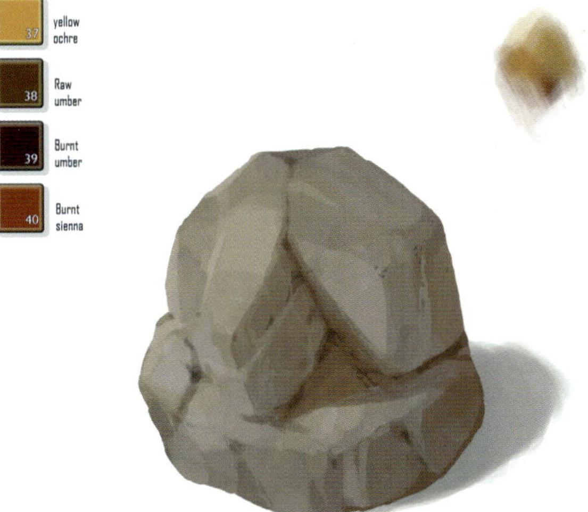

08

어둡고 구석진 곳을 찾아 번트 엄버색의 어두운 톤을 이용해 낮은 오파시티(opacity)로 터치합니다.

09

빛을 가장 많이 받고 있다고 생각하는 부분을 표현합니다. 옐로우 오커에 화이트가 첨가된 색으로 밝은 면을 터치합니다. 터치는 넓게 칠하고 다시 지우며 적절한 형태를 만들어 줍니다.

10

하이라이트로 반짝이는 부분을 강조하고 마무리합니다.

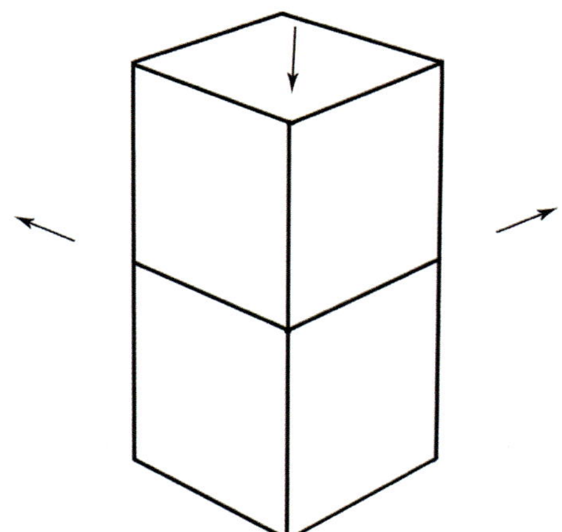

01

중간 크기의 바위를 그려보겠습니다. 먼저 투시를 먼저 정합니다. 3점 투시의 위에서 본 구도입니다. 이 박스 안에 바위를 집어넣는다고 생각하면 됩니다.

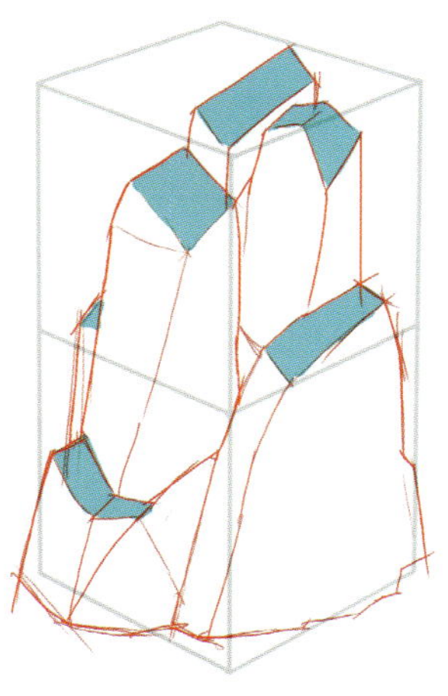

02

투시에 맞춰 바위를 스케치했습니다. 스케치할 때 주의점은 위에서 보고있으므로 바위의 윗면이 나타나도록 디자인합니다.

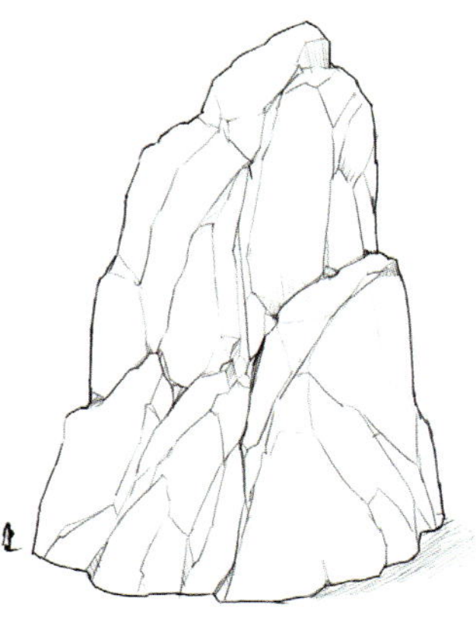

03

러프한 투시 스케치가 끝나면 상세하게 표현을 합니다. 바위의 꺾인 면을 중점으로 선을 그려 나갑니다. 면의 크고 작음을 조화롭게 배치하는데 비슷한 면이 반복적으로 나오거나 전체 덩어리가 비슷한 개수로 나누어지는 것을 피해야 합니다

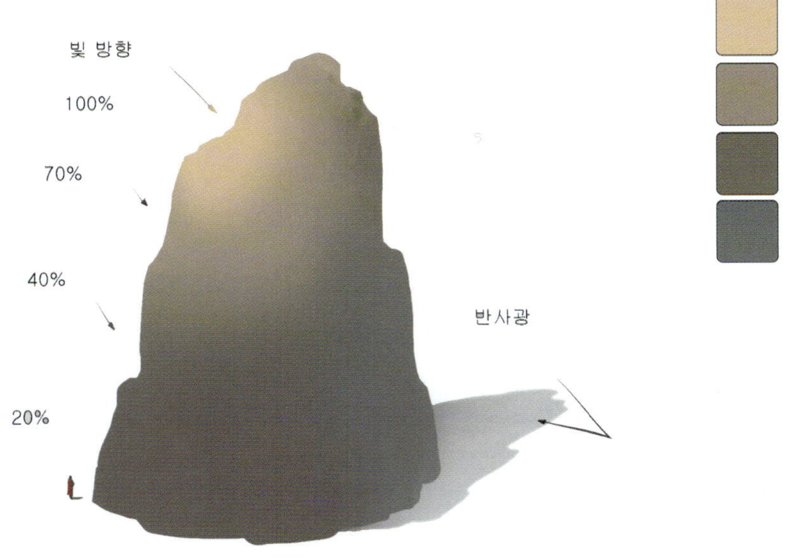

어울리는 계열색 4가지를 준비합니다. 이것으로 바위 실루엣에 밑색 처리를 합니다. 빛의 강도에 따라 색 단계를 분리해 주면 됩니다.

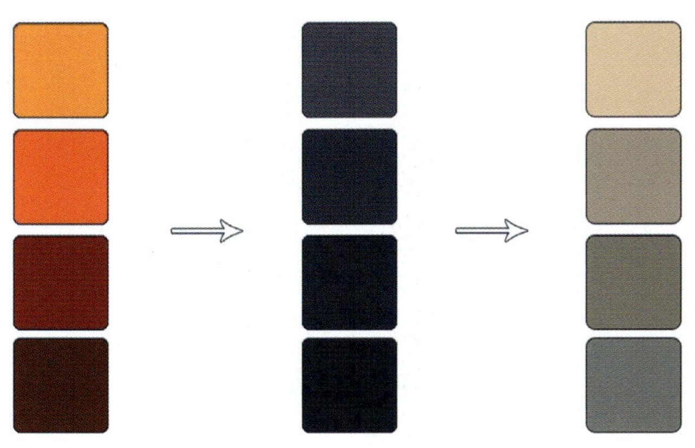

지금 준비되어있는 색의 뿌리를 알아보겠습니다. 저채도에서는 색의 근거를 알기 힘듭니다. 색의 근원을 찾아보는 방법은 저채도에서 컬러피커(Color picker)상에 같은 채널 색에서 높은 채도로 올려보면 금방 알 수 있습니다. 반대로 원색에서 그레이를 첨가한 색을 추적해 보면 지금의 색이 나타납니다.

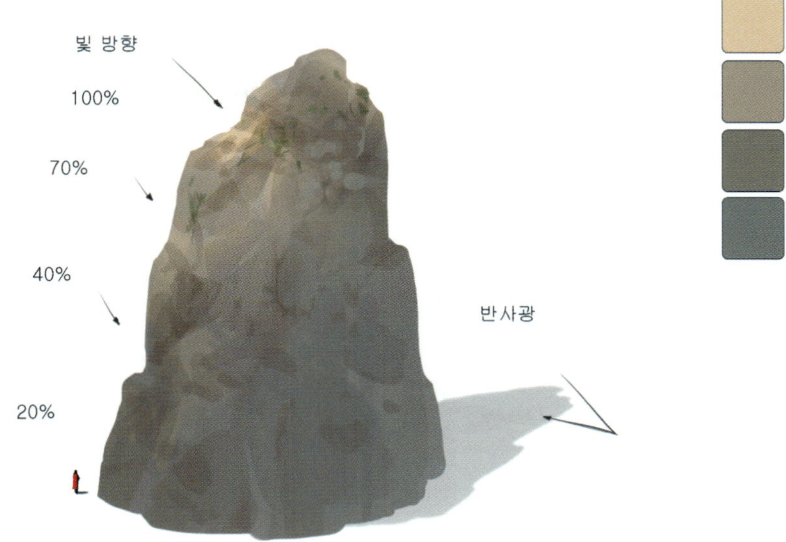

0 6

밑색에 질감을 표현해 줍니다. 명암 이라기 보다는 표면의 굴곡이나 질감을 표현하고자 하는 의도입니다.

0 7

어울리는 계열색 4가지를 준비합니다. 이것으로 바위 실루엣에 밑색 처리를 합니다. 빛의 강도에 따라 색 단계를 분리해 주
면 됩니다.

이제 가장 어두운 틈이나 구석을 표현합니다. 바위 표면의 강하게 꺾인 부분이나 파인 부분을 상상하면서 터치합니다. 이번 작업은 쉽지 않습니다. 적절한 위치에 터치가 들어가야 하는데 잘못하면 지저분하게 되기 때문에 집중력이 필요합니다. 이런 터치는 주로 수채화에서 쓰이는 기법을 변형해서 쓰는 것입니다. 익숙해지는데 조금 어려움이 있지만 익숙해지면 굉장히 재미있는 기법입니다. 예시에 들어간 터치를 유심히 관찰해 주시기 바랍니다.

바위는 원래 빛을 많이 반사하지 않습니다. 그래서 하이라이트도 많이 넣지 않는 편입니다. 현재 터치한 하이라이트의 위치 정도만 파악하기 위해 오른쪽에 어둡게 강조한 샘플을 만들어 두었습니다. 이렇게 바위 그리기를 진행해 보았습니다. 이것이 그림의 끝이 아니지만 바위의 느낌을 끌어내는 과정이라고 생각하면 좋을 것 같습니다. 가장 중요한 것은 그림의 순서입니다.

배경 컨셉 일러스트 중 가장 많이 나오는 풍경은 아마 바위 절벽일 것입니다. 그 뜻은 바위 절벽을 아주 잘 그려야 한다는 것입니다. 아마도 컨셉 아트를 배우는 학도들에겐 가장 핵심 테크닉이지 않을까 하는 생각이 듭니다.

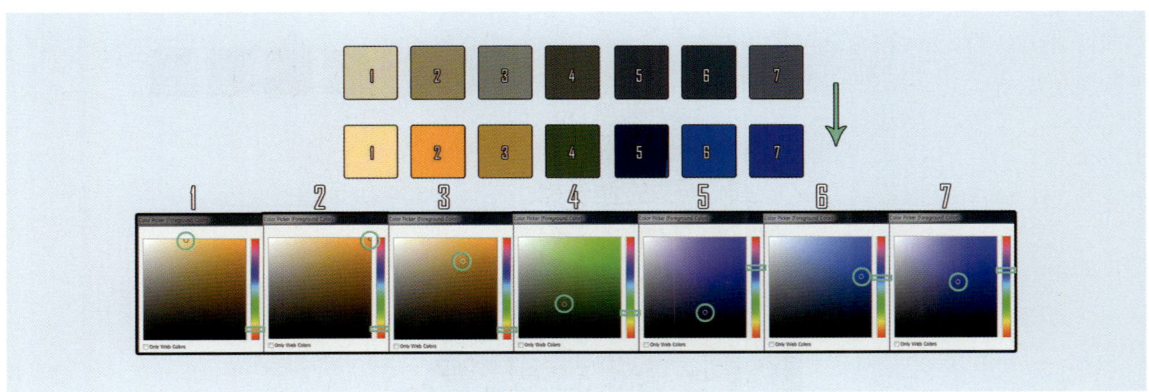

계속 언급되고 있는 컬러의 근원을 찾아 나열해 보겠습니다. 예시에서 가장 위에 있는 컬러는 실제 쓰일 컬러이고, 바로 아래는 추적해낸 원색입니다. 이 원색의 위치를 찾는다면 컬러 피커(Color picker)를 열고 예시 하단에 있는 피커의 샘플을 참고하세요.

01

바위는 단단한 느낌이 나야 하는데 어두운 톤부터 시작하면 무겁고 웅장한 느낌을 줄 수 있습니다. 어떤 그림이든 시작하는 색감이 중요합니다. 왜냐하면 시작하는 색감에 따라 사물이 가벼운지, 무거운지, 따뜻한지, 차가운지 등 여러 느낌을 표현해 낼 수 있기 때문입니다. 바위 절벽의 실루엣을 파란 선으로 지정한 색을 이용해 그려줍니다. 이때 외곽 라인에 신경을 많이 써 주는 것이 좋습니다. 실루엣을 정교하게 표현하면 후처리할 때 좋은 결과를 얻을 수 있습니다.

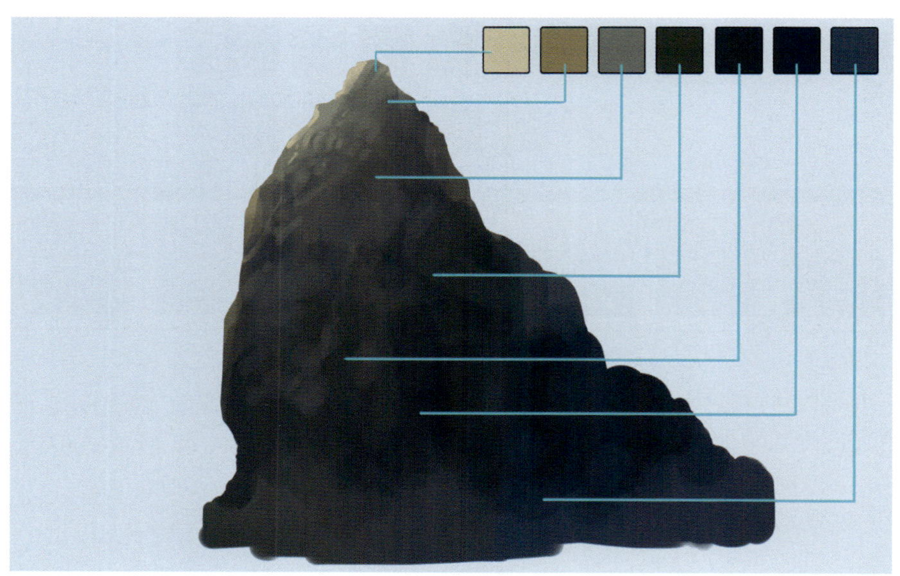

02

바위의 표면 상태를 미리 처리하고 진행하겠습니다. 현재 준비된 색으로 상단이 가장 밝고 하단으로 갈수록 점차 어두운색을 사용하는데 불규칙한 질감을 가볍게 터치하여 표현합니다. 정해진 룰이 있는 것은 아니고 빛 방향만 유지한 상태에서 자유롭게 만들어 줍니다.

커스텀 브러시 만들기

본격적인 터치를 들어가기 앞서 브러시를 개조하는 과정을 보여드리겠습니다. 브러시가 절대적으로 중요한 것은 아니지만 그림을 자연스러운 분위기로 이끌기 위해 어느 정도 필요한 것은 사실입니다. 이제 바위를 위한 간단한 커스텀 브러시를 만들어 보겠습니다.

소스 만들기

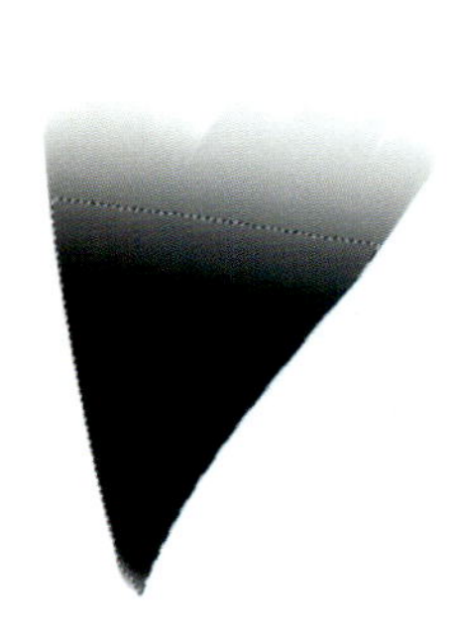

01

새로운 캔버스를 불러오고 각 레이어를 2개 생성 후에 예시와 같은 형태 2개를 만들어 줍니다. 이렇게 만들어진 소스를 한 개씩 브러시로 등록합니다. 브러시로 만드는 방법은 포토샵 상단 툴바의 Edit에서 할 수 있습니다.

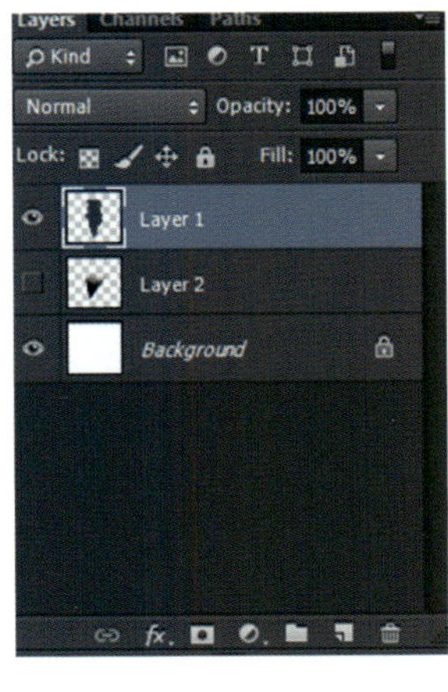
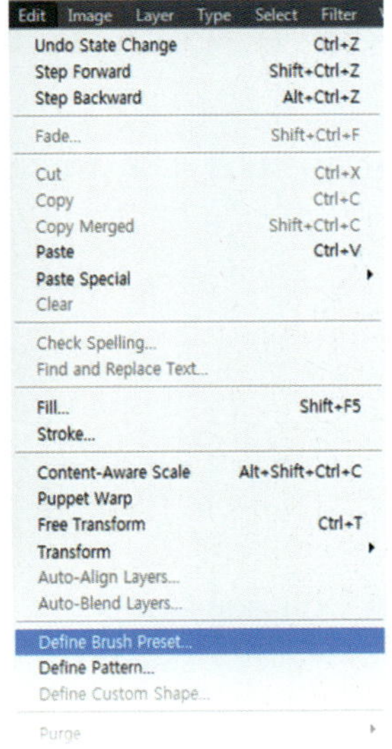

02

브러시 소스의 영역을 잡은 상태에서 Edit - Define Brush Preset 을 누르면 현재 형태가 브러시로 등록됩니다.

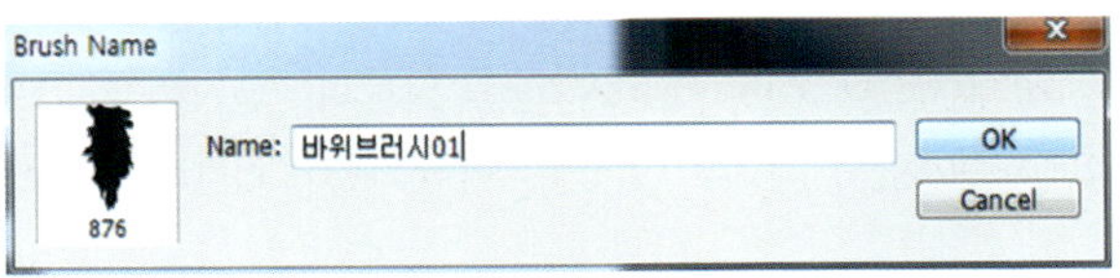

03

브러시 이름을 적고 ok를 누르면 등록 완료됩니다.

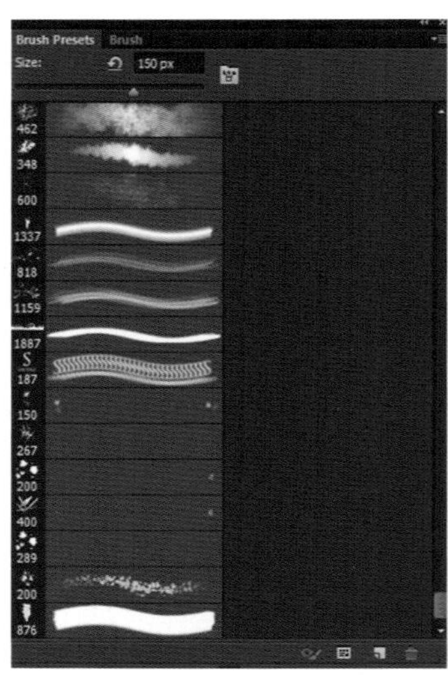

04

이전 단계에서 브러시 소스 2개를 만들어 두었는데 이것을 모두 브러시로 만들어 줍니다. 이렇게 만들어진 브러시는 Brush Preset 에 마지막 줄에 등록됩니다. Brush Preset에서 방금 만든 브러시를 찾아보면 마지막에 등록되어 있는 것을 알 수 있습니다. 이것이 브러시 첫 번째 소스입니다. 이렇게 하나의 브러시로도 사용할 수 있지만 현재는 듀얼 브러시를 만들어야 하므로 브러시 두 개가 필요합니다.

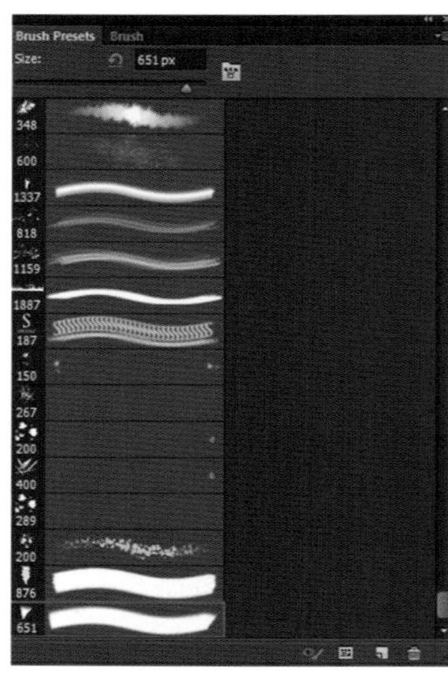

05

두 번째 브러시도 등록을 완료했다면 Brush Preset에서 확인을 해봅니다. 정상적으로 2개가 등록됐습니다.

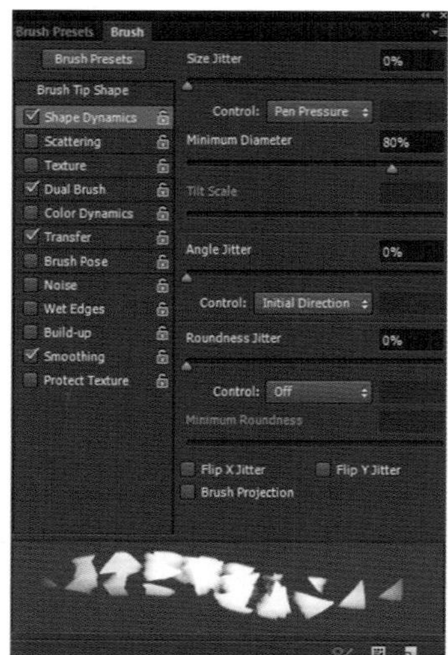

06

이제 이 2개의 브러시로 커스텀 브러시를 만들어 보겠습니다. Brush Preset 옆에 Brush를 보면 브러시의 속성이 나타납니다. 여기에서 브러시의 기능을 조정할 수 있습니다. 예시대로 Shape Dynamics, Dual Brush, Transfer를 smoothing 체크는 그냥 유지해 둡니다. 체크하면 하단의 브러시 상태 표시란에 브러시 형태가 변하는 것을 확인할 수 있습니다.

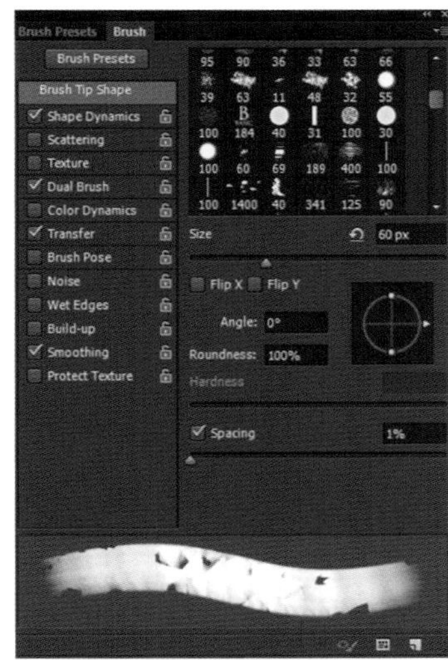

07

Brush Tip Shape에 들어가 보면 하단에 Spacing이 있습니다. Spacing은 '간격'이라는 뜻인데 브러시 입자의 양을 결정할 수 있습니다. Spacing을 체크하고 1%로 내려줍니다. 1%로 내리면 진하게 나옵니다. 반대로 수치를 높이면 연하게 나옵니다.

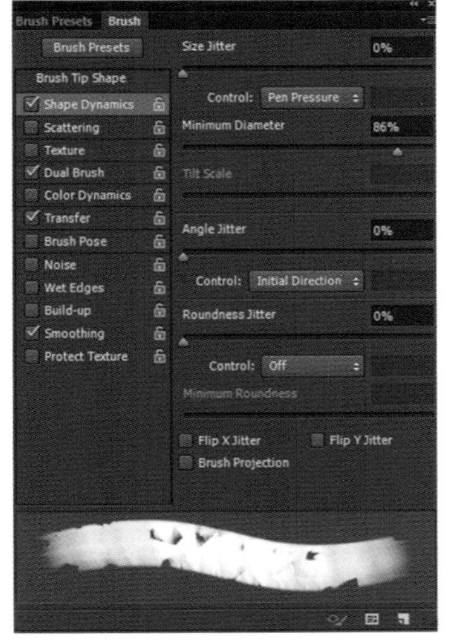

08

그 다음 Shape Dynamics로 들어가서 예시와 같이 세팅이 되어있는지 체크해 봅니다. Minimum Diameter로 브러시 양 끝의 조임 상태를 정할 수 있는데 수치가 높을 수록 조여집니다. 현재 Minimum Diameter만 86%로 올려 많이 조이지 않는 상태로 만들었습니다.

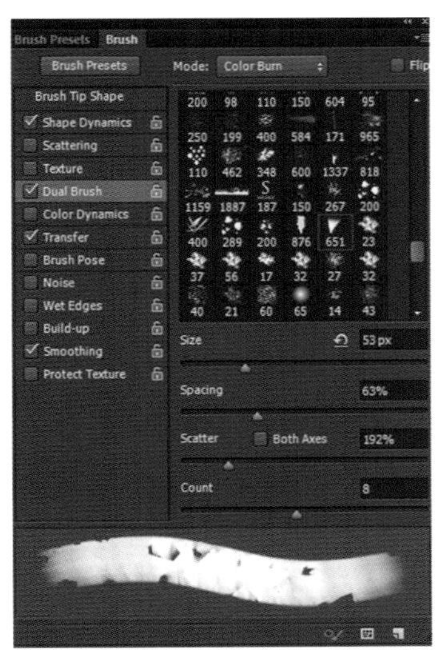

09

Dual Brush로 들어가면 여러 가지 브러시가 보입니다. 이 중에서 앞서 만들어 놓은 2번째 브러시를 찾을 수 있습니다. 이 브러시를 클릭하면 2개의 브러시가 섞여 나오기 시작합니다. 브러시 하단에 size, spacing, scatter, count가 있는데 순서대로 세팅합니다.

Size	브러시의 크기 조절
Spacing	입자의 간격 조절
Scatter	질감이 불규칙하게 흩어짐을 표현
Count	터치의 양과 간격을 늘리거나 줄이는 기능

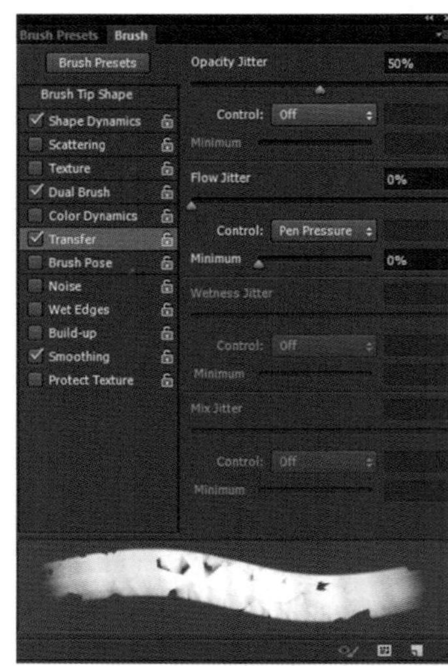

10

Transfer의 기능은 기초 단락에서 소개한 적이 있는데 브러시의 양끝을 부드럽게 처리해줍니다. Opacity Jitter를 이용해 그 양을 조절하면 됩니다.

11

이렇게 만들어진 브러시로 터치 테스트를 하면서 마음에 드는 형태가 나오도록 계속 조작해 봅니다. 전 기능들을 조금씩 조절해보면 어려움 없이 멋진 질감의 브러시를 만들 수 있습니다.

다시 페인팅으로 돌아와서 새로 만든 브러시로 바위를 그려 보겠습니다. 어두운색으로 바위의 옆면을 터치하고 형태는 각기 다르게 해주는 것이 핵심입니다. 넓은 간격으로 터치해주기 바랍니다.

옆면의 어두운 부분을 터치했다면 다시 지우면서 형태를 만들어 줍니다. 지울 때 지우개 툴도 앞서 만든 커스텀 브러시로 지워주면 보다 더 자연스러운 터치를 얻을 수 있습니다.

이전 단계의 터치를 다시 지우며 형태를 잡아봅니다. 이번 작업으로 바위의 갈라진 틈새나 어두운 부분을 표현해 낼 수 있습니다.

브러시를 작게 설정하고 작은 단위의 형태를 어두운 터치로 추가해 나갑니다. 대부분의 디테일이 여기에서 나오게 됩니다.

07

우측 상단 샘플 중 가장 밝은 색을 이용해 밝은 면을 강조합니다. 이전 단계와 비교하자면 그리 많은 터치를 한 것은 아닙니다. 효과가 드러나는 부분에 적절히 들어가면 충분한 완성도를 느낄 수 있습니다.

08

마지막으로 분위기를 잘 느낄 수 있도록 배경에 하늘과 공기 상태를 표현해 보았습니다.
바위 표현은 꾸준히 연습이 되어야 합니다. 이런 과정을 여러 번 반복하고 매번 형태를 바꾸며 진행해보시기 바랍니다.

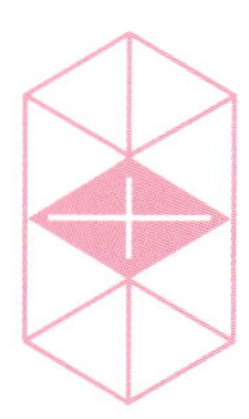

풍경 그리기

컨셉 아트에서 가장 중요한 것은 무엇일까요? 아마도 자연환경을 잘 표현하는 것이 가장 중요할 것이라 생각됩니다. 자연을 그린다는 것은 쉽지 않은 일이지만 원리를 잘 이해하고 시작한다면 좋은 결과를 얻을 수 있을 것입니다. 하지만 '어떻게 배우고 익히는가?'도 아주 중요한 부분이고 궁금한 점입니다. 저자는 그림을 배우는 초창기에 매우 어렵고 이해하기 힘든 점이 많았습니다. 특히 가르치는 사람마다 각기 다른 관점에 따른 설명 때문에 혼란스러웠습니다. 이런 문제점을 해결하고자 방법을 찾은 것은 그림의 순서였습니다. 자연의 원리 그리고 색감과 형태들의 상대적 역할이 그림 속에서 조화롭게 움직이게 하는 것 그것을 익히는 방법을 이야기할 차례입니다.

우리는 자연 속에 살고 있고 그 자연은 하늘 아래에 있습니다. 항상 하늘을 보고 살지만 사실 어떻게 생겼는지는 잘 모를 수 있습니다. 익숙하지만 막상 그리려면 구도가 잘 잡히지 않습니다. 사실 하늘을 그린다는 것은 구름을 그리는 것이라고 할 수 있는데 공기의 상태나 시각에 따른 구름의 변화를 표현하는 것이 중요합니다.

구름 브러시 만들기

구름은 부드럽고 움직이는 듯한 느낌이 나야 하기 때문에 일반 브러시로는 표현이 어렵습니다. 그러기에 커스텀 브러시가 필요합니다. 브러시의 기능을 바꿔 구름을 표현하기 쉽게 만들어봅니다.

 **소스 만들기**

01

브러시를 만들기 앞서 이미지 소스가 필요합니다. 형태는 예시와 같이 만듭니다. 레이어를 새로 생성하고 구름과 유사한 형태로 그려줍니다.

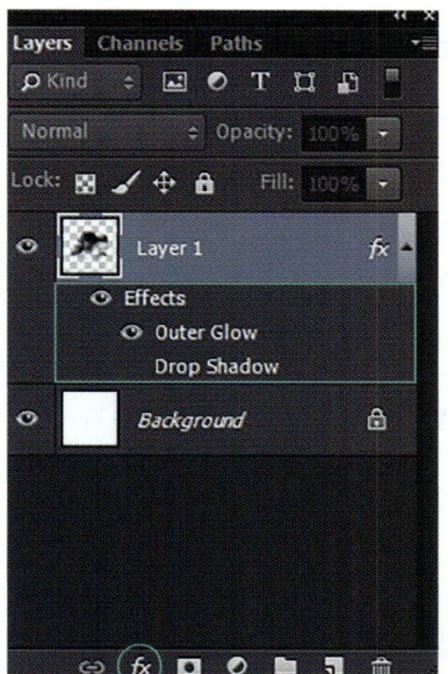

02

구름의 부드러운 형태를 강조하기 위해 소스 이미지에 이펙트를 적용해 보겠습니다. 예시를 보면 레이어 박스 하단에 fx가 있습니다. 클릭하시면 fx 관련 툴이 나타납니다

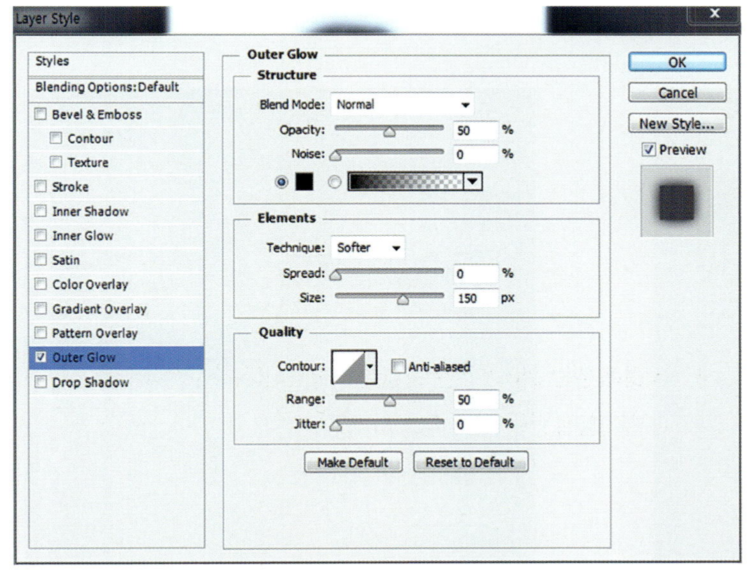

03

fx에서 사용할 기능은 Out Glow입니다. 이 아웃 글로우(Out glow)는 이미지의 외곽라인을 빛나거나 부드럽게 만들어 줍니다. 투명도 오파시티(opacity)를 50%로 조정해 부드럽고 흐릿하게 만들어 줍니다.

04

이펙트를 적용한 후에 이미지의 영역을 잡아야 합니다. 점선 영역이 지정된 상태에서만 커스텀 브러시로 등록 가능합니다.

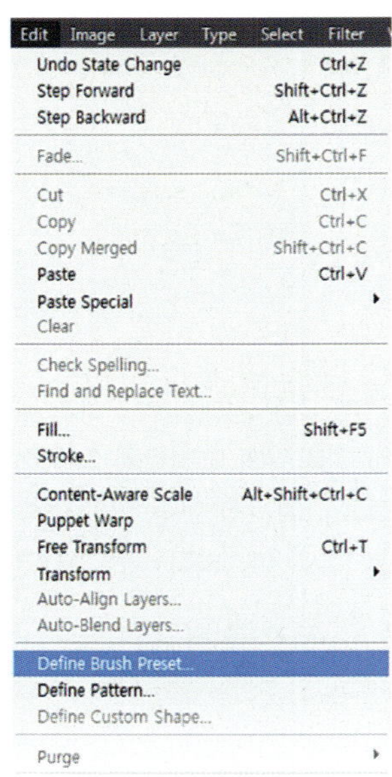

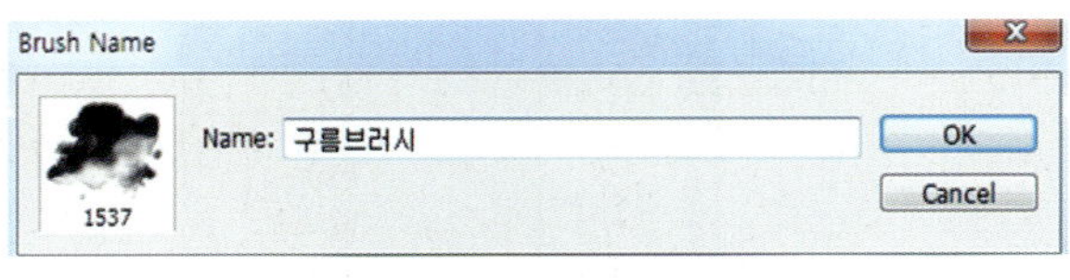

상단 툴바에 있는 Edit에서 Define Brush Preset을 클릭하면
이렇게 브러시 이름을 등록하는 박스가 나오게 되는데 적당한
이름을 기입하시고 OK를 누르면 됩니다.

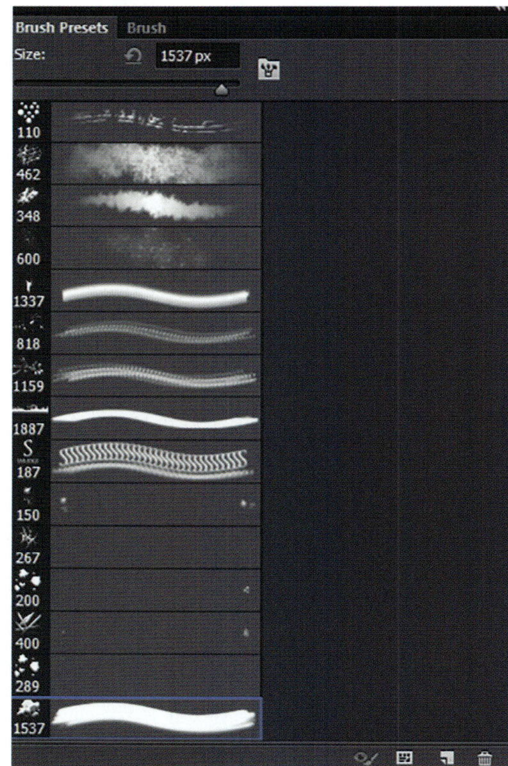

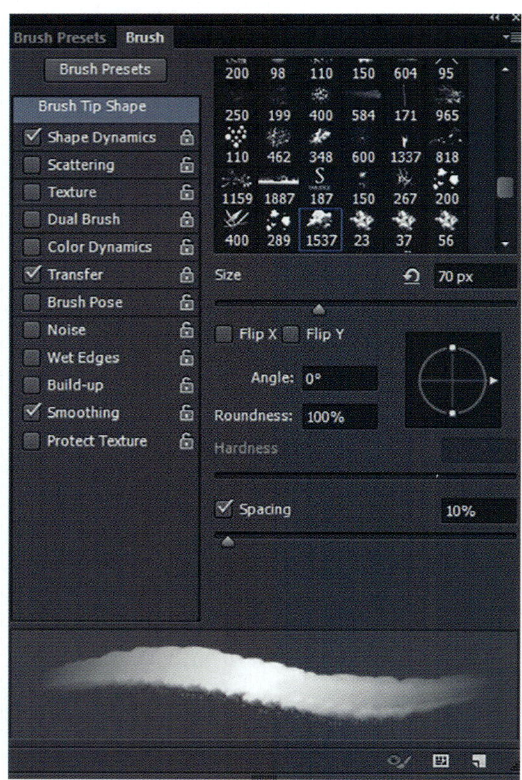

등록된 브러시는 Brush Preset에 가면 마지막 줄에 저
장된 것을 확인할 수 있습니다. 이제 브러시의 속성을
조정해서 나만의 멋진 브러시를 만들 수 있습니다.

Brush 박스에서 Shape Dynamics와 Transfer를 체크합
니다. 체크하는 순간 하단의 브러시 상태 표시가 바뀌는
것을 볼 수 있습니다. Shape Dynamics와 Transfer가 브
러시 형태에 영향을 준 것입니다.

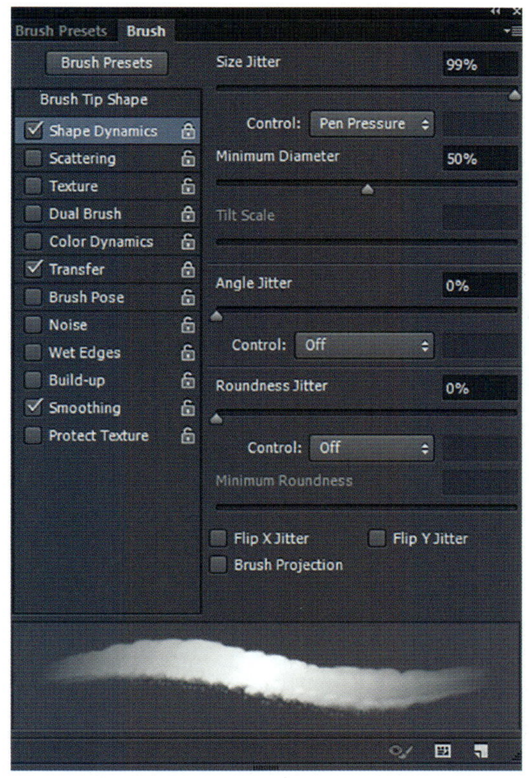

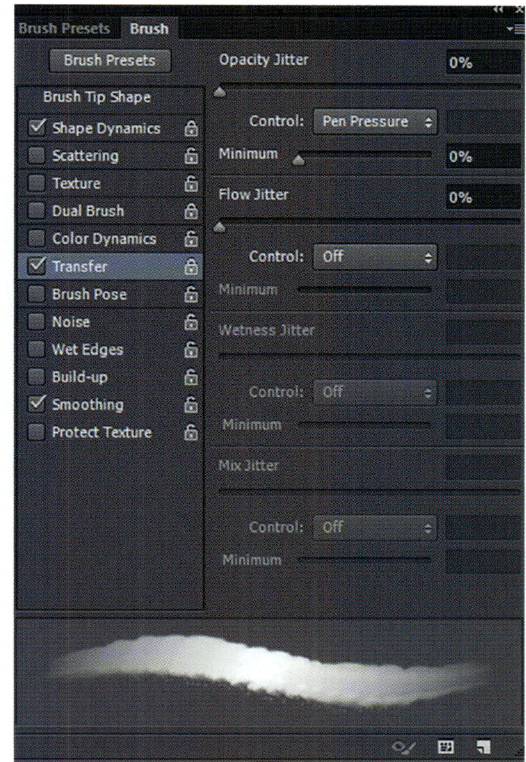

 08

먼저 Shape Dynamics를 봅니다. size jitter는 선이 떨리는 느낌을 주는데 수치를 높이면 많이 찌그러집니다. 99%로 적용합니다. Minimum Diameter는 필압이 있는 상태(pen pressure)에서만 활성화되는 기능입니다. 수치가 낮을수록 양 끝이 조이는 느낌이 납니다. 약간만 조이는 상태 50%로 적용합니다. 이렇게 찌그러짐은 높이고 끝은 살짝 조이는 상태의 브러시를 만들었습니다. 나머지 하부 기능은 쓰지 않습니다.

09

다음 Transfer의 기능을 살펴보겠습니다. Transfers는 기초 편에서 소개한 적이 있습니다. Transfer는 브러시의 양 끝을 부드럽게 사라지게 하는 효과를 나타냅니다. 현재 필요한 기능은 끝부분을 부드럽게 처리하기 위함이기 때문에 이쪽은 따로 기능을 건드리지 않아도 됩니다. Transfers는 체크만 해도 기능을 발휘합니다.

10

만들어진 커스텀 브러시로 그린 구름입니다. 브러시 속성을 조금씩 조정하면서 마음에 드는 느낌이 나오도록 터치 연습을 합니다. 브러시가 준비되었다면 이제 본격적인 하늘 그리기를 시작해 봅시다.

01

보통 우리가 하늘색이라 하면 파란색을 가장 먼저 떠올립니다. 하늘을 그릴 때는 컬러 차트 기준으로 블루 계열의 색을 3가지 정도 추려내야 합니다. 이는 그라데이션을 적용하기 위함입니다. 하늘에 그라데이션을 적용할 때 톤이 변화해야 풍부한 느낌을 얻을 수 있기 때문입니다. 보통 낮 하늘은 먼 곳을 밝게 표현합니다.

02

하늘을 채색한 다음 구름을 터치하는데 여기서 알아두어야 할 것이 있습니다. 하늘도 투시가 있다는 사실! 하늘을 거리로 표현하는 것은 불가능한 대신 구름으로 거리감을 표현할 수 있습니다.

투시에 맞춰 박스를 놓아봅니다. 그리고 그 박스들을 구도에 맞게 배치합니다. 먼 구름은 시야에서 멀기 때문에 밑면이 좁아지는 원리로 박스 표시를 얇게 했고, **중간부터** 점점 가까워지는 구름들은 밑면이 많이 보이게 합니다.

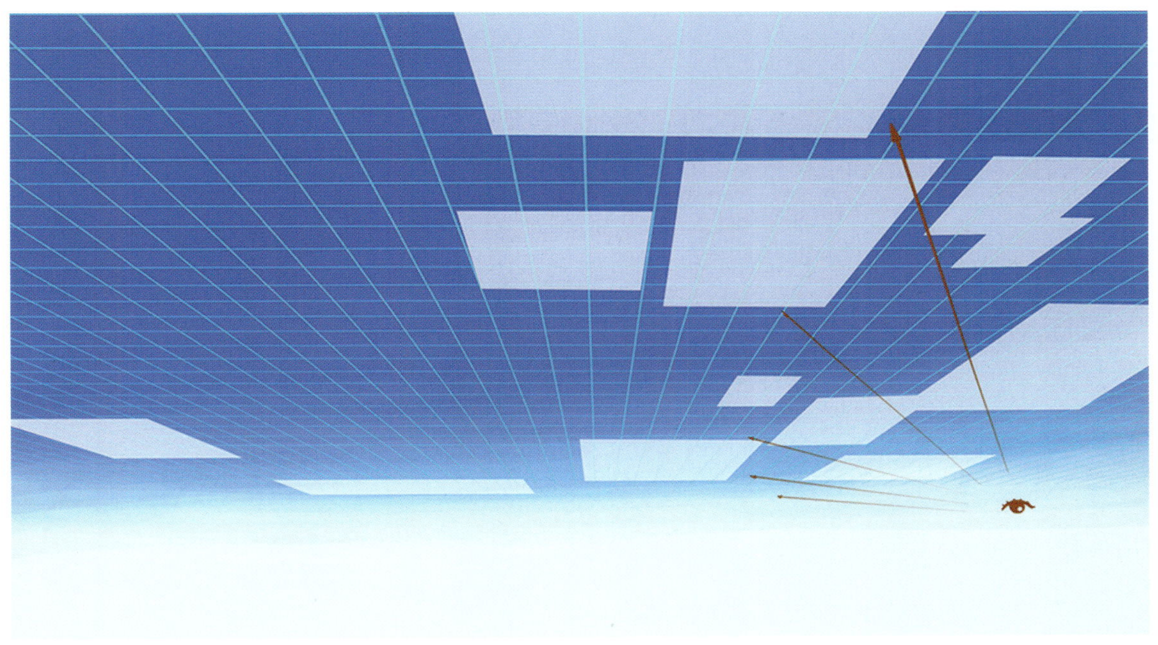

먼 하늘을 보다가 바로 위의 하늘을 보면 바로 위에 있는 구름의 형태가 커 보이는 것처럼 우리가 바라보는 기준으로 생각하면 됩니다.

이제 이 박스에 맞춰 앞서 만든 구름 브러시로 터치합니다. 구름의 디테일한 형태보다 투시에 맞춰서 밑면이 보이는 각도가 정확하도록 해야 합니다.

구름은 바람의 방향대로 배치합니다. 구름은 바람 따라 움직이고 방향성을 가지고 있습니다. 예시는 1→2→3으로 흐르는 대기 상태를 표현한 것입니다. 이렇게 빈 하늘에 구름을 넣는 것도 자연의 원리가 들어 있습니다.

07

구름을 터치한 후에 모양이 마음에 들지 않을 수 있습니다. 이때 끝부분을 늘여주는 방법을 사용하여 좀 더 휘날리는 듯한 느낌을 줍니다. 1번은 구름의 최초 형태이고 2번은 외곽라인을 지운 것 3번은 휘날리는 효과를 적용한 것입니다. 구름의 끝부분을 휘날리게 하는 방법을 배워보겠습니다.

08

Smudge tool은 형태를 문질러 퍼트리는 기능입니다. 마치 유화의 나이프와 비슷합니다. 이 툴로 구름의 끝부분을 멋지게 날려 보시기 바랍니다. (이 기능은 PC의 사양이 낮거나 해상도가 크면 과부하를 일으켜 시스템이 느려질 수 있으니 조금 움직이며 사용해 주시기 바랍니다.)

하늘을 표현하는데 많은 연습이 필요하지만 지금 해낸 과정에 맞게 진행한다면 다른 구도의 하늘도 멋지게 그려낼 수 있습니다.

로우 앵글의 하늘

하늘을 아래에서 바라보면 어떤 형태의 변화가 생기는데 그런 변화를 알아보겠습니다. 낮은 시점에서 하늘을 바라보는 3점 투시로 출발해 보겠습니다.

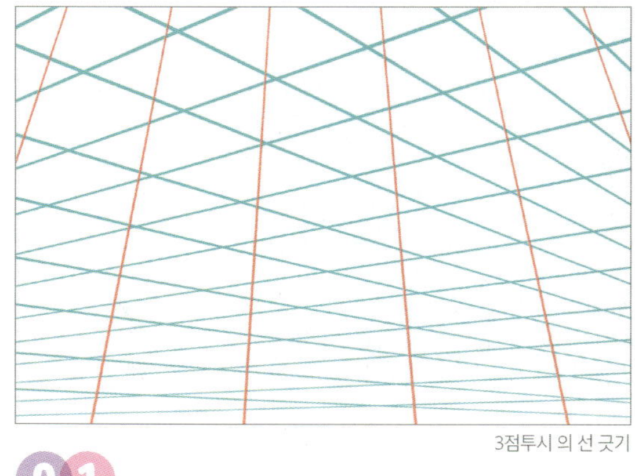

3점투시 의 선 긋기

3점 투시법을 적용해 로우앵글을 만드는 투시선을 그려보았습니다.

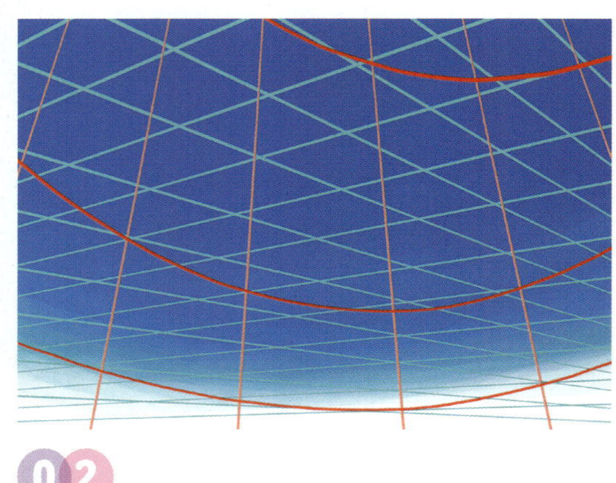

일반 시점에서의 하늘과 확실히 다른 점은 그라데이션된 형태가 라운드로 바뀐다는 것입니다. 이것이 가장 핵심입니다.

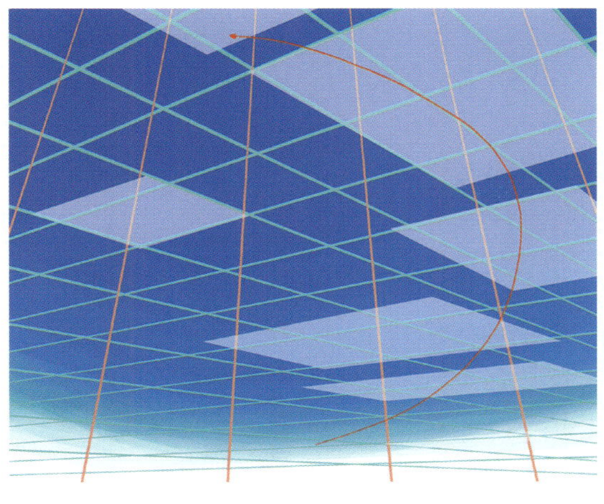

03

과정은 이전 하늘과 비슷합니다. 투시에 따라 박스를 배치
하고 이에 맞추어 구름을 터치합니다. 물론 이번엔 넓은
면적은 전부 밑면으로 보입니다.

04

동그랗게 말리는 모습이 아래에서 위를 바라보는 모습을
더 극대화해줍니다.

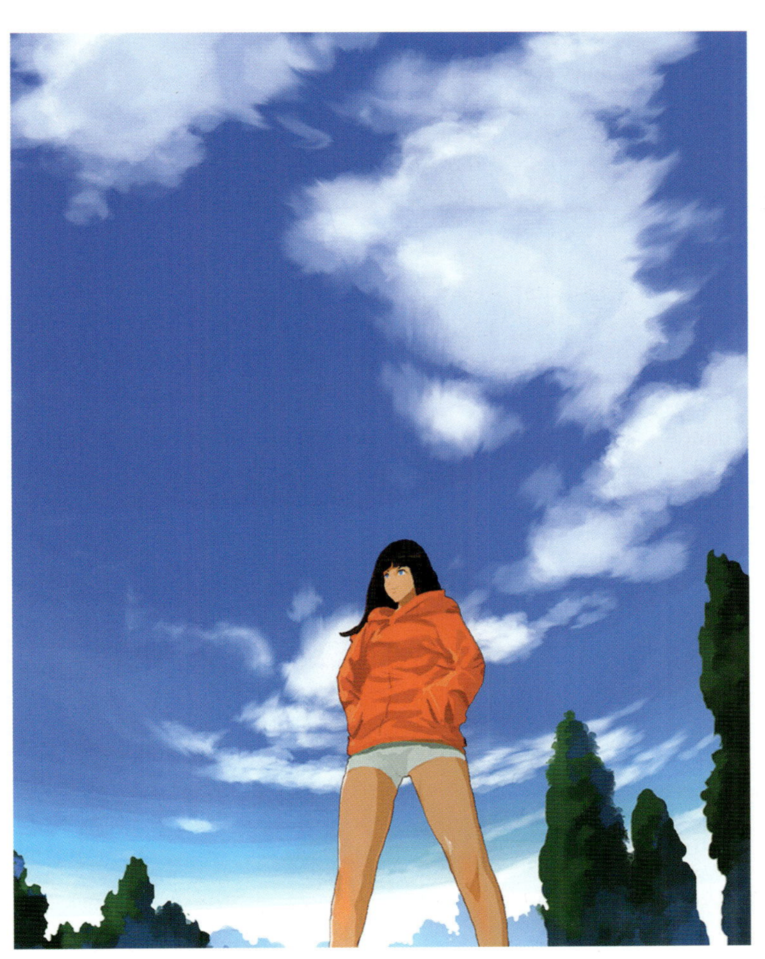

하늘은 시간대 별로 색이나 밝기가 달라지는데 가장 강렬한 색을 보여주는 저녁 하늘(석양)을 그려 보겠습니다. 석양의 하늘은 많은 색감이 필요한데 대표적인 색을 컬러 차트에서 선정해 보았습니다.

01

하늘의 하단부 오렌지색 부분이 지평선입니다. 지평선의 색이 오렌지빛으로 물든 이유는 태양이 지평선 아래로 내려가는 중이라 그렇습니다. 이후 퍼머넌트 옐로우 미들(Permanent yellow middle)색이 느껴지는데 이것은 네이플스 옐로우(Naples yellow)로 가기 위한 중간 색입니다. 색이 다음 색으로 전이할 때 연결 색을 만들어 주면 풍부한 색채감을 얻을 수 있습니다. 다음 헬리오트로프(Heliotrope) 색이 나오는데 이것은 붉은색과 푸른색에 연결 역할을 잘 해줍니다. 이후 아이리스 블루(Iris blue)로 마무리합니다. 각 색의 명도와 채도를 이용해 연결해 놓으면 아름다운 색을 만들 수 있습니다. 사실 자연의 색을 봐도 이런 원리로 이루어진 것을 알 수 있습니다.

02

저녁 하늘의 구름은 하늘의 색보다 어둡게 그려야 합니다. 그리하여 구름의 색도 원색 중 어두운색 위주의 3가지로 선정했습니다. 멀리 있는 구름 즉 태양에 가까운 구름이 그중에 조금 밝은 톤을 가지고 있습니다. 번트 시에나와 오렌지 계열 색으로 하단부에 터치합니다.

03

투시에 맞추어 구름을 터치하는 방법은 저녁 하늘도 마찬가지입니다.

04

오렌지에서 번트시에나(Burnt sienna) 색으로 옮겨가는 느낌으로 구름을 그려줍니다. 원근감이 잘 느껴지도록 투시에 맞추어 과감하게 터치합니다.

05

투시 선을 빼고 다시 구름에 색 변화를 줘야 합니다. 거리에 따라 조금씩 색이 바뀌어야 하고 가까울수록 어두워져야 합니다.

06

구름의 영역을 잡고 번트 엄버(Burnt umber) 색으로 중간 지점 조금 아래부터 채색해줍니다. 채색도 구름 형태를 그리듯이 해야 합니다. 그리해야 구름이 풍성해 보일 것입니다. 빛 방향은 아래에서 위로 향하게 합니다.

07

어두운 터치 이후에 지우개(구름 브러시)로 지우면서 밝은 면을 만들어냅니다.

08

마지막으로 어두운 마브(Mauve) 색으로 터치를 더 해줍니다.

09

마브(Mauve) 색에서 더 어두운 톤으로 하단의 구름을 채색합니다. 이것은 지상에서 가장 가까운 구름이고 빛을 등지고 있기 때문에 굉장히 어둡습니다. 위에 있는 구름과 아래에 있는 구름이 구분됩니다.

１０

이렇게 앞쪽의 어두운 구름으로 구름간의 거리를 극대화 해서 좀 더 하늘의 분위기를 현실감 있게 표현할 수 있습니다.

밤하늘

밤하늘을 보면 전체적으로 검게 보이고 빛나는 달과 별이 있습니다. 달과 별을 빛으로 표현합니다. 달빛은 구름을 비춰 주기 때문에 또 다른 하늘 표현이 가능합니다.

01

.밤하늘의 색은 블루보다 그린이 어울립니다. 그래서 그린과 블루의 경계에 있는 에메랄드 그린(Emerald green)과 피콕 블루(Peacock blue), 어두운 프러시안 블루(Prussian blue)로 그려 나가면 좀 더 밤하늘의 감성을 잘 표현할 수 있습니다.

02

투시 선을 적용하고 구름의 배치에 집중해 봅니다. 밤하늘도 낮과 동일하게 공기의 흐름과 거리에 따라 구름을 그려 나갑니다.

03

그린톤을 띄고 있는 하늘에 라이트 블루(Light blue)로 구름을 터치합니다. 밝은 성질의 라이트 블루(Light blue)가 구름을 선명하게 드러나도록 해줍니다.

구름의 끝부분을 지우거나 스머지(Smudge)로 다듬어 줍니다.

마지막으로 가장 어두운 부분에 별을 그려 주면 화려한 밤하늘의 느낌을 낼 수 있습니다.

아름다운 뭉게구름이 관찰되는 지역은 주로 해변이나 적도 지방입니다. 기온도 높고 습도도 높은 환경에서 잘 나타나는 현상인 만큼 자연 환경도 잘 알고 있어야 합니다.

01

해변에서 보는 하늘은 아주 짙고 푸르다는 것을 알고 있을 것입니다. 그래서 블루톤 자체도 아주 강렬한 것이 필요합니다. 밝은 라이트 블루(Light blue)부터 시작해 점차 어두워지는 색을 4단계의 4가지 색상(Light blue, Cerulean blue, Ultra marine, Cobalt blue)으로 정해 보았습니다.

구름 브러시를 이용해 한쪽 방향으로 작게 회전하며 뭉게구름의 형태를 만듭니다. 브러시 오파시티(opacity)를 70-100% 사이로 조정하면서 터치합니다. 이때 조금씩 공간을 남겨 둡니다.

레이어를 새로 생성한 후에 구름의 명암을 그립니다. 명암을 그리고 나서 지우개로 지우며 형태를 다듬어 줍니다.

04

이해를 돕기 위해 구름터치 이전 단계의 레이어를 감춰보겠습니다. 명암만 본다면 예시와 같은 상태가 될 것입니다.

마스킹하는 법

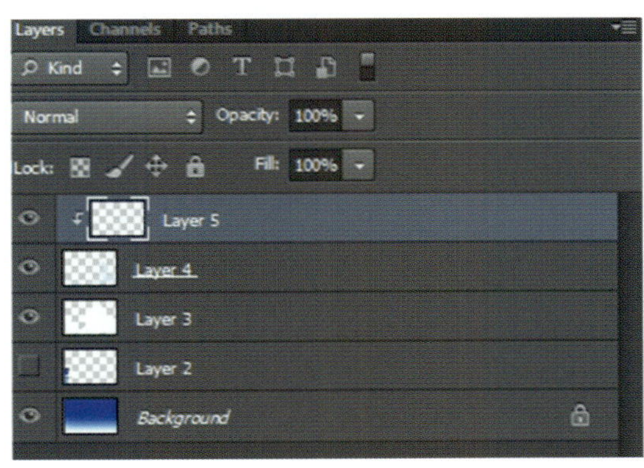

잠시 마스킹하는 방법을 알아보겠습니다. 앞서 설명하기로는 영역을 만들기 위해 <Ctrl+레이어>를 누르면 점선의 영역이 생겼고 이것으로 마스킹하는 효과를 얻었습니다. 마스킹하는 또 다른 방법을 설명하겠습니다. 마스킹하고자 하는 레이어 위로 새로 레이어를 생성하고 <Ctrl+Alt+G>를 동시에 누르면 예시와 같이 아래 화살표 모양이 생깁니다. 이 레이어에 작업되는 것은 아래 레이어의 형태 안에서만 그려집니다.

명암을 그렸던 레이어 위로 마스킹합니다. 그리고 더 어두운 곳을 찾아 터치합니다.

구름도 양이 많아지면 그림자가 생길 수 있습니다. 구름의 그림자를 크고 넓은 영역으로 그려줍니다

07

경계부분이 거칠게 표현되었다면 자연스러운 모양으로 다듬어 주어야 합니다. 좀 더 자연스러운 형태를 만들기 위해 미리 끝 처리를 해두면 좋습니다.

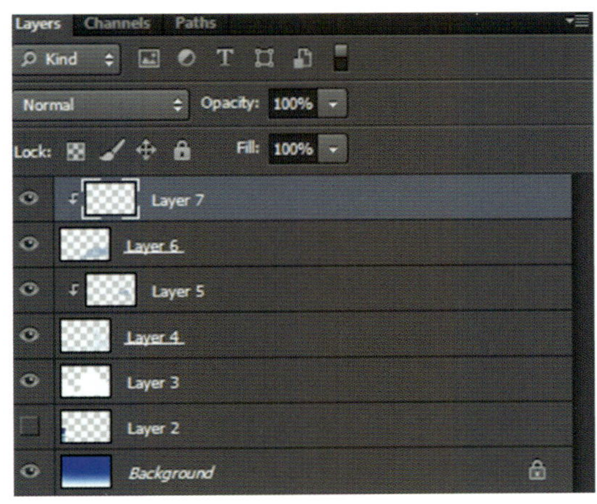

08

현재 작업되고 있는 레이어의 상황입니다. 단계별로 레이어를 분리하여 관리하고 있습니다.

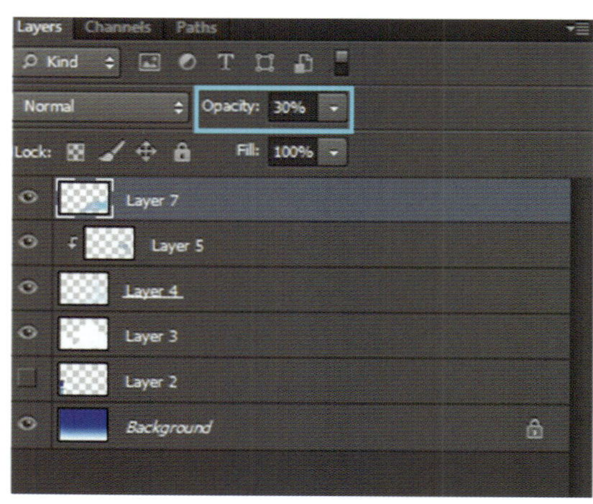

09

예시대로 그림자의 가장자리 부분에 푸른 반사광을 넣어주면 더 시원한 느낌이 듭니다.

10

반사광을 주었던 레이어에 30%의 오파시티(Opacity)로 투명하게 처리해 밑의 그림과 섞이도록 합니다.

11 뭉게구름이 완성되었다면 뭉게구름 앞으로 움직이는 작은 구름을 그려 넣고 마무리합니다.

비가 오거나 태풍이 불 때 하늘의 구름은 매우 사나워 보입니다. 어둡고 빠르게 움직이며 빈 공간에 빛이 살짝 보이기도 합니다. 먹구름이 많이 낀 하늘을 그려 보겠습니다.

흐린 날의 저녁이라 생각하고 색을 정해보았습니다. 밝은 쪽부터 Naples yellow > Orange > Heliotrope 으로 하늘을 그라데이션(gradation) 하듯 채색합니다. 그리고 어두운 구름은 코발트 블루(Cobalt blue)와 프러시안 블루(Prussian blue)로 채색합니다.

02

헬리오트로프(Heliotrope)와 블랙(Black)을 섞은 색으로 하단부에 밑 구름을 그립니다. 원경의 표현이니 투시는 신경 쓰지 않고 결만 살려줍니다.

03

원경에서부터 차례로 구름을 쌓아가려 하는데 중경부터는 좀 더 어둡고 강한 색으로 전환되어야 하므로, 코발트블루(Cobalt blue)+블랙(Black)으로 2번 구름을 그립니다. 앞서 그린 1번 구름의 방향에 맞춰 우측에서 좌측으로 지나가는 느낌, 1번 구름보다 근경에 있는 느낌으로 그립니다.

 **04**

중경의 구름에 다시 헬리오트로프(Heliotrope) 색으로 밝은 덩어리를 만들어 줍니다.

05

중경에 있는 구름에 밝은 덩어리를 만들었는데 이것을 다시 지우면서 디테일을 만들어 줍니다.

> **TIP**   저자의 튜토리얼에서 특이한 점은 지우면서 디테일을 살린다는 것입니다.

0 6

프러시안 블루(Prussian blue)로 가장 가까운 근경의 구름을 그리는데 원경과 중경의 구름보다 더 두툼한 덩어리로 그려야합
니다.

0 7

근경의 어두운 구름 위에 밝은 색으로 덩어리 감을 주어 더욱 풍성해 보이도록 합니다.

08

이전 7번 과정에서 밝은 덩어리를 표현한 레이어의 오파시티(Opacity)를 50%~70% 정도로 낮추어 밑 구름의 질감과 잘 섞이도록 합니다

09

이제까지 진행된 레이어를 잠시 보면 각각 밝고 어두운 표현을 한 부분이 있습니다. 예시대로 구분 지어놓은 레이어를 병합해 줍니다. (레이어 병합 : Ctrl+E)

 **10**

구름 사이로 새어 나오는 빛을 강조하기 위해 틈새의 형태를 더욱더 구체화합니다.

11

먹구름이 낀 하늘은 일반 하늘보다 거칠고 역동적인 분위기가 나도록 과감하고 힘있게 터치해 주시기 바랍니다. 이렇게 여러 가지 형태의 하늘 그리기를 해보았습니다. 구름의 원근감, 공기의 흐름에 따른 구름의 형태에 주의해가며 연습하면 도움이 될 것입니다.

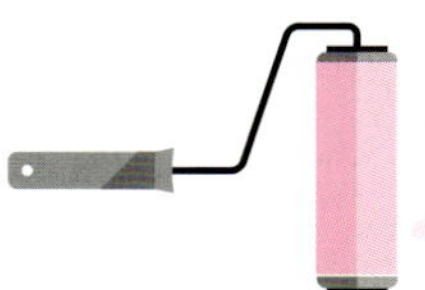

자연환경의 원근감을 표현하는데 큰 역할을 하는 것은 산입니다. 모든 자연의 연결 지점이라 할 수 있고 사람의 눈높이에서 볼 때 항상 하늘>산>지면을 관찰하게 되기 때문에 하늘을 그렸다면 자연스럽게 산을 그리게 됩니다. 다양한 기후와 재질의 산을 연습하면 웅장한 배경 컨셉을 그릴 때 풍성하고 웅장한 느낌을 살릴 수 있습니다.

숲으로 이루어진 산

01

이전 하늘 그리기 단락에서 배웠던 투시법에 맞춰 하늘을 그려 보겠습니다. (하늘 그리기 참고)

원근법 중에 '공기원근법'이란 것이 있습니다. 멀리 있는 사물은 기후의 영향으로 흐리게 보이거나 다른 색으로 보입니다. 이런 원리를 적용해 멀리 있는 산을 흐리고 푸른색으로 그립니다. 예시에서 산을 표현한 색은 블루 세레스트(Blue celeste)이고 산이 하늘의 색과 비슷해지는 것은 결국 같은 공기 층에 존재하기 때문입니다.

원경의 산 앞으로 중경의 산을 그릴 것입니다. 이번에는 원경의 산보다 더 강하고 녹색이 느껴지도록 하여 원근감을 만들어 줍니다. 산의 면처리는 구름 브러시를 이용해 마스킹한 후에 약한 덩어리감을 만듭니다.

04

산의 어두운 부분을 찾아 터치합니다. 이는 구석이나 꺾인 면을 표현하는 효과를 냅니다. (레이어 새로 생성)

05

산의 가장 큰 굴곡이라 생각하는 부분을 찾아 다시 어둡게 터치합니다. 굴곡 따라 명암을 넣어주면 산맥의 그림자가 표현됩니다.

06

산의 상단부터 시작하여 전체를 밝은 터치로 디테일하게 표현합니다. 동그랗게 뭉치는 기분으로 덩어리를 만들어 줍니다.

TIP 이때 터치는 형체를 만드는 것에 집중하는 것이 좋습니다. 펜을 누른 상태에서 떼지 않고 원하는 모양이 나오도록 계속 움직이는 것이 요령입니다.

07

이것은 숲의 나무들이 옹기종기 모여 있는 모습을 나타내기 위한 작업입니다. 어두운 부분도 강도를 맞춰가며 덩어리를 밝게 형성시켜주어 마무리 합니다.

산을 그릴 때 중요한 점은 지형을 표현하는데 있습니다. 산은 큰 산맥의 일부이기도 하고 지형이기도 하니 높이가 계속 바뀌는 지형에 풀을 얹는 느낌으로 표현하시면 이해가 빠를 것 같습니다.

바위산

나무보다 돌이 많은 바위산은 일반적인 산과 조금 다를 수 있습니다. 큰 바위들을 그린다고 생각하는 게 좋을 것 같습니다. 이제 바위산을 그려 볼 것인데 가장 집중해야 할 부분은 원근감과 양감입니다.

그림에 필요한 원색을 찾아 배열하였습니다. 색감을 정할 때는 예상하는 색의 근사치에 가까운 원색을 찾아 보고 색의 명도와 채도를 조정하여 그림의 필요한 색감을 가늠해봐야 합니다. 예를 들어 원색을 기준으로 두고 채도를 내리면 점점 흐린 날이 될 것입니다. 그러나 그와 반대로 채도가 높고 명도도 높다면 맑은 날씨가 될 것입니다.

높은 물체를 바라보려면 자연스레 위로 올려다 보게 될 것입니다. 큰 바위산을 바라보는 시선으로 하늘을 표현해 보겠습니다. 그리기에 앞서 바탕 하늘을 그립니다. 태양이 있는 쪽을 밝게 표현합니다.

하늘을 그렸다면 다음은 구름을 그려 넣습니다. 로우앵글(아래에서 위를 보는 구도)로 구름의 밑면이 많이 보이게 그리면 앞으로 그려질 산의 웅장함을 표현하는데 도움이 됩니다.

가장 멀리 있는 원경의 산을 어두운 실루엣만 표현합니다. 산의 높낮이는 서로 다르게 해주는 것이 좋습니다.

원경의 산보다 더 어두운색상(푸른 음영)으로 근경의 산을 그립니다. 높고 크게 실루엣 위주로 그려 가깝고 큰 산의 실루엣을
그립니다.

06

근경의 산 상단을 보다 더 어두운색으로 터치해서 위 아래의 색 차이를 줍니다. 이런 차이를 주는 것은 산의 위 아래의 고도 차를 표현하기 위해서입니다. 어두운 부분은 바위의 가장 어두운 바탕색으로 사용됩니다.

07

근경의 산 하단에 다시 밝은 색으로 그라데이션합니다. (습도의 표현)

TIP   모든 작업 단계는 밑색을 이용하기 때문에 레이어를 반드시 분리해두어야 합니다.

08

가장 가까운 3번 산의 하단에 연결되는 산맥 정도로 인지하고 진하고 강한 색으로 그려 줍니다. (푸르시안 블루+블랙)
1번-4번까지 같은 계열의 색이지만 공기원근법에 의해 명도 차가 생깁니다.

09

근경의 산맥은 오른쪽이 더 어둡게 터치해 두었습니다. 이런 과정도 거리감을 위해 어둡게 터치해 차이를 만들어 줍니다.

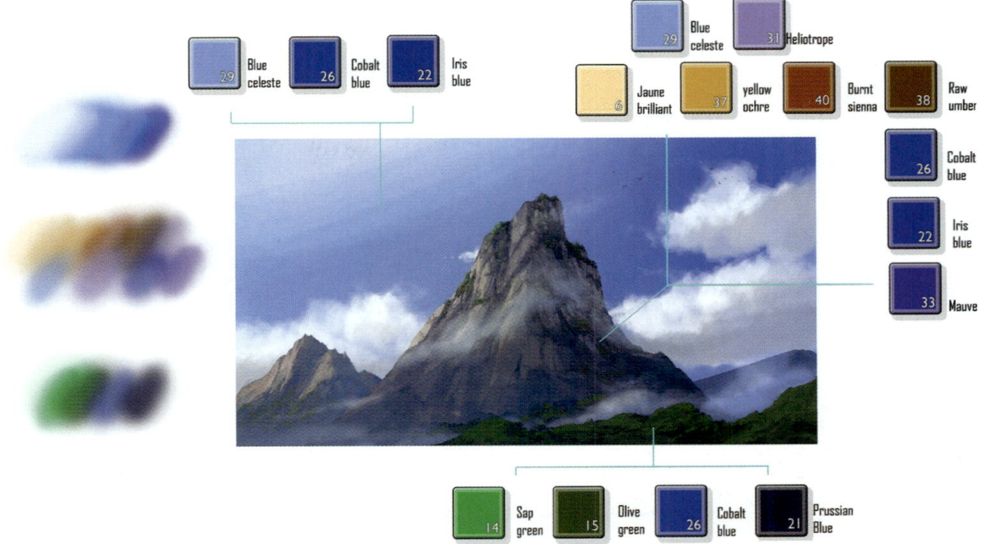

10

컬러 차트에서 바위 색을 미리 찾아 지정해 두었고 그중에 6번 쟌 브릴리언트(Jaune brilliant), 38번 옐로 오커(Yellow ochre), 41번 번트시에나(Burnt sienna)가 있습니다. 밝은 색상들이고 이 색상들이 섞인 중간지점 색을 찾는다면 예시와 같은 톤이 나올 것입니다. 이 색감으로 중경과 근경의 산을 러프하게 터치합니다. 번호가 빠져있음 오파시티(Opacity)값은 70% 정도로 진행해 주시기 바랍니다.

11

왼쪽의 멀리 있는 산을 보면 이전 단계에서 면 처리해두었고 이제는 반대로 지우면서 터치하는데 바위의 디자인을 고려하며 지워야 합니다. 밑색에 푸른 음영들이 자연스럽게 명암 단계를 만들어 줄 것입니다. 지우개 브러시는 오파시티(opacity) 20% 로 사용합니다.

TIP   바위그리기 과정 중 커스텀 브러시를 만들어 보았는데 똑같은 브러시를 사용하면 좋습니다.

12

근경의 산도 지우면서 옆면의 어두운 부분을 강조하고 좀 더 거친 바위의 질감을 표현합니다.

1 3

바위의 옆면에 구석진 부분이 있을 것입니다. 이런 부분은 따로 어두운색상으로 더 상세하게 터치합니다. 이런 터치가 바위의 형태에 지대한 영향을 줄 수 있으니 신중히 터치합니다. 색은 산의 어둡게 믹스된 톤을 찾아 컬러 피커(color picker)에서 어두운 쪽으로 지정하고 터치하면 자연스럽게 연결됩니다.

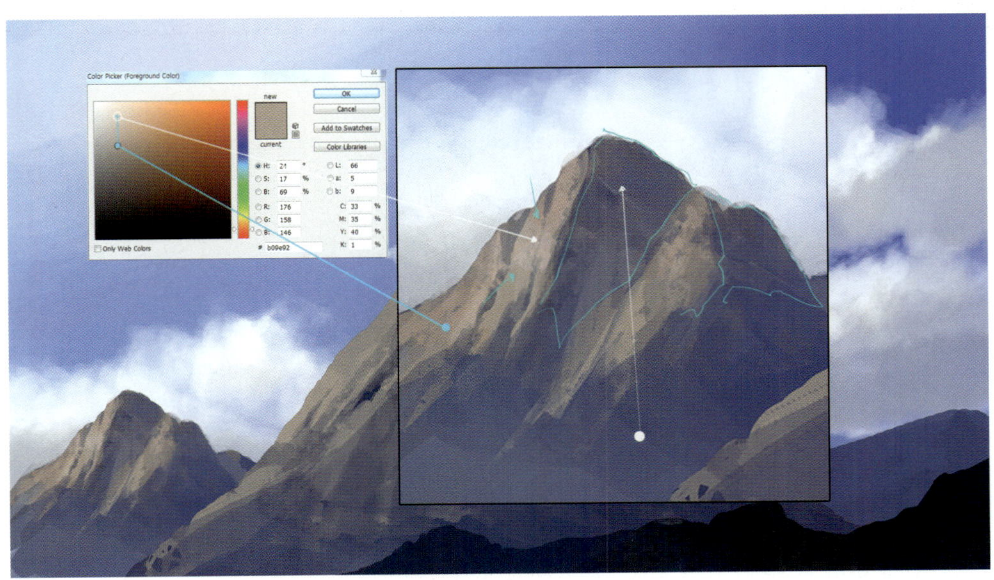

1 4

근경의 산으로 다시 돌아가서 밝은 면과 어두운 부분을 마무리해야 합니다. 현재 있는 색을 Eyedropper(스포이드)로 집어내고 명도를 상승시킨 후 다시 터치합니다. 어두운 부분도 현재 색에서 Eyedropper (스포이드)로 색을 집고 낮은 오파시티(opacity)로 얇게 입히듯 터치합니다. Eyedropper(스포이드)는 브러시 모드에서 Alt키를 누르면 스포이드로 바뀌고 놓으면 다시 브러시로 돌아갑니다.

1 5

바위는 여러 색을 갖고 있기 때문에 한 색으로만 표현하면 단조롭고 건조해 보일 수 있습니다. 그래서 상황에 맞게 보조색을 첨가해서 또 다른 질감의 느낌을 표현해 내는 것이 좋습니다. 보조색으로 노란색과 어울리는 헬리오트로프(Heliotrope)를 사용하고 여기에 그레이를 섞어 차분하게 덧칠을 하면 바위가 약간 축축하다는 느낌이 듭니다.

TIP   바위표면 색감은 환경적인 영향을 받기 때문에 주변의 자연지형이 어떤 것인지 확실히 파악하고 그립니다

1 6

바위의 깨진 부분을 터치하여 정밀하게 묘사합니다. 바위의 형태가 꺾이거나 움푹 들어간 부분을 어두운색상으로 표현합니다.

17

다시 원경의 산으로 돌아가 산의 외곽라인에 약간의 디자인을 추가합니다. 완성도가 있어 보이게 하는 방법인데 실루엣에 마무리 터치를 하면 이전보다 디테일하게 보이는 착각이 듭니다. 바위산 꼭대기에 약간에 나무가 있는듯한 느낌으로 작게 터치해줍니다.

18

원경의 산 하단부에 나무를 그려보려 합니다. 먼저 어두운 음영으로 울퉁불퉁한 형태를 만듭니다.

19

푸른 음영 위에 녹색으로 덩어리를 형성시킵니다.

20

산 밑에 있는 공기가 나무들의 색에 영향으로 주는데 화살표 방향으로 진입하게 만듭니다. 색은 주변의 밝은 색만 이용했습니다.

근경의 산에도 나무를 그려 넣어보겠습니다. 어두운색으로 위치부터 잡아봅니다.

나무가 들어갈 위치에 어두운 음영을 그리고 그 위에 녹색으로 나무들의 형체를 만들어 나갑니다. 여기에서 말하는 녹색은 올리브 그린(Olive green), 임페리얼 그린(Imperial green), 헬리오트로프(Heliotrope)를 적절히 섞어 사용한 색상입니다.

TIP 나무를 작게 그리는 것은 산의 스케일이 잘 느껴지도록 표현하는 방법입니다.

2 3

나무들이 모여있는 곳에 태양빛을 받아 밝게 표현된 부분이 있을 것입니다. 빛 방향이 왼쪽인 것을 감안해 주로 왼쪽으로 하이라이트를 배치합니다.

2 4

나무 주변으로 갈라지고 꺾인 면을 다시 한 번 터치해 나무와 돌의 조화를 만들어 줍니다.

2 5

산의 상단 밝은 부분을 터치할 차례입니다. 밝은 색으로 태양과 가까운 거리에 하이라이트를 표현합니다.

2 6

지구 상의 모든 사물은 반사광의 영향을 받습니다. 이에 따라 근경의 산에도 반사광을 나타내야 합니다. 반사광을 표현할 색은 블루 세레스트(Blue celeste)나 블루 그레이(채도가 낮은 푸른색)가 좋습니다.

2 7

반사광 터치도 밝은 면 터치와 같이 지우며 형태를 다듬는 방법으로 묘사를 이어나갑니다.

2 8

최 근경에 아주 어두운 음영을 만들어 두었었는데 이제 이곳을 밝은 녹색의 숲으로 표현합니다.

숲의 어두운 부분을 큰 면적의 단위로 터치해 덩어리가 크게 분리되도록 합니다.

숲의 음영을 다시 밝은 색을 이용해 나무를 디테일하게 표현합니다. 전체 큰 덩어리 안에 또다시 작은 덩어리들이 모이도록 해야 합니다.

바위산과 숲이 연결되는 느낌을 만들어 보겠습니다. 예시의 동그라미를 따라 나무의 어두운 음영을 배치시키고 그 경로에 따라 터치해 나갑니다. 음영의 색은 최 근경 숲의 음영보다 밝게 합니다.

연결된 음영에 다시 나무 덩어리를 터치하면 산맥을 타고 흐르는 숲을 만들 수 있습니다. 이렇게 되면 산과 숲이 자연스레 연결되기 시작합니다.

이전에 레이어를 반드시 분리하라는 설명이 있었는데 이 부분에서 그 필요성이 크게 느껴집니다. 그 이유는 레이어가 분리되어 있어야 산과 숲 중간에 안개를 삽입할 수 있기 때문입니다. 가장 가까운 숲과 산 사이에 안개를 깔아주면 원근감을 극대화할 수 있습니다. 구름 브러시나 소프트 브러시로 부드럽게 터치해 주세요.

지금까지 완성된 산의 모습을 보면 밀림이나 습지에 가까운 산이라고 할 수 있습니다. 그에 맞게 습도가 더 높아 보이도록 산의 중턱에 구름을 그려 넣어 봅니다.

산 중턱에 걸려있는 구름을 추가로 그려 넣어 산의 높은 고도를 표현했습니다.

바위산은 배경 컨셉에서 빠질 수 없는 요소이기에 중요한 부분이 많습니다. '바위산이 왜 많이 쓰이는가?' 하면 큰 스케일을 표현해야 하는 배경 컨셉에 바위산은 빠질 수 없는 요소이기 때문입니다. 이를 응용해 거대한 성이나 요새를 그릴 때 비슷한 과정으로 그릴 수 있습니다. 여기까지 바위산 그리기를 진행해 보았습니다.

가장 심플하면서 어려운 그림이 설경이 아닌가?'라는 생각을 해봅니다. 설경에는 눈이 있기 때문에 무채색을 다루어야 하는 난관에 봉착하게 됩니다. 대부분 실패의 요인은 색감 선정과 페인팅 순서에 있습니다. 설경은 흰색을 주로 다루기 때문에 색감의 밸런스를 잘 맞춰야 하고 전체적인 명도 조절에 집중해야 합니다. 멋진 설산 그리기를 시작해 보겠습니다.

01

설산에 관련된 자료나 사진을 수집하고 관찰합니다. 그리고 근사치의 원색을 찾아냅니다. 이해를 돕기 위해 컬러 차트에 없는 블루 그레이를 임의로 추가해 두었습니다. 대부분 한색 계열임은 분명하지만 근경 쪽으로 올수록 붉은 난색 계열을 약간 추가합니다. 원경의 색이 대부분 한색 계열을 띄고 있으니 가까운 곳은 붉은 계열의 난색을 이용해 확실히 차이를 주는 것이 포인트입니다.

02

하늘의 색을 조금 어둡게 설정했습니다. 배경에 눈이 등장하는 것을 감안해 좋은 대비가 나오게 하도록 진한 색으로 채색하였습니다. (울트라 마린+푸르시안 블루)

가장 멀리 있는 산부터 어둡고 푸르게 그려줍니다. 실루엣만 느낄 수 있을 정도로 형태를 잡습니다. (푸르시안 블루+블랙)

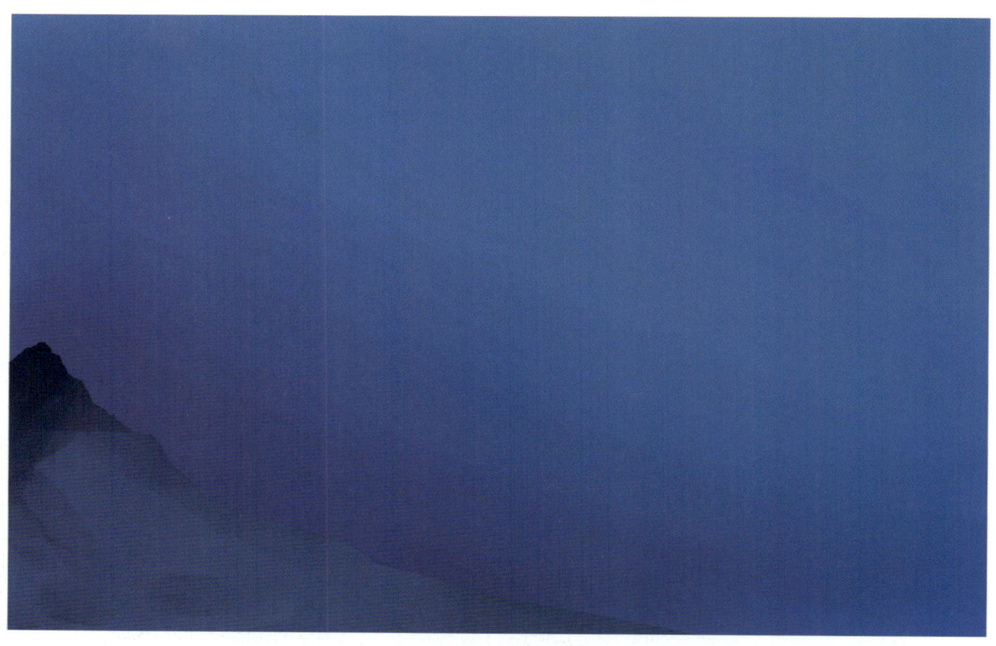

원경의 산 하단에 밝은 저채도의 블루로 채색합니다. 이는 산의 높이를 가늠하게 하는 역할을 합니다.

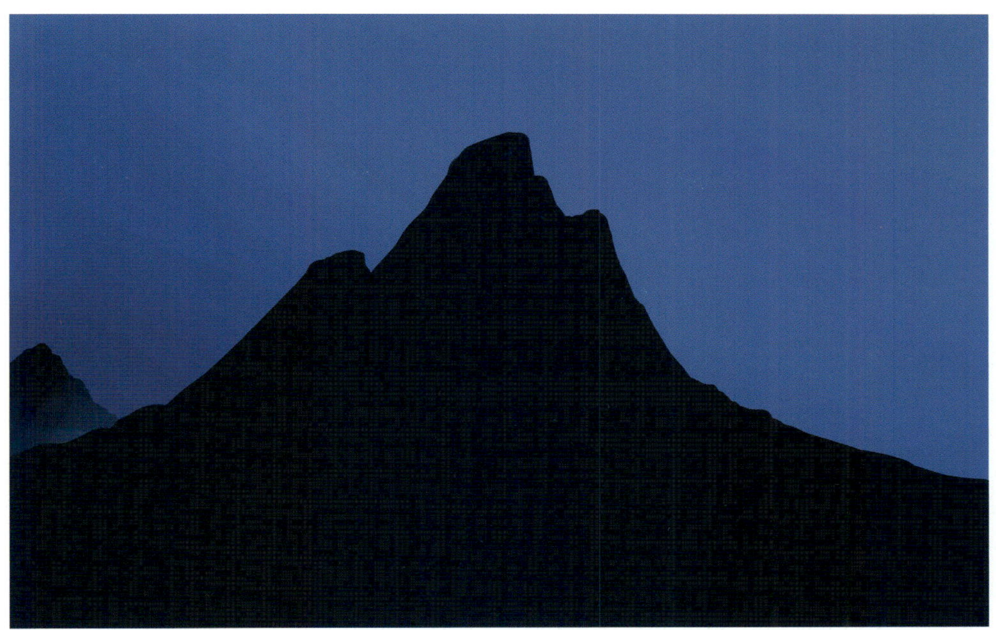

0 5

중경의 산의 실루엣을 원경의 산과 동일한 색으로 그립니다. 산이 너무 삼각형이 되거나 봉우리가 나란히 3개로 나열되는 느낌이 들지 않게 합니다.

0 6

산의 안쪽 면에 약간의 양감이 느껴지도록 터치하고 빛을 고려해 오른쪽이 더 밝도록 합니다. 채도와 명도를 떨어뜨린 울트라마린 블루를 사용했습니다.

산의 큰 덩어리를 보고 바위 색으로 큰 면적 단위로 나누어 터치해 줍니다. (블루 그레이+로우엄버 사용)

파란 가이드 선처럼 산맥이 있다고 가정하고 이에 따라 바위 색을 지우며 형태를 다듬어 나갑니다. 바위 커스텀 브러시를 지우개로 사용합니다. 기본 그런지 브러시도 가능합니다.

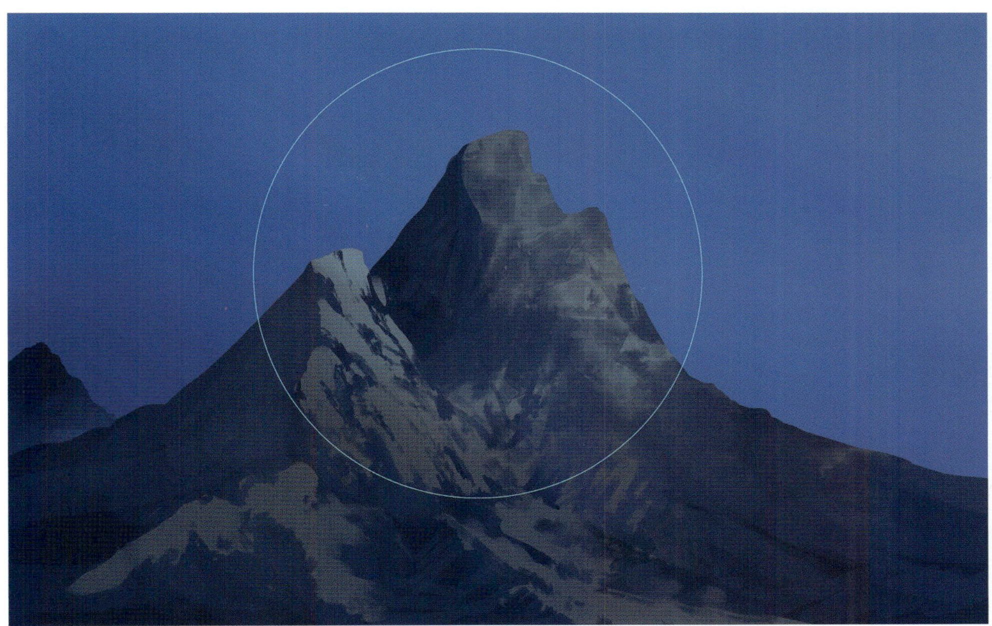

산 높이의 원근을 표현합니다. 바위를 터치한 레이어의 영역을 지정하고 상단부분에 소프트 브러시를 사용하여 오파시티
(opacity) 20%로 밝게 그라데이션합니다. 색은 블루 그레이를 사용합니다.

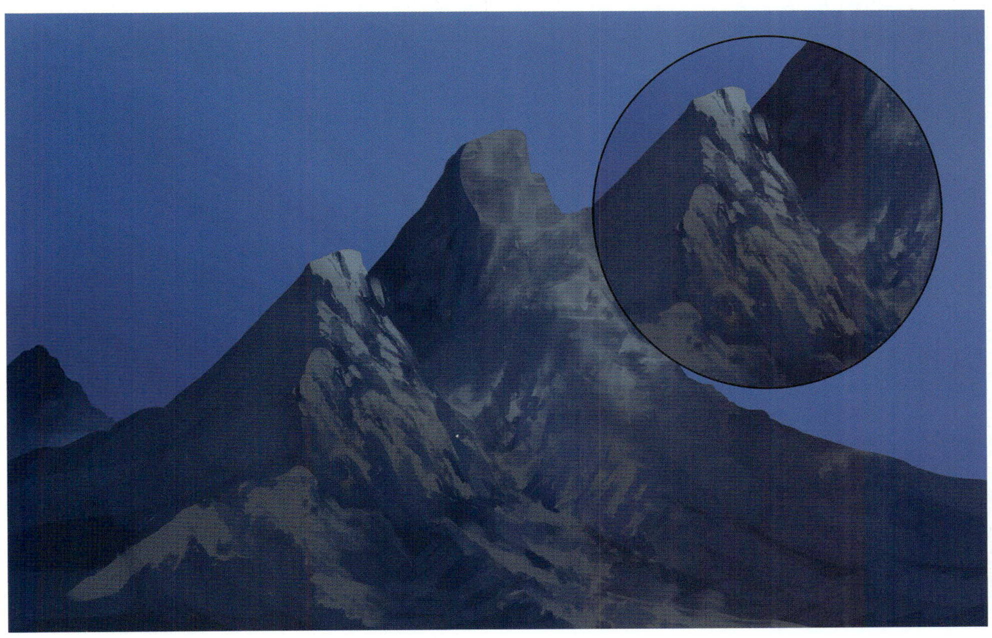

바위를 표현한 작업 레이어를 전부 병합(Ctrl+E) 하고 다시 디테일을 만들기 위해 더 상세히 지우기 시작합니다. 바위 디자인
은 예시를 참고하여 반복 연습이 필요합니다.

11

바위의 형태가 어느 정도 나왔다면 그 위에 로우 엄버(Raw umber) 톤으로 보조 색을 첨가합니다. 이 색은 바위 질감의 색입니다.

12

산에 어두운 블루 그레이 색으로 눈을 덮어 줍니다. 눈은 원하는 양만큼 덮어주면 됩니다.

눈을 그린 레이어의 위쪽에 반사광을 그립니다. 반사광은 라이트 블루를 이용해 소프트 브러시로 그립니다. 어두운 음영 옆에 다시 블루 음영을 그리는 것이 이상해 보이겠지만, 이후 작업에서 상단부의 강한 대비를 주는 지대한 역할을 할 것입니다.

이제 밝은 눈을 그릴 차례입니다. 확실한 그림의 전개를 느낄 수 있는 부분입니다. 이 밝은 눈은 산의 외형을 결정짓는 역할을 할 것입니다.

15

덮인 눈을 다시 지우며 산의 꺾인 면과 하단의 빛을 표현합니다.

16

눈의 디테일을 추가하면서 겹겹이 쌓인 눈 사이에 음영을 표현합니다.

다시 눈의 음영으로 돌아가 지우는 방식으로 어두운 부분이 드러나게 합니다. 산의 어두운 부분은 눈이 덜 덮인 것을 표현한 것입니다.

눈의 음영을 좀 더 어둡고 짙푸르게 표현합니다. 색은 아이리스 블루(Iris blue)를 사용합니다,

음영 속에 색 변화를 만드는데 약간의 명도 차만 표현해줍니다.

눈의 밝은 면에도 굴곡이 있을 것입니다. 부드러운 명암으로 터치하여 굴곡을 나타냅니다. 밝은 블루 그레이를 사용합니다.

21

산 주변으로 구름을 그리고 하단부에도 구름을 약간 그려 넣어 줍니다

22

멀리 원경의 산꼭대기에도 눈을 덮고 하단을 어둡게 합니다.

가장 가까운 쪽에 바위 언덕을 그려 넣어 원근을 더 강조합니다. (초코렛+푸르시안 블루 사용)

가까운 바위 언덕의 밝은 면을 붉은색으로 강조하고 돌의 모양이 드러나도록 합니다.

어두운 블랙으로 바위의 틈새나 형태를 구체화합니다.

근경의 바위 언덕에도 눈을 덮어 보겠습니다. 어두운 블루 그레이로 터치합니다.

27

마지막으로 근경에 눈의 밝은 면을 추가로 터치하고 마무리합니다.

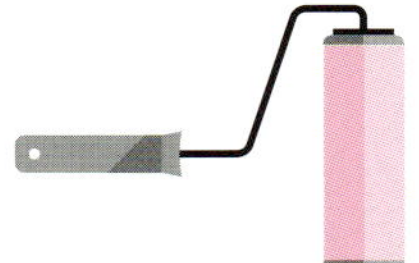

 지면 그리기

지면을 보면 많은 흙과 돌이 있는데 이런 요소를 모두 정교하게 다 표현하기는 힘들 것입니다. 이때 그림을 얼마나 어떻게 요약해야 하는지가 중요하고 그 중요성은 터치로 이어집니다.

 **최소한의 터치로 지면표현**

 **01**

거리감을 위해 멀리 있는 부분을 밝게 하고 가까운 곳을 어둡게 시작합니다. 터치의 위치를 파악하기 위한 목적이니 색감은 한 계열로 정하겠습니다.

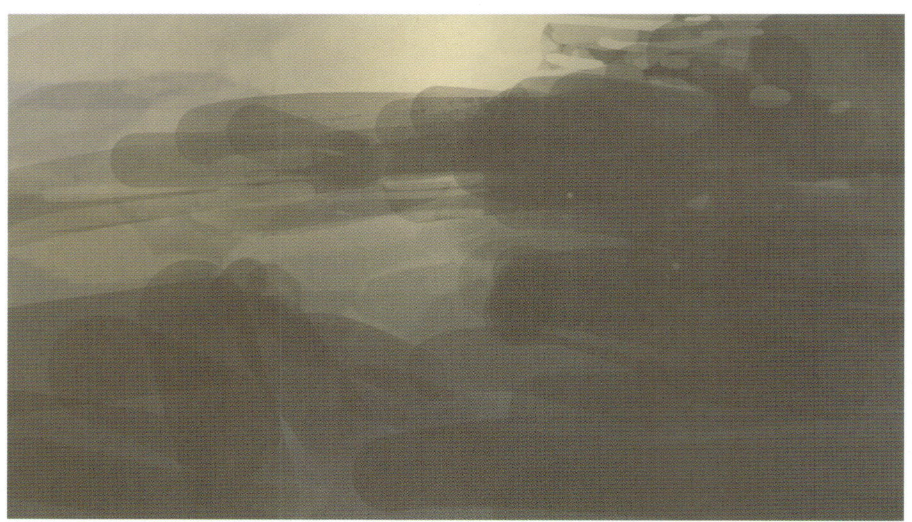

기본적인 그라데이션이 끝나면 어두운색상으로 지면에 거칠게 터치합니다.

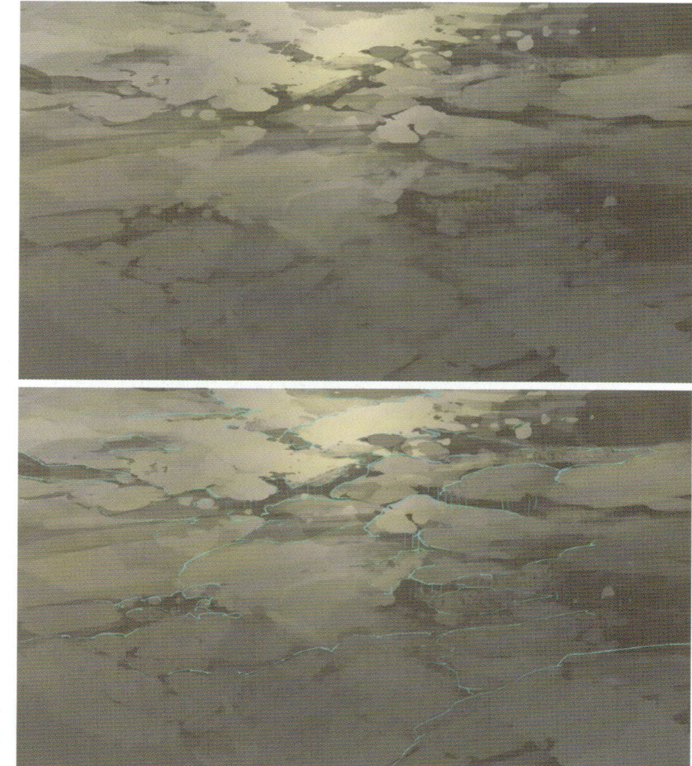

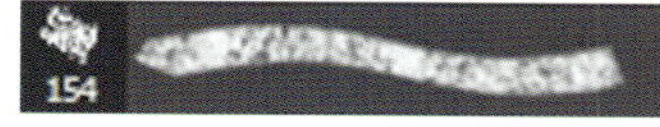

어둡게 처리한 부분을 다시 지우며 형태를 만드는데 지워진 부분이 밝게 올라오는 면이라 생각하고 터치합니다. (사용 브러
시는 포토샵 기본 브러시 중 그런지 브러시입니다.)

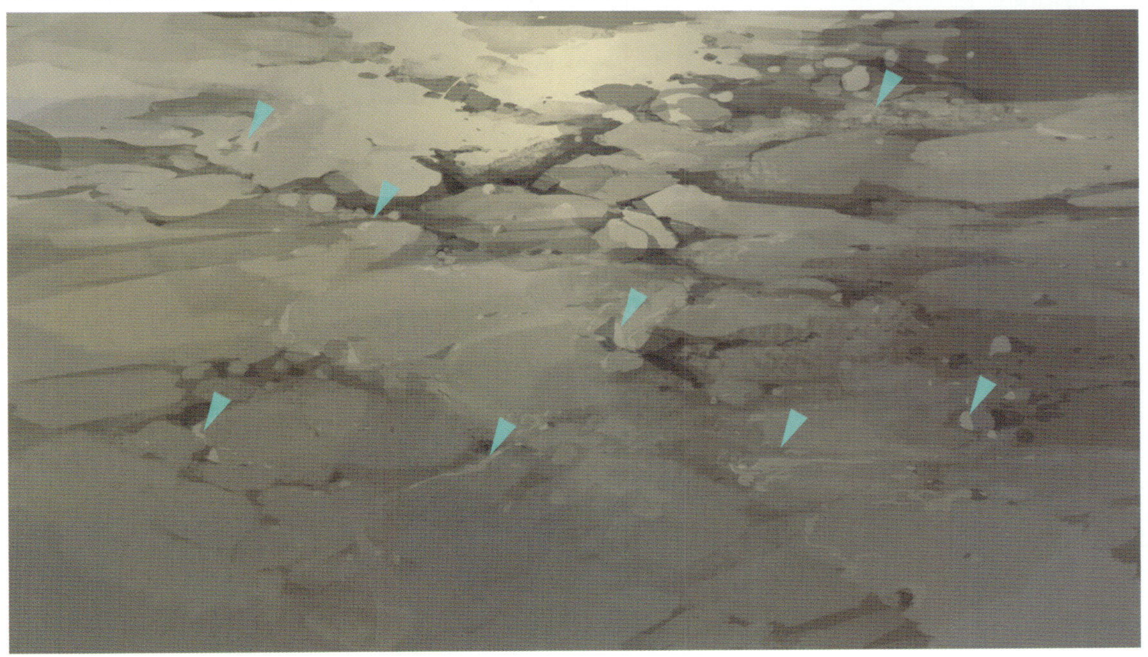

이번에는 밝은 면을 만들 차례이고 밝은 색을 이용해 돌멩이나 지면의 솟은 부분을 찾아 터치합니다. 터치했을 때 효과가 드러나는 부분이 있을 것입니다. 효과가 나타나지 않으면 다른 곳을 찾아야 합니다.

또다시 어두운 터치를 더해 줍니다. 가장 어두운색상으로 좁고 작은 구석을 찾아 작게 터치합니다. 이런 과정으로 형체를 더 분명하게 하면 마무리되는 느낌이 들기 시작합니다.

06

마지막은 밝은 하이라이트로 반짝이는 부분을 강조합니다. 꼭 튀어나온 부분만 터치하지 않고 지면에 유난히 반사하는 물체
라 가정하고 터치하는 것이 좋습니다.

지형 그리기

월드 오브 워 크래프트나 아이온, 테라 같은 MMORPG (Massive Multiplayer Online Role Playing Game)를 플레이하다 보면 캐릭터가 월드 안에서 실제 살아서 움직이는 느낌이 듭니다. 이런 느낌이 드는 이유는 무엇일까요? 그건 아마도 캐릭터가 밟고 있는 땅과 지형이 있기 때문입니다. 배경 컨셉에서 가장 잘 표현해야 할 것은 지형인데 이런 지형을 잘 표현해줘야 월드의 자연적 특성이 잘 드러나고 좋은 게임 컨셉이 될 것입니다.

초원 지형

풀과 흙이 있는 작은 초원을 그려보겠습니다. 이번 튜토리얼은 드로잉 순서에 집중해 봅니다

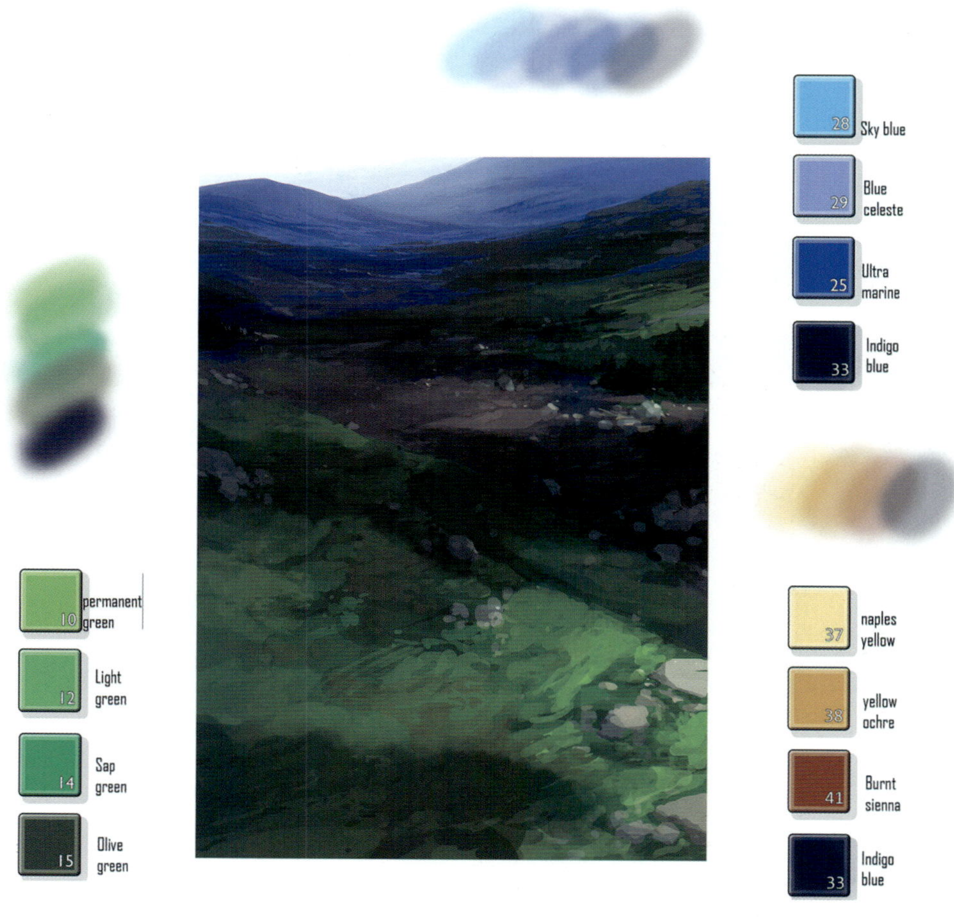

01

지면을 바라보면 원초적으로 느껴지는 색감이 있습니다. 대표적으로 그린, 브라운, 블루가 있습니다. 예시에 이 대표적인 색감의 계열 색과 연결되는 색을 추가해 나타냈습니다.

02

지면을 내려다보고 있는 장면을 만들기 위해 투시부터 파악해 보겠습니다. 원근감을 느끼기 위해서 투시를 파악하기도 하지만 사물의 크기를 정확하게 파악하기 위해서입니다.

03

투시에 맞추어 지형 구도를 만들어 보겠습니다. 지형은 원거리에서 근거리로 다가오는 형태로 자연스럽게 배치하고 낮은 지형과 높은 지형을 이용해 곡선 구도를 만들어 자연스럽게 디자인과 구도를 만들어 나가는 것이 포인트입니다.

구도 계획이 잡혔다면 스케치를 시작합니다. 멀리 있는 산부터 근거리 방향으로 스케치를 합니다. 계획했던 구도에 따라 지형의 결을 만들면서 근거리로 그려 나갑니다. 이 구도의 스케치는 곡선 원근법을 이용해 진행하고 있습니다. 지형의 결이 곡선 형태로 투시에 따라 그려 나가는 방법입니다. 전개되는 느낌이 잘 들도록 중간에 나무나 관목을 그립니다.

밝은 블루톤으로 원경부터 그라데이션 하듯 채색합니다. 가장 먼 거리는 하늘의 색이겠지만 중반부터는 공기의 색감이라 할 수 있습니다. 멀리 있는 부분이 밝게 하는 이유는 빛의 양이나 공기의 변화를 표현하는 것으로 원근법 중 하나입니다.

(스카이 블루 + 블루 세레스트+ 화이트 사용)

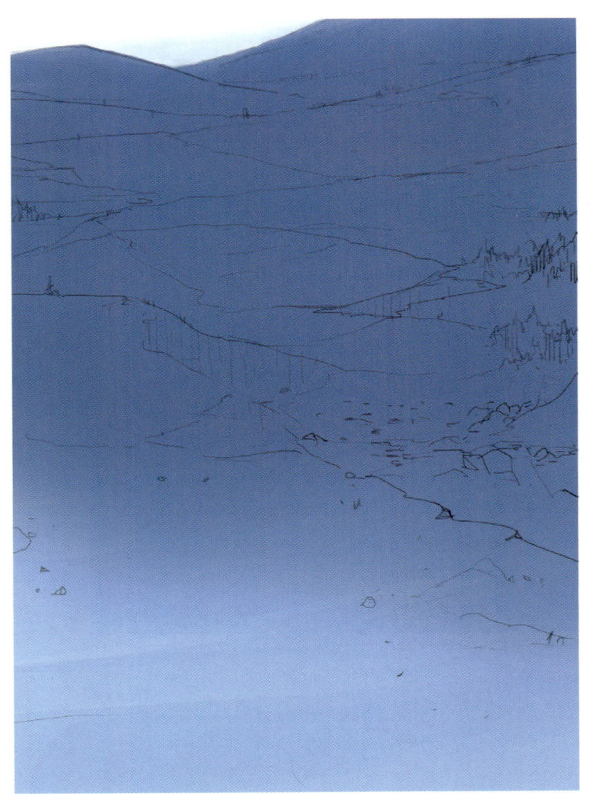

레이어를 새로 만들고 어두운 블루톤으로 멀리 산부터 다시 덮어 줍니다. 다시 색을 입히는 이유는 이전 단계의 바탕색과 혼합되는 기분을 얻기 위해서입니다.
(인디고 블루 + 블루 세레스트 사용)

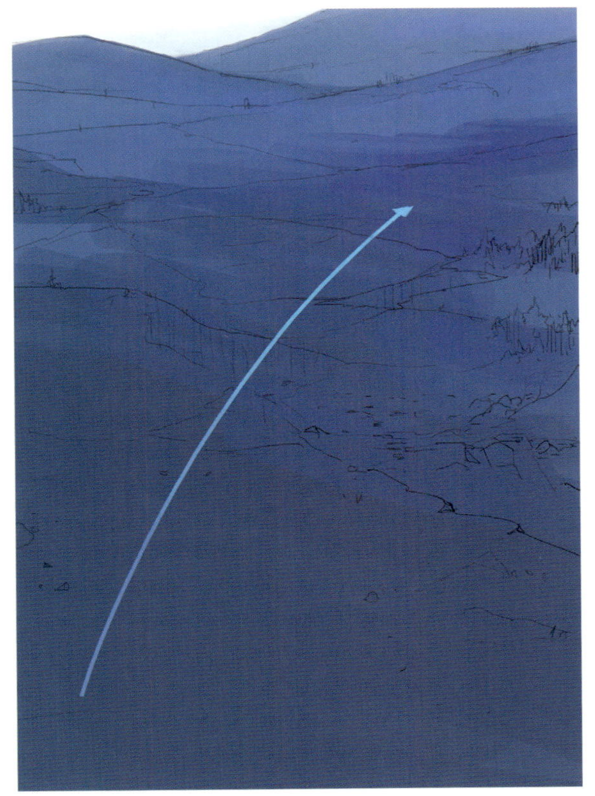

어두운 블루톤을 중간 지점부터 다시 터치해야 하는데 이전보다 더 어둡게 합니다. 이번에는 명도의 차이가 느껴지도록 터치합니다.
(울트라 마린 + 인디고 블루 사용)

08

이전 단계에서 어둡게 터치한 레이어로 가서 반대로 지우면서 산의 굴곡을 만들어 나갑니다. 이렇게 산과 만나는 언덕 부근을 표현해 나갑니다.

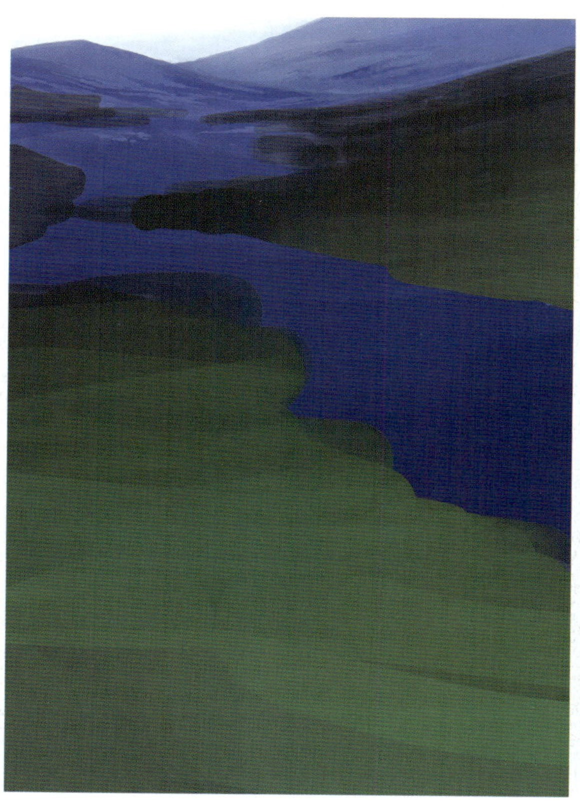

09

어두운 블루톤을 중간 지점부터 다시 터치해야 하는데 이전보다 더 어둡게 합니다. 이번에는 명도의 차이가 느껴지도록 터치합니다.

(울트라 마린 + 인디고 블루 사용)

10

녹색의 지형을 지우개로 지우면서 외곽라인의 표면 상태를 표현해 줍니다.

11

녹색의 지형에 어두운 명암색을 사용하여 위로 옅게 터치해줍니다.
(올리브 그린 + 인디고 블루 사용)

12

옅게 터치한 부분을 다시 지우면서 지면의 변화를 만들어 줍니다.

13

중앙에 파인 흙의 표면을 터치합니다. 길을 만드는 느낌으로 터치해 나갑니다.
(옐로 오커+ 번트 시에나+블루 세레스트 사용)

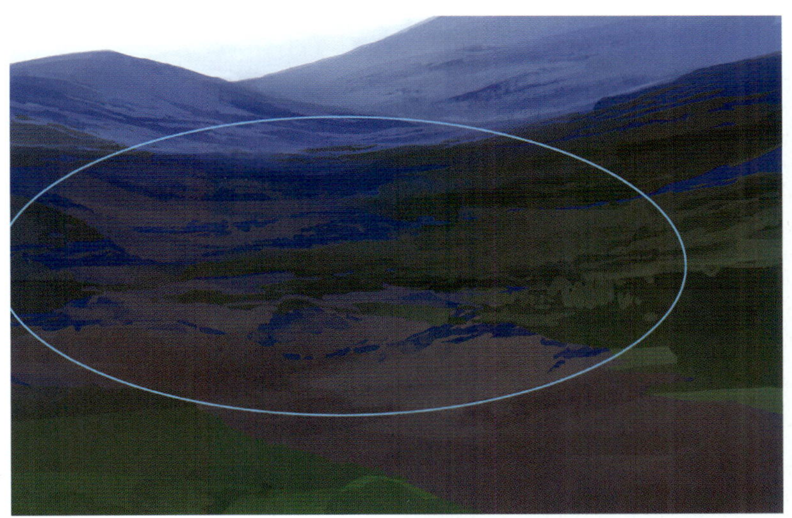

상단의 원거리를 보면 흙의 색과 푸른 음영이 만나는 부분이 있습니다. 이쪽부터 지우면서 지형의 어두운 부분을 만들어 줍니다. 먼 거리의 명암은 산과 비슷한 푸른색으로 처리해 원거리라는 느낌을 줍니다.

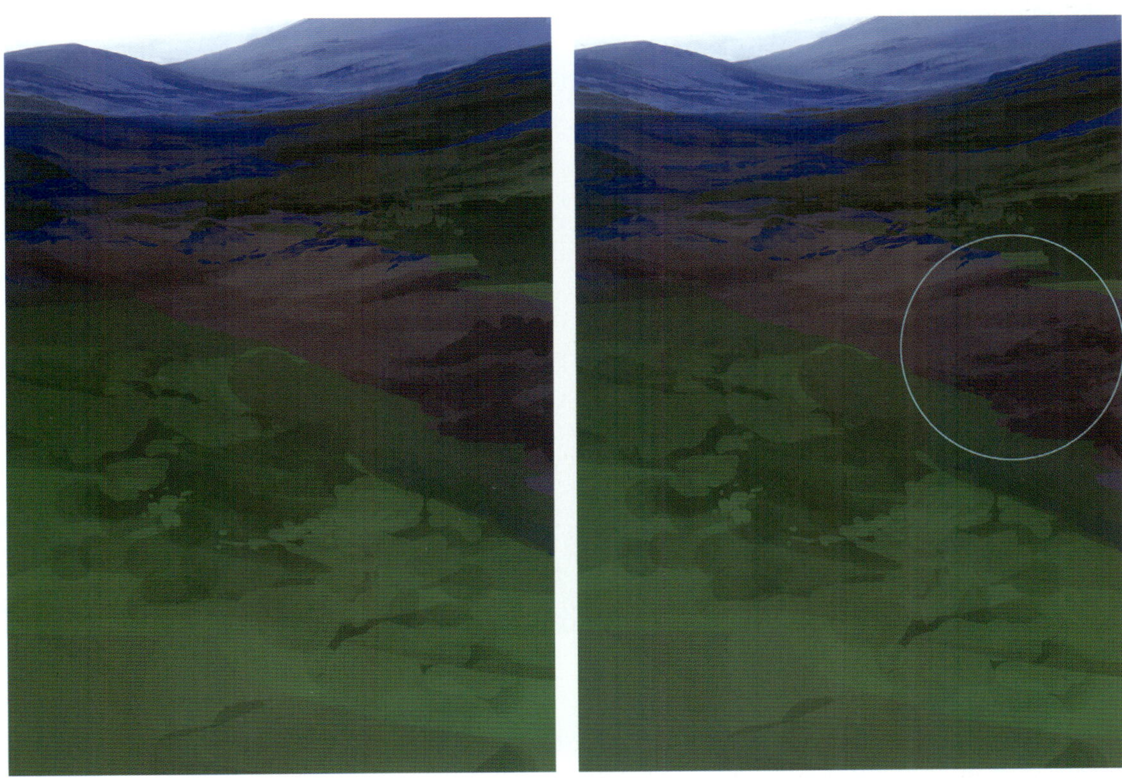

흙 지면 근거리에 조금 어두운색상으로 터치하고 다시 지우면서 흙의 울퉁불퉁한 면을 만들어 줍니다.

초반 스케치할 때 중반부에 나무를 그리는 것을 계획했었으니 이번에는 가장 상위로 레이어를 생성하고 가장 어두운 그린톤으로 나무의 실루엣을 만들어 줍니다.

원거리로 다시 돌아가 빛의 영향이 있는 부분을 터치할 순서입니다. 이전 단계에서 흙의 색을 지우며 굴곡을 만든 부분이 있었습니다. 이쪽에 하이라이트를 주면 어떤 형상이 만들어집니다. 이것은 바위나 작은 언덕 정도로 표현됩니다. 예시 오른쪽에 그레이 톤으로 바위를 터치한 것은 풀밭 위의 바위나 돌쯤으로 생각하고 터치했습니다. 왼쪽부분은 멀리의 돌 정도인데 먼 푸른색의 영역이기 때문에 하이라이트도 밝은 라이트 블루정도로 진행합니다.

18

지면 위에 돌을 만들어 보겠습니다. 밝은 블루 그레이톤으로 중간부터 그려나가고 오른쪽의 빛을 고려해 우측 돌은 밝게 따로 터치해 둡니다.

19

돌 측면에 어두운 명암을 그려 넣어 입체감을 살려줍니다. 돌 주변에 밝은 그린톤을 첨가하여 풀밭의 색을 강조합니다. 라이트 그린(Light green)으로 근경에 위치한 식물의 색을 강조해 원근감을 줍니다.

19

풀밭의 밝은 면을 터치 후 지우면서 지면의 높낮이가 느껴지게 표현해 줍니다. 중앙에 있는 흙 길을 따라 올라가 같은 계열의 밝은 색으로 터치합니다.

20

돌을 더 도드라지게 하거나 지면과 돌의 안착감을 더해주기 위해 돌과 풀 사이의 어두운 구석을 찾아 터치합니다.
(올리브 그린+인디고 블루+블랙 사용)

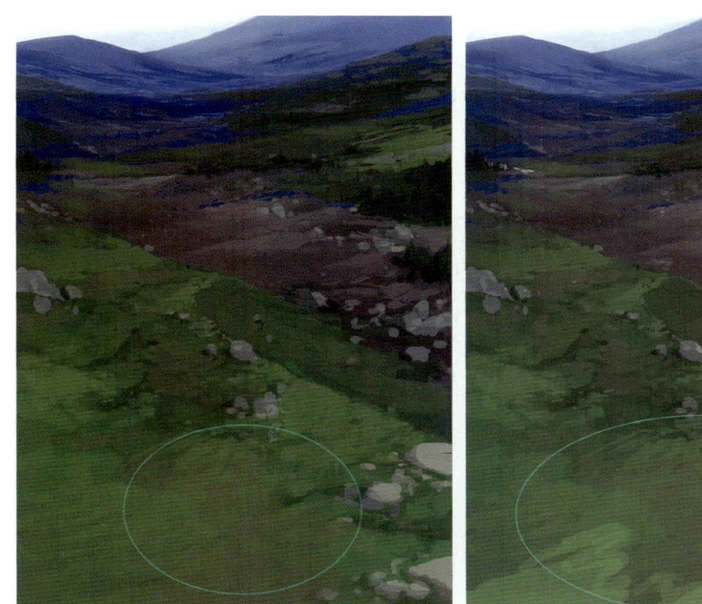

2 1

근경의 풀밭에 붉은 흙색을 약하게 그려주고 레이어를 새로 생성한 후에 밝은 그린톤으로 터치합니다. 빛의 영향을 표현하기 위해 밝은 면을 한 번 더 강조합니다.

2 2

밝은 그린 터치를 다시 지우면서 형체를 다듬어 줍니다. 이런 터치 후 지우는 동작을 반복하여 마음에 드는 면 상태를 만들면 됩니다.

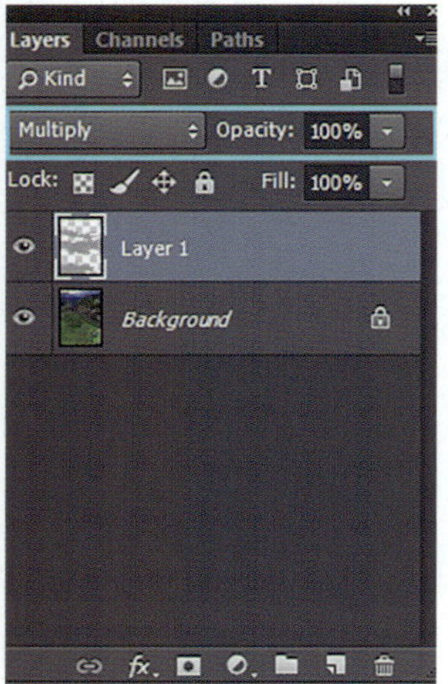

2 3

구름의 그림자를 바닥에 드리워 보겠습니다. 레이어를 생성한 후에 레이어 속성을 멀티플라이(Multiply)로 바꾸고, 그레이로 구름의 그림자를 그리면 밑 색과 자연스럽게 섞여 나옵니다. 이것을 이용해 이미 형태가 완성된 그림에 그림자나 음영을 임의로 만들 수 있습니다.

2 4

모든 작업 레이어를 병합한 후에 포토샵 왼쪽 툴바를 보면 '닷지 툴(Dodge Tool)'이 있습니다. 이 툴로 그림자가 없는 지면에 한 번씩만 클릭하면 채도와 명도를 동시에 올릴 수 있습니다.

TIP   닷지 툴(Dodge Tool)은 반드시 그림의 완성 단계에서 사용하시기 바랍니다.

마지막으로 빛이 집중된 곳이나 강조하고 싶은 부분에 하이라이트를 찍어봅니다. 그림의 과정이라는 것이 딱히 정해져 있지는 않지만 어느 정도의 효과적인 순서는 존재합니다.

약하고 멀리 있는 색 ▶ 강하고 가까이 있는 색 ▶ 대비되는 색 배치 ▶ 밝은 쪽 →어두운 쪽 ▶ 어두운 쪽 → 밝은 쪽

넓고 광활한 배경은 그에 적절한 색감과 터치가 필요합니다. 이때 원근 표현은 더욱 중요해지고 거리에 따른 색감을 적절히 선택해야 합니다. 그리고 터치는 스케일 구성을 위해 중요한 역할을 하니 크기에 맞추어 조절해야 합니다.

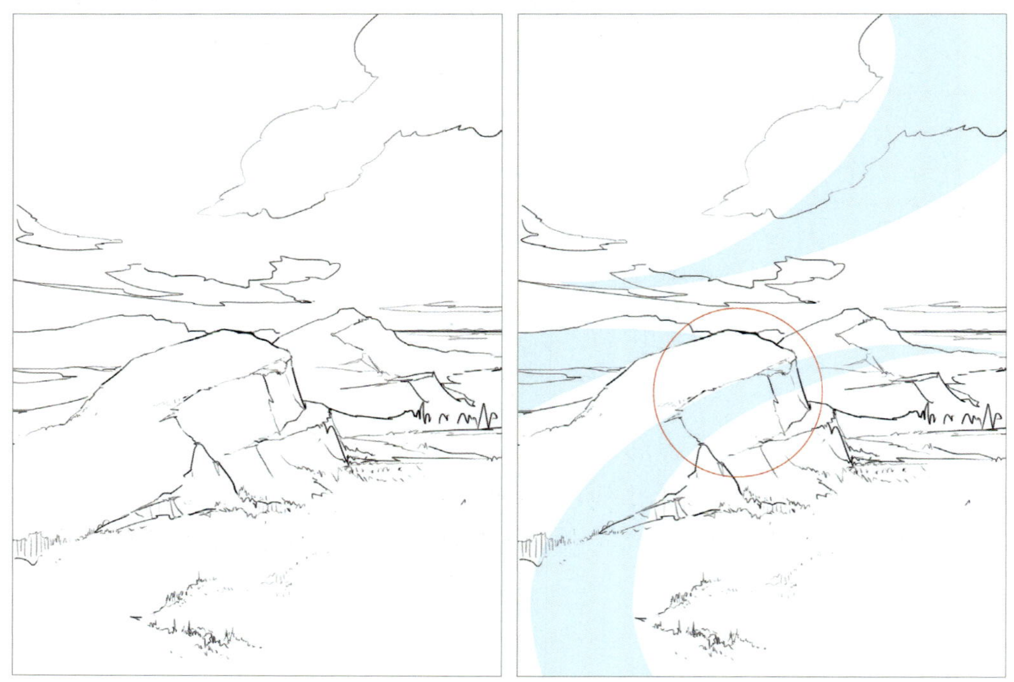

01

높은 시점에서 넓게 바라본 장면을 구상했고 간단한 스케치를 해보았습니다. 오른쪽에 있는 예시를 보면 중심부에 주요 사물이 보이고 구도법은 곡선 구도를 베이스로 하고 있으며 주요 사물로 향하는 느낌이 듭니다. 이렇게 자연 구도에서는 중앙에 있는 주요 사물로 향한 주변 사물을 이용해 팽팽한 대립관계를 만드는 방법입니다.

여기서 질문 : 몇 점 투시법 일까요?
정답은 4점 투시입니다. 하늘의 윗면이 보이는 동시에 근경의 지형 윗면도 보이고 있기 때문입니다. (기초단락 투시법 참고)

02

스케치를 끝내고 하늘을 그리기 시작합니다. 그림에서 가장 멀리 있는 것은 하늘입니다. 하늘을 먼저 그리는 것이 자연환경을 표현하는데 있어 가장 정석의 방법이고, 자연 속의 모든 요소들은 공기와 빛 속에 있고 그것들은 결국 하늘 아래에 있기 때문입니다.

03

지평선 끝부터 원경의 색으로 채색을 해야 합니다. 그렇다면 원경의 색은 어떻게 선정해야 할까요? 현재 원경으로 주요 쓰이는 요소는 산과 언덕 또는 벌판입니다. 이것들의 색은 대부분 녹색일 것이고 이 색의 실체는 차트에 있는 라이트 그린입니다. 이 라이트 그린을 사물이라 생각하고 그 사물이 공기 속에 들어간다고 생각해봅시다. 그리고 공기의 색은 현재 하늘의 색이라고 할 수 있습니다. 이렇게 두 색상이 섞인다면 어떤 색상이 나올까요? 정답은 에메랄드 색상에 가까운 색이 나올 것입니다.
(현재 예시는 에메랄드에서 블루에 가까운 톤입니다.)

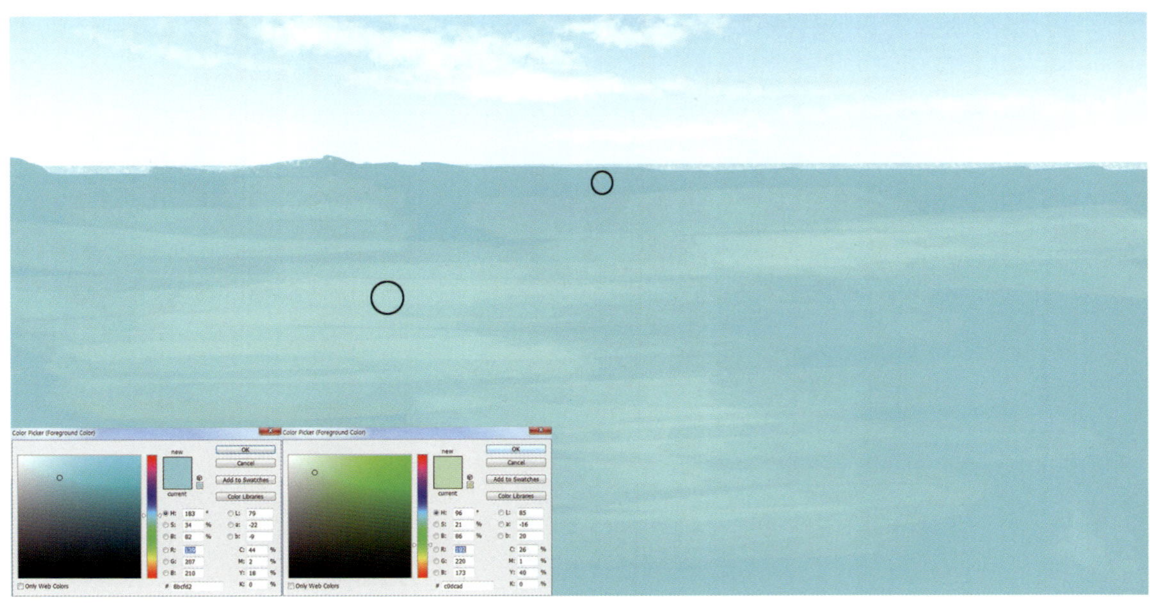

색의 톤 변화는 매우 중요하고 어떠한 채색을 했더라도 그 색에는 또 다른 보조색이 들어가 줘야 합니다.

두 가지 톤이 채색 되었다면 이제 지우면서 굴곡을 만들어 줍니다. 반드시 이전 단계에서 레이어가 새로 생성되어 있어야 합니다. 이어 지평선 끝에는 산맥의 실루엣을 만들어 줍니다.

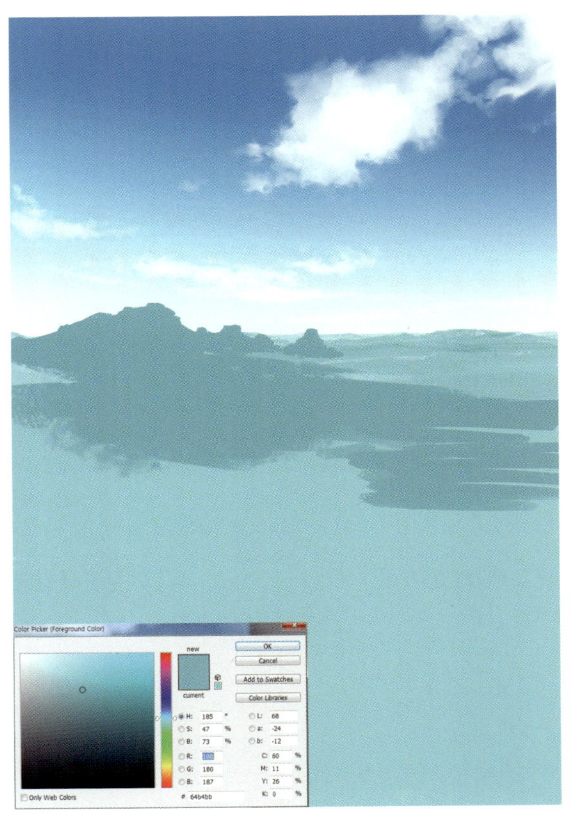

06

산의 굴곡을 만들고 화살표시의 형태를 이용해 밝은 하늘색으로 바위나 언덕의 옆면을 만들어 보겠습니다.

07

스케치에서 구상했던 왼쪽부분부터 산과 언덕을 그립니다. 색상은 에메랄드 블루(Emerald blue)보다 조금 더 어두운 색상입니다. 그림의 과정은 레이어를 새로 만들어 관리해 주시기 바랍니다.
산의 형태는 일정하지 않은 형태로 변화 있게 만들고 단순한 세모 형태가 반복되지 않도록 합니다.

08

산맥의 흐름에 따라 예시대로 좌측을 더 어둡게 강조합니다. (영역 지정 후 터치)

09

러프하게 터치한 어두운 음영을 다시 지우며 산의 양감을 더해줍니다. 태양빛은 오른쪽에서 비추고 있습니다. **지우면서 형체를 만드는 것을 실패하면 다시 계속 시도하면서 자연스럽게 만듭니다.**

에메랄드 계열의 색에서 그레이(Gray)에 가까운 색으로 산의 바위 벽 질감을 줍니다. 주로 밝은 쪽에 드러나도록 하면 좋습니다.

채색한 바위의 더 밝은 면을 터치합니다. (낮은 채도, 높은 명도) 그리고 전체 산맥에서 앞쪽으로 넘어오는 부분은 블루톤으로 반사를 강조해 원근을 더 해줍니다.

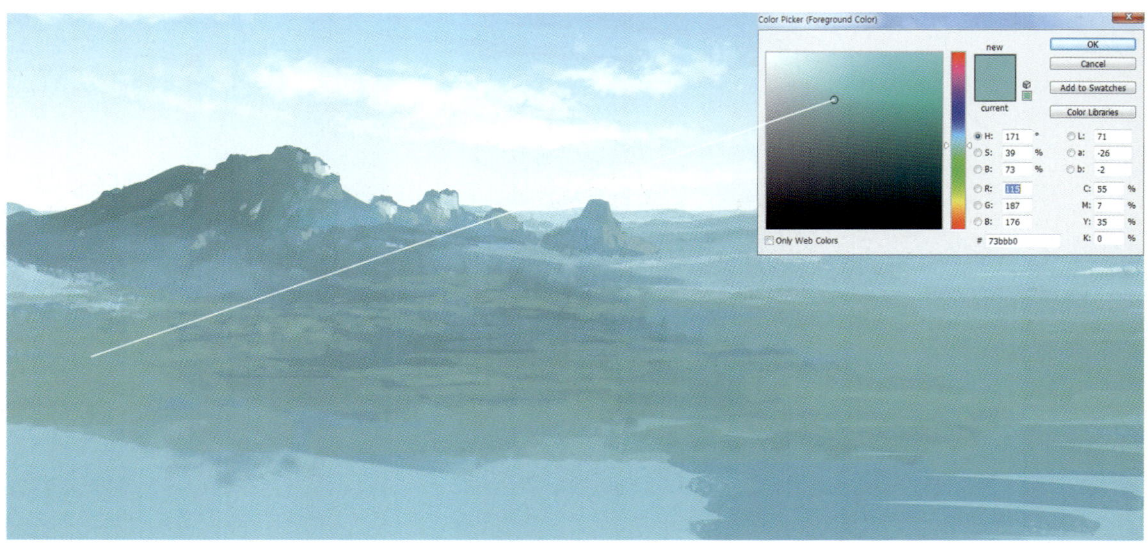

12

컬러 피커(Color picker)에서 에메랄드 그린(Emerald green)의 아래 그린 채널로 내리면 녹색의 따뜻한 성질로 바꿀 수 있습니다. 에메랄드 그린 채널을 기준으로 하였을 때 하향시키면 따뜻한 난색의 그린으로 전환이 됩니다. 이렇게 다른 그린 계열로 바꿔주면 중경으로 전환되는 느낌이 듭니다. 이 색으로 원경의 하단에 위치한 숲의 덩어리를 표현해 나갑니다.

13

원경의 분위기가 어느 정도 잡혔다면 중경의 어두운 면 처리를 합니다. 이 산맥은 투시로 볼 때 3점 중에 아래 점의 영향을 받는 부분이라 윗면이 보이고 아래에서 보는 시점으로 전환됩니다.

산의 고도를 표현하기 위해 상단을 어둡게 터치합니다.

중경의 산은 조금 어두운 에메랄드 그린(Emerald green)을 사용합니다. 상단에서 하단 방향을 큰 면 단위로 터치합니다. 터치한다고 생각하는 것보다 면 분할을 한다고 생각하고 진행해야 합니다.

16

이번 단계는 매우 중요합니다. 중경의 산을 확대하고 언덕과 산맥을 이어 주는데 산의 윗면이 잘 드러난 상태에서 형태를 만들어야 합니다. 이번 터치는 지우면서 진행하는데, 지워지는 면이 경사진 부분입니다.

17

1중경 산의 어두운 면을 만들고 나서 그레이(Gray)에 가까운 그린(Green)으로 바위의 벽을 만들어 줍니다.

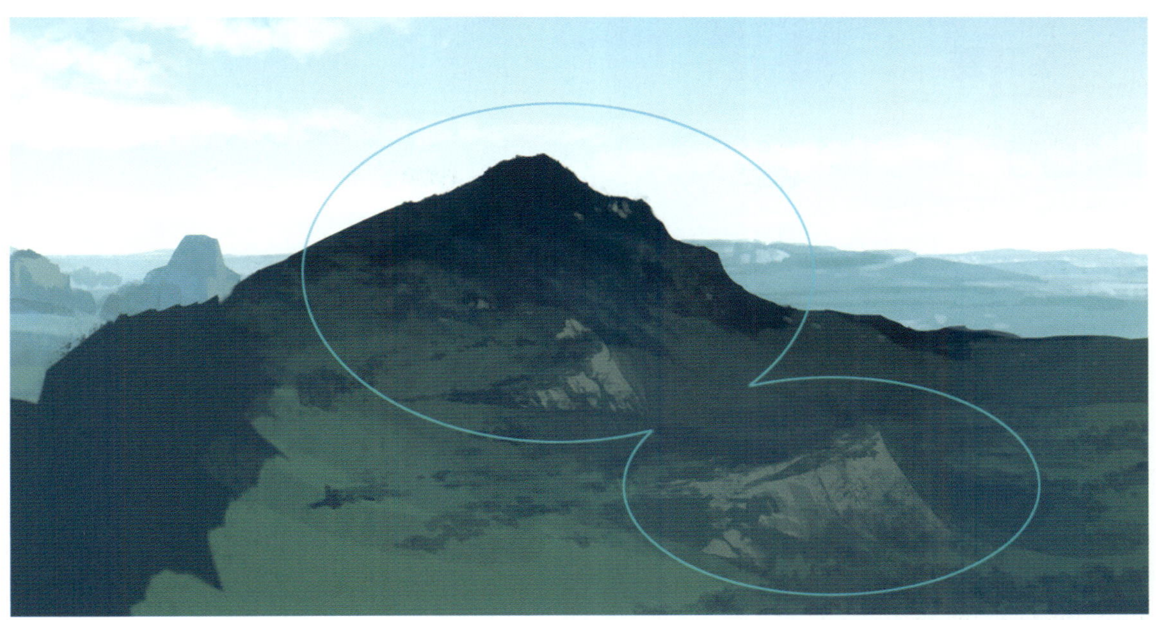

18

바위의 디테일은 덧칠된 면을 지우면서 살리는 과정이 필요합니다. 바위의 디자인을 잘 고려해 지워주고 지워진 부분은 자연스레 공기 음영이 됩니다.

19

이전 단계의 그린(Green) 톤으로 돌아가 하단 쪽을 지우며 점차 사라지게 합니다. 아래쪽부터는 근경의 산으로 넘어가는 부분입니다.

2 0

근경에 어두운 실루엣을 만듭니다. 예시에 최초에 스케치한대로 중앙에 우뚝 선 산이 보입니다. 하단에는 숲과 평야가 들어갈 것입니다.

2 1

중앙에 있는 산의 좌우를 지우개로 옅게 파내며 질감을 만듭니다. 이 부분은 앞으로 원경과 근경의 연결 지점으로 색감이 바뀌기 시작하는 전환점이 됩니다.

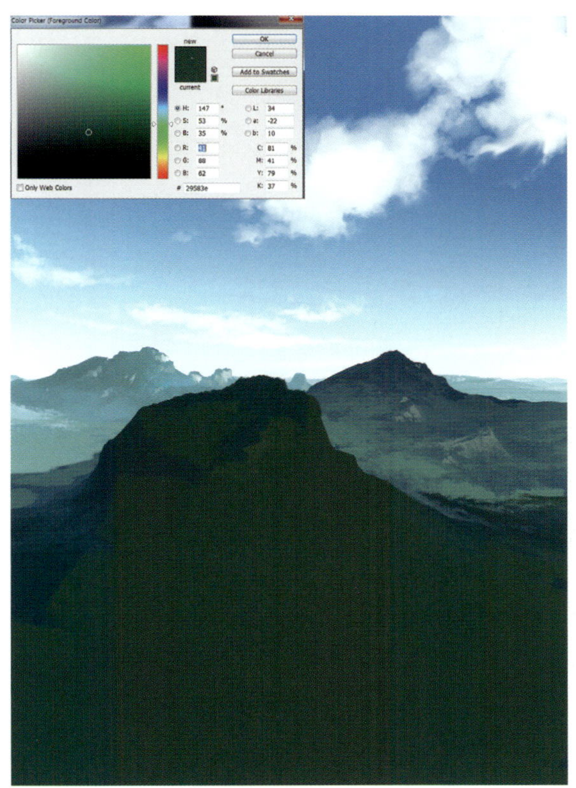

2 2

거리에 따라 색감이 바뀌어야 하므로 거리에 따른 색상을 크게 3단계로 구분 지어 보겠습니다. 원경의 원색은 블루(Blue), 중경은 에메랄드 그린(Emerald green), 근경은 임페리얼 그린(Imperial green)에 가깝습니다. 예시의 근경은 어두운 임페리얼 그린(Imperial green)이라고 할 수 있습니다. 새로운 레이어에 이 색감으로 근경을 채색합니다.

이번 단락에서는 원색표를 보지 않고 정확한 컬러 피커 위치를 보여드리고 있습니다. 원색을 기준으로 두고 조정하는 부분을 설명하는 것에 초점을 맞추고 있습니다.

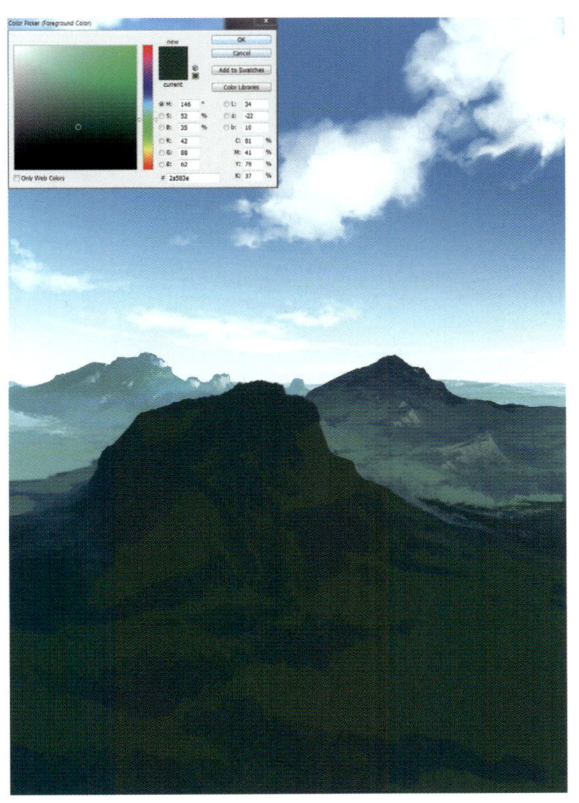

2 3

현재 산의 그린톤을 중간 톤이라고 보고 이것을 지우면서 음영을 만들어 보겠습니다.

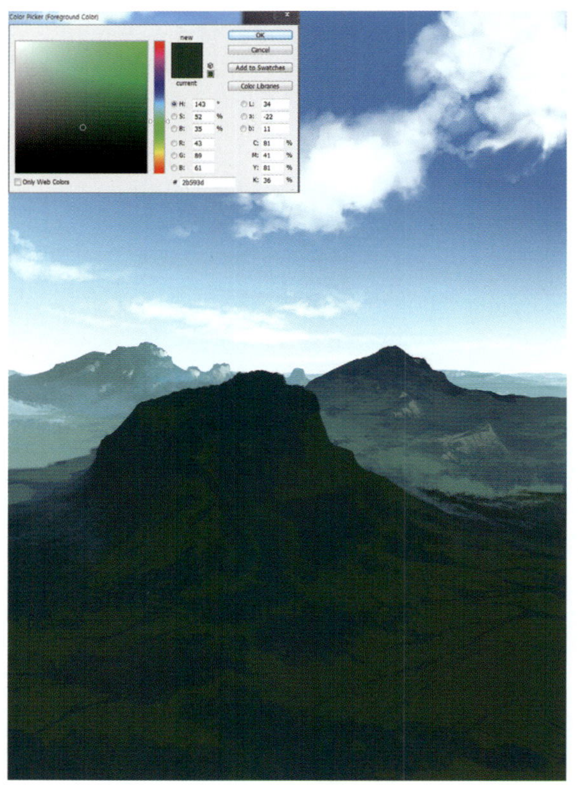

2 4

지워진 그린톤을 한 번 더 디테일하게 지우며 계획을 잡아봅니다. 하단에는 지형이 잘 드러나도록 지면과 숲을 구분합니다. 현재 하단에 있는 진하고 넓은 면적의 음영이 숲이고 선으로 갈라놓은 부분이 지면이 됩니다.

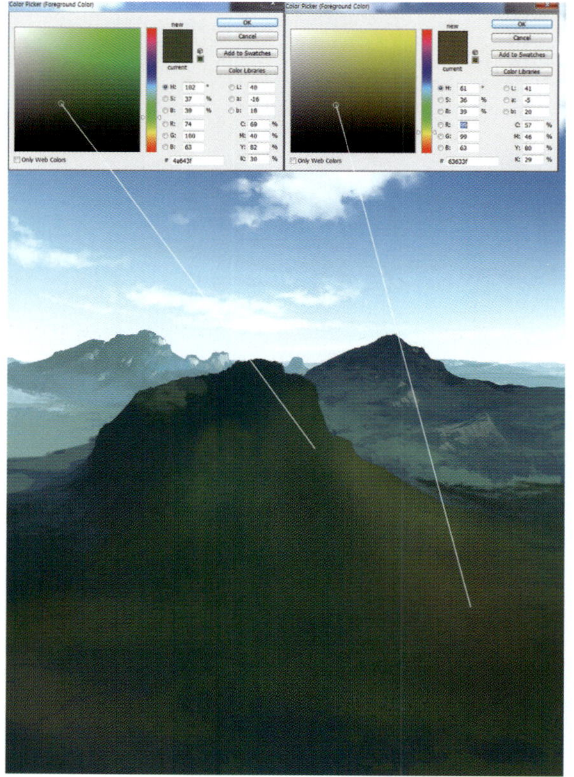

2 5

근경 산을 작업한 레이어의 영역을 지정하고 색을 더 첨가합니다. 직관적으로 생각해 보면 지면에는 흙색이 있을 것이고 황토색 계열인 옐로 오커(Yellow ochre)를 사용하며 밝은 그린톤은 옐로우에 가까운 린든 그린(Linden green)을 사용합니다. 이런 색을 낮은 오파시티(opacity)로 입혀주면 자연스럽게 믹스된 톤을 얻을 수 있습니다.

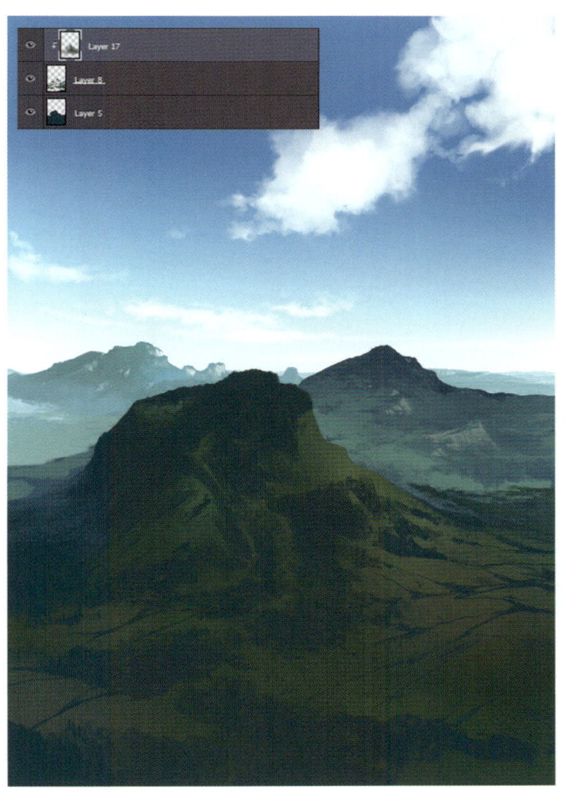

2 6

이전 단계에서 지우면서 만들어낸 그린톤에 마스킹
을 합니다. 예시에서 레이어 17번입니다. 이 상태에서
<Ctrl+Alt+G>를 누르면 마스킹되면서 하위 레이어의 작
업된 부분에만 나타납니다.

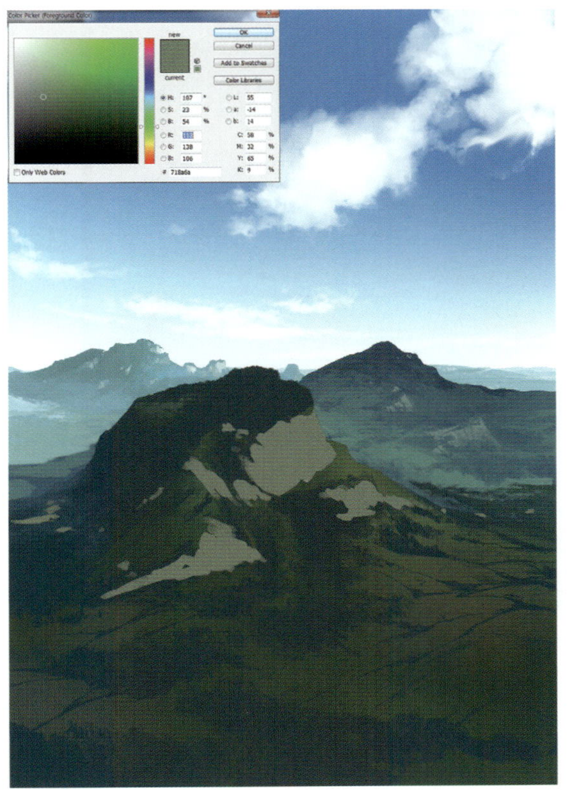

2 7

근경 산의 바위를 그릴 차례입니다. 바위는 어떤 색일까
요? 사람들은 보통 바위 색이 회색(Gray)이라 생각합니
다. 그럼 그레이(Gray)로 바위를 그리면 될까요? 아닙니
다. 색감은 언제나 환경의 영향을 받아 변하기 때문에 주
변 환경에 따른 색을 찾아야 합니다.

색을 찾는 방법을 알아봅시다. 현재 바위 색인 그레이
(Gray)가 바위 주변 그린톤의 영향을 받은 상태입니다.
예시의 컬러 피커(Color picker)를 보면 그린 채널에서 좌
측으로 그레이로 치우친 것이 확인됩니다. 주변 색상의
채널에서 사물의 색상을 선택하는 것이 색을 찾는 방법
입니다. 이 색으로 바위가 들어갈 부분에 면 단위로 터치
합니다.

28

색의 톤 변화는 매우 중요하고 어떠한 채색을 했더라도 그 색에는 또 다른 보조색이 들어가 줘야 합니다.

29

두 가지 톤이 채색 되었다면 이제 지우면서 굴곡을 만들어 줍니다. 반드시 이전 단계에서 레이어가 새로 생성되어 있어야 합니다. 이어 지평선 끝에는 산맥의 실루엣을 만들어 줍니다.

30

바위와 숲이 자연스럽게 연결되는 모습을 표현해봅니다. 현재 바위의 경사진 연결 부분에 풀이나 나무를 터치합니다. 작은 풀이나 나무를 터치하는 것은 스케일이 크기 때문에 터치의 단위가 작아졌기 때문입니다. 그림의 스케일 감은 이런 터치에서 비롯됩니다.

숲 주변의 색에서 명도와 채도를 올려 주변의 어두운 음영을 따라 강하게 빛나는 물체를 추가합니다.

주변 색을 이용해 원경과 중경을 이어주는 작업이 필요합니다. 원경의 색을 이용해 중경으로 조금씩 넘어오는 터치를 하고 반대로 중경의 색으로 원경 쪽으로 조금씩 진입합니다.

산의 좌측 음영에도 도드라지는 형체를 심어 놓습니다. (밝은 물체)

최 근경의 밝은 숲을 린든 그린(Linden green)으로 표현하는데 명도를 잡는 요령은 원색을 사용하되, 브러시 오파시티 (opacity)를 아주 낮게 하고 조금씩 겹치다 보면 적절한 농도가 나옵니다. 이때 그 색을 캐치하고 높은 오파시티(opacity)로 고정 시키고 다시 그려나가면 됩니다.

최 근경의 밝은 면을 그렸다면 다시 주변을 지우면서 숲의 덩어리 형태를 만들어 줍니다.

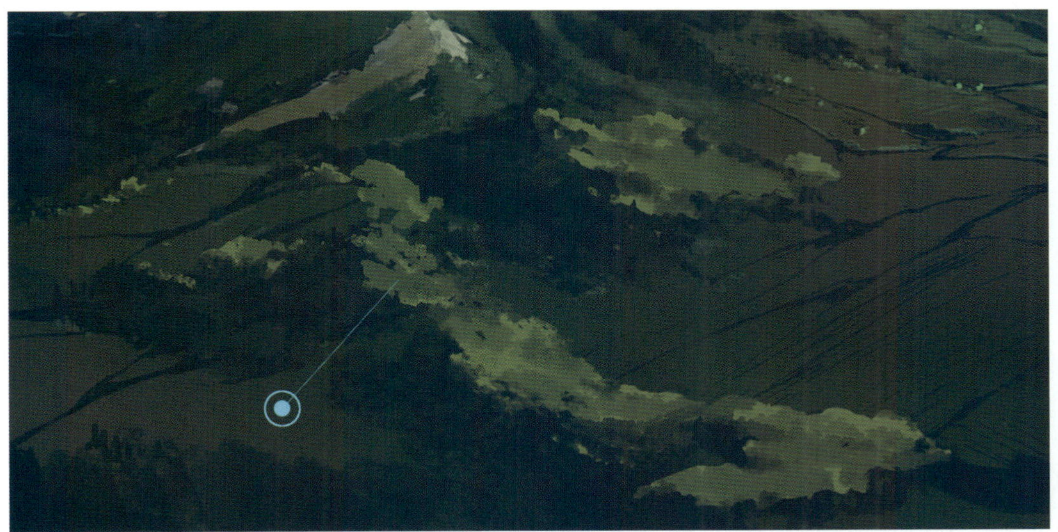

밝은 근경의 숲을 다시 중간 톤으로 채색하며 덩어리를 형성시킵니다.

근경 숲의 어두운 쪽에서 밝은 쪽으로 터치하고 다시 반대로 움직이며 터치합니다. 색은 주변의 같은 색을 계속 이용합니다.

중경의 산 옆면을 보면 푸른 음영의 색이 있습니다. 이 색을 이용해 하단부 숲의 음영에 반사색으로 사용해 음영의 시원한 느낌을 줍니다.

반사광의 영향으로 음영 속에 푸른색 형체를 그렸습니다. 작고 큰 터치를 하며 다시 덩어리를 강조합니다.

40

근경 숲의 어두운 음영 쪽으로 주변의 밝은 색으로 넘나드는 느낌으로 터치해줍니다.

41

가장 앞에 위치한 숲에 더 어두운 음영를 만듭니다. 바닥 색에서 가장 어두운색으로 터치합니다.

4 2

숲의 어두운 음영을 구멍을 내듯이
지워나갑니다. 이때 나무가 모여있는
형태가 되도록 합니다.

4 3

이렇게 하여 넓은 지형을 표현해 보았습니다. 이번 튜토리얼에서 중요한 부분은 자연의 빛과 공기의 원리를 이용한 색감 선정과 터치를 통해 균형을 이어가는 것이고, 스케일 표현 및 색의 명도 차를 이용한 빛 효과, 구도입니다.

여기에서 말하는 구도는 중앙의 주요 사물로 향하려 하는 느낌과 그림 안에서 면적을 차지하는 사물의 팽팽한 대립이라고 할 수 있습니다.

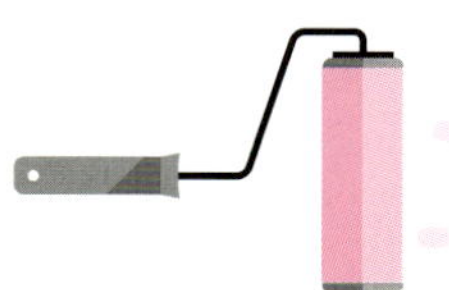

물을 바라보면 세 가지 정도의 반사 현상을 보게 됩니다. 물속 지면에 반사된 빛이 보이고 수면에 반사되는 빛의 색(하늘색) 또는 주변의 형상이 투영되고 이런 색(빛)이 동시에 비치게 됩니다. 물은 투명하기 때문에 빛이 투과되고, 그런 이유로 물속 바닥이 보이게 됩니다. 하지만 물이 탁하거나 너무 깊으면 물의 이물질로 인해 바닥을 확인할 수 없어집니다. 이런 원리로 물의 색을 결정하면 되는데 푸른 바닷가는 하늘의 색에 가깝고 강은 주변의 색에 가깝고 시냇물은 바닥 표면의 색에 가깝게 됩니다.

수면 반사로 인해 보이는 것
① 물속 지면에 반사된 빛
② 수면에 반사되는 빛의 색, 주변의 형상과 주변의 형상이 투영된 빛
③ 빛이 투과되어 물속 바닥 (↔ 물이 탁하면 바닥 확인이 안됨)

물의 색 결정하는 법
① 바닷가 - 하늘의 색에 가까움
② 강 - 강 주변의 색에 가까움
③ 시냇물 - 바닥 표면의 색에 가까움

01

물의 표면 상태를 고려하여 굴곡지게 그라데이션하고 밝고 어두운 부분을 교차시킵니다. 넓은 수면이라 생각하고 먼 곳을 밝게 처리하였습니다.

02

소프트 브러시로 어두운 부분을 터치합니다. 이것은 물의 일렁임을 표현하는 것입니다.

03

물 위에 어두운 음영과 그림자를 동시에 그렸고, 원경에 큰 사물이 있다고 가정하고 큰 그림자를 그려 넣었습니다.

수면의 일렁임을 표현합니다. 음영의 일부를 지우면서 음영이 불규칙하게 되도록 합니다.

05

수면 위로 나타나는 형상을 간결하게 표현해 보았습니다. 물은 최대한 터치를 많이 사용하지 않고 표현하는 것이 좋은데, 터치가 많아질수록 단단한 느낌이 들기 때문에 최소한의 터치로 큰 효과를 끌어내는데 초점을 맞춰야 합니다.

물이 깊지 않으면 바닥이 보입니다. 물이 그리 맑지 않아도 빛이 바닥에 도달해 우리에게 색이 비치기 때문에 물 바닥을 관찰할 수 있습니다. 또 물이 얕으면 거울 같은 효과가 생기는데 물의 투명한 표면에 주변의 그림자와 형체가 투영되기 때문입니다.

01

초반 단계는 지면 그리는 것과 많이 다르지 않습니다. 먼저 바닥의 밝고 어두운색 변화만 주고 시작합니다.

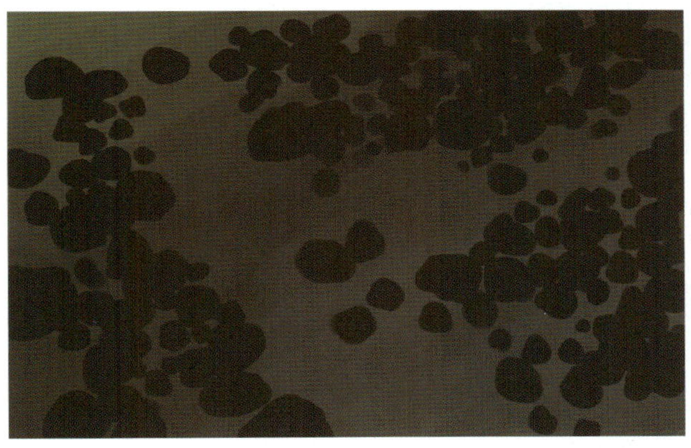

02

바닥 색상보다 어둡게 돌의 형태를 그려 넣습니다. 공간을 너무 꽉 채우는 것보다는 조금 남겨두는 것이 보기에 좋습니다.

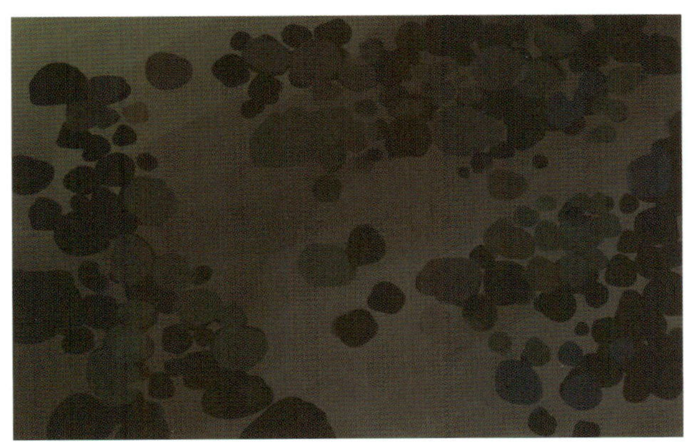

03

돌의 음영 위로 조금씩 다른 색을 옅게 터치해 줍니다. 색감이 모노톤으로 치우쳐서 단조로운 분위기가 나오지 않도록 하기 위함입니다.

 **04**

돌의 명암을 그려주는데 어느 정도 방향성이 있어야 합니다. 오른쪽에서 빛이 들어온다 생각하고 왼쪽을 더 어둡게 그려줍니다.

05

어두운 명암을 세심하게 지우면서 음영의 균형을 만들어 줍니다.

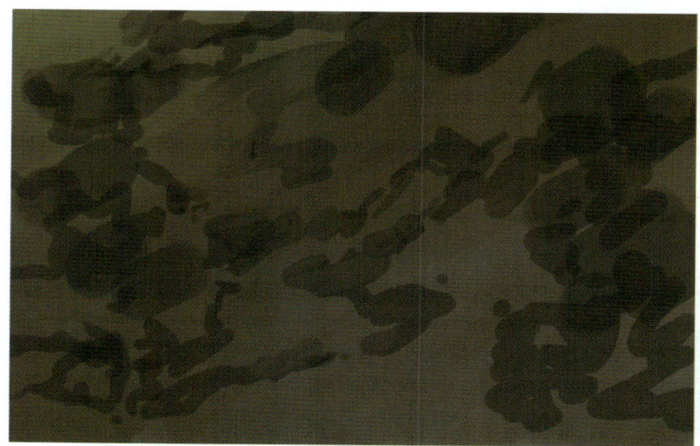

06

돌을 그리던 레이어를 잠시 꺼두고 하위로 레이어를 새로 생성해 어두운 음영을 여러 군데 터치합니다.

07

바닥 음영을 작게 지우면서 물속 바닥의 질감을 표현합니다. 과정이 거꾸로 간 것 같지만 좋은 구도를 위해 밑에 깔리는 그림을 나중에 그렸습니다.

08

물속 바닥의 질감을 그린 후에 다시 돌을 그렸던 레이어를 켭니다.

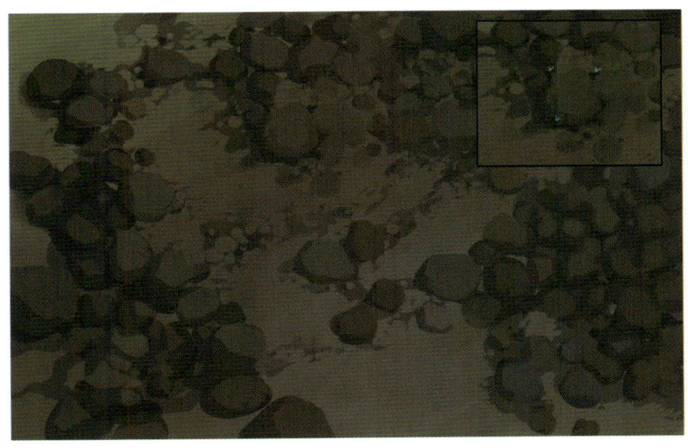

09

돌과 바닥 사이의 어두운 구석을 찾아 블랙으로 터치합니다.

여기서 말하는 블랙은 현재 그림의 중간 톤에서 가장 어두운 색상을 말합니다.

바닥 질감의 레이어로 돌아가 밝은 색으로 작은 돌이나 흙을 터치합니다.

돌의 밝은 면을 그려야 하는데 사실 찾는다는 표현이 적합할 것 같습니다. 돌의 옆면이나 윗면 등을 터치하는 순간 형태를 드러내는 곳을 찾아 터치합니다. 색은 터치할 돌의 색에 명도만 올려 터치합니다.

레이어를 새로 생성하고 화이트(White) 색상으로 예시와 같은 모양을 그려줍니다. 이 부분은 앞으로 빛의 표현으로 바뀝니다.

화이트(White) 색상으로 칠한 부분을 일부 지
워 물결의 느낌을 표현합니다.

화이트(White) 색상으로 덮인 한쪽 부분을 파
란색의 소프트 브러시로 터치합니다. 하늘이
수면에 반사된 것을 표현하는 과정입니다.

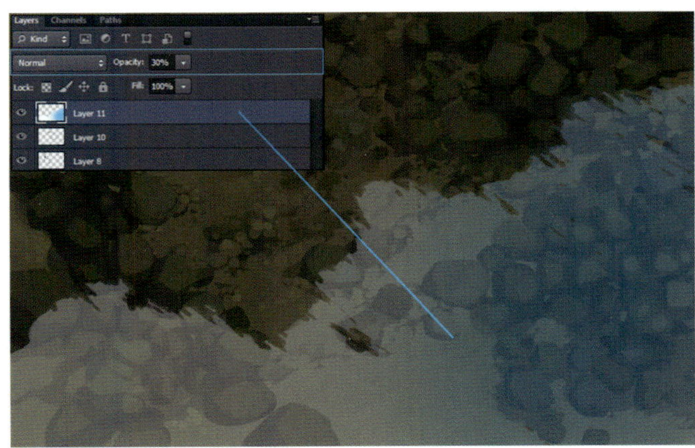

화이트(White) 레이어의 오파시티(Opacity)
를 30% 정도로 낮춰줍니다.

16

반사된 물의 표면이 되었습니다. 이때 일부분을 지우면서 수면 위로 튀어나온 돌이나 물결을 표현합니다.

17

수면 위로 올라온 돌의 그림자를 그립니다.

18

주변에 크고 밝은 돌을 그려 넣어 다양한 돌을 표현합니다. 완성된 수면의 밝은 부분은 하늘이고 어두운 왼쪽은 나무 같은 형상이 투영된 음지로 느껴집니다.

강가에 빛이 비치면 빛이 아름답게 반사합니다. 이런 물의 매력을 잘 이용해서 보다 멋진 풍경을 표현해 봅니다.

01

강이 있는 풍경을 구상하고 스케치에 돌입할 때 구도에 대해 한 번 더 알아보도록 하겠습니다. 지금 좌측에 큰 언덕이 있고 시선이 좌측으로 집중되는 느낌이 있습니다. 이 언덕을 주인공이라 생각하고 이제 다른 사물과의 팽팽한 대립을 만들어줘야 합니다. 좌측에 큰 사물이 있기 때문에 우측은 다른 형태의 사물을 그려 넣거나 구름을 이용해 우측으로 시선을 이끌어냅니다.

02

하늘과 수면을 동시에 채색합니다. 이때 물은 하늘보다 조금 더 어둡게, 먼 곳이 가까운 곳보다 밝도록 채색합니다.
< 프렌치 블루(French blue), 스카이 블루(Sky blue), 화이트(White) 사용>

03

멀리 있는 산을 하늘색의 낮은 채도로 채색합니다. 명도는 하늘보다 어두워야 합니다.

04

근경 산은 흙이 보이는 색으로 채색했습니다. 옐로 오커(Yellow ochre) 색으로 근경 산에 먼 거리를 조금 더 어둡게 터치합니다. **옐로 오커(Yellow ochre)로 근경의 색을 정한 것은 전체적으로 푸른 색인 그림의 단조로움을 커버하기 위해서입니다.**

05

오른쪽 원경의 언덕으로 가보겠습니다. 이쪽에 무성한 숲을 표현해 봅니다. 낮은 채도의 그린톤으로 조금 어둡게 채색하여 어두운 숲과 밝은 숲을 구분해 둡니다.

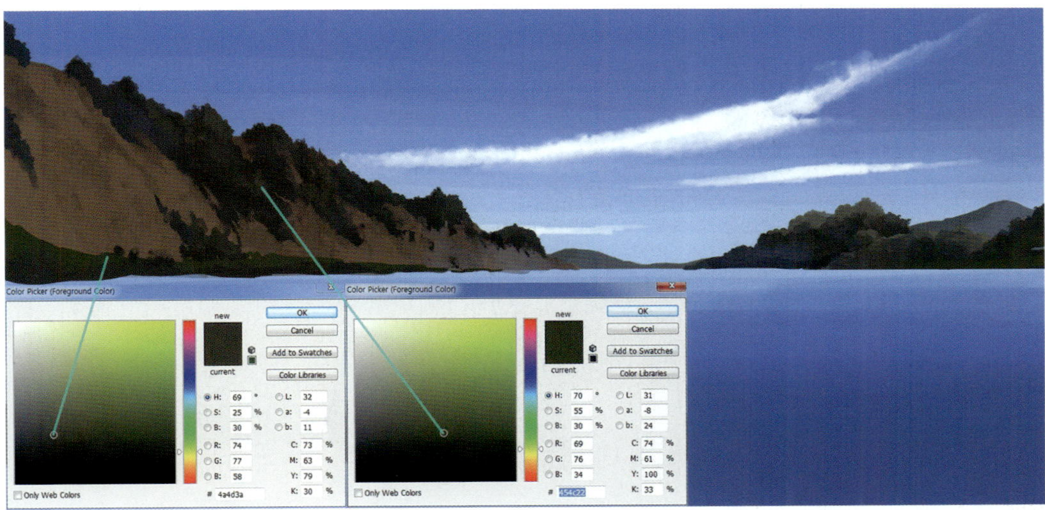

06

다시 왼쪽 근경의 언덕에서 양감을 살린 나무와 수풀을 그려 줍니다. 수풀의 명도는 흙색보다 어둡게 했는데 강한 색의 대비를 얻기 위함입니다.

수면 위로 보이는 언덕과 수풀을 표현합니다. 언덕과 수풀을 물 위에 거꾸로 투영시키는 방법을 알려드리겠습니다. 포토샵 상단에 있는 Filter(필터)를 누르면 예시와 같이 Motion blur(모션 블러)가 나옵니다. 모션 블러의 기능으로 들어가면 우측 예시에 보이는 박스가 나오는데 각도를 90도로 체크하고 강도는 50픽셀로 합니다. 이렇게 필터 효과로 수직으로 쓸어 내린 효과를 줄 수 있습니다.

이전 단계와 비슷하지만 툴을 바꿔서 한 번 더 효과를 나타내 보겠습니다. 이전 단계와 똑같이 Filter(필터)를 클릭하면 Gaussian blur(가우시안 블러)가 있습니다. 이번에는 이 기능으로 번짐 효과를 내보겠습니다. 강도는 7픽셀(Fixel)입니다.

Smudge tool(스머지 툴)을 사용해서 이미지를 원하는 방향으로 번지게 하거나 쓸림 효과를 낼 수 있습니다. 사용법은 좌측 툴바에 손가락 표시를 클릭한 후 이미지를 좌우로 쓸어주면 됩니다. 이것으로 물이 출렁이게 표현할 수 있습니다.

투영 이미지의 외곽라인을 예시와 같이 지워 물결을 표현합니다.

1 1

투영된 이미지(레이어)의 오파시티(opacity)를 줄여 조금 투명하게 만들고 위로 수면 위에 하이라이트를 그려 마무리합니다.

물이 있는 풍경 - 바다

바닷가를 볼 때 가장 먼저 관찰되는 것은 푸른 바다색과 파도의 하얀 물거품입니다. 이런 요소를 보게 되면 우린 '아! 바닷가구나.'라고 생각하게 됩니다.

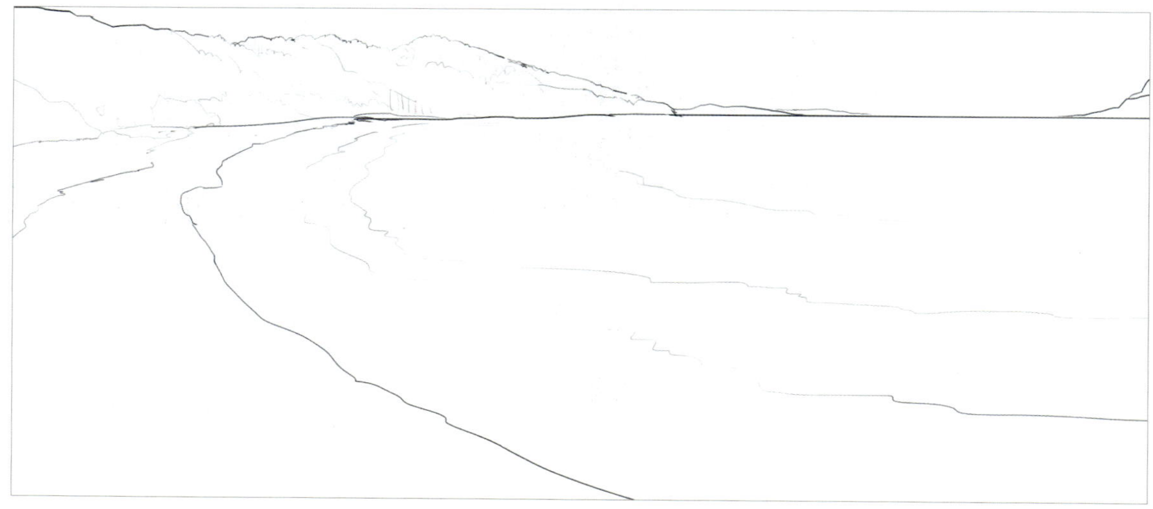

0 1

스케일이 큰 바닷가를 그리기 위해서 해변을 멀리 바라보는 라운드 형태의 구도로 정했습니다.

02

해변의 하늘은 진한 파란색을 띠고 있기 때문에 프렌치 블루(French blue)로 하늘을 그립니다. 하늘의 하단은 밝게 채색하고 뭉게구름을 그려 넣었습니다.

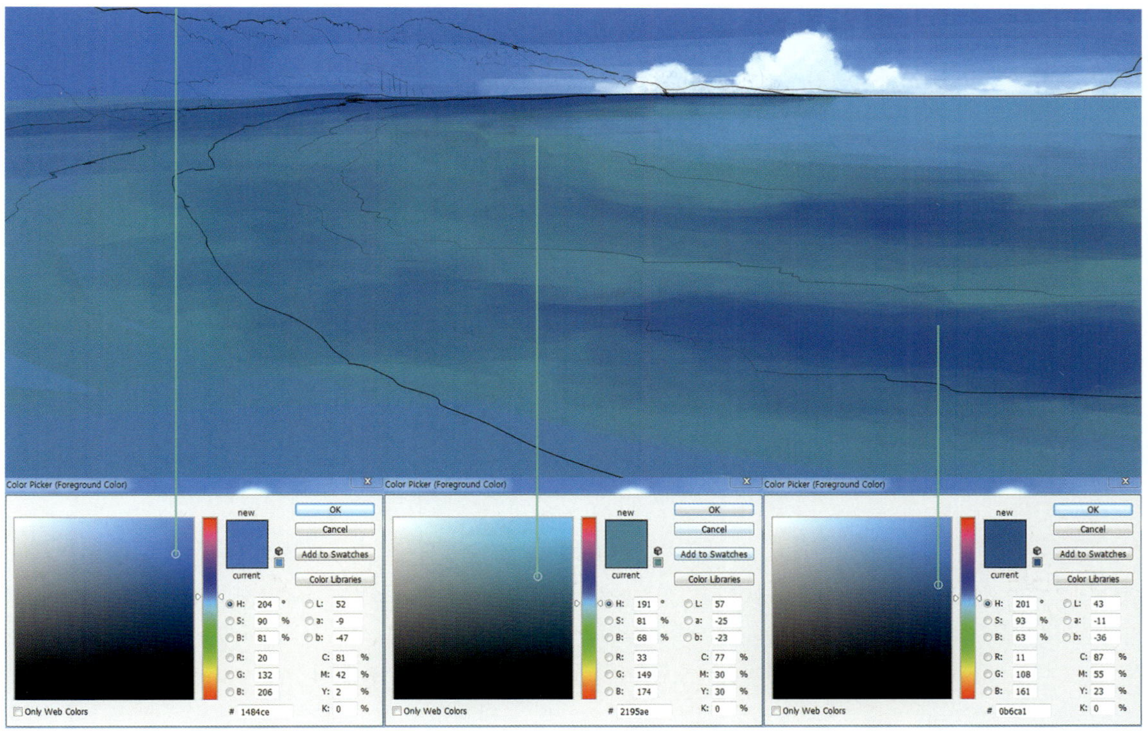

03

바다색을 결정할 때 하늘과 연결되는 색으로 정하는 것이 좋습니다. 하늘은 프렌치 블루(French blue), 바다의 밝은 톤은 세루리안 블루(Cerulean blue)와 울트라 마린(Ultra marine)으로 변화를 줍니다. 이 색감으로 바다 표면의 색 변화를 주는데 큰 면적단위로 바다의 색 변화를 표현합니다.

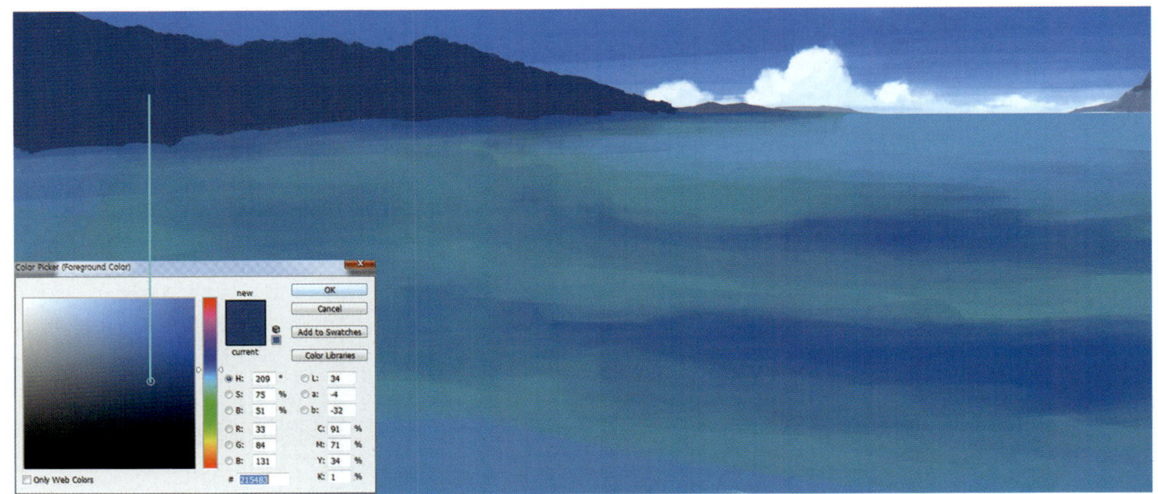

0 4

원경의 산으로 넘어가 보겠습니다. 어두운 블루톤으로 산의 바탕색을 만들어 하늘과 바다가 분리되는 느낌을 연출합니다.

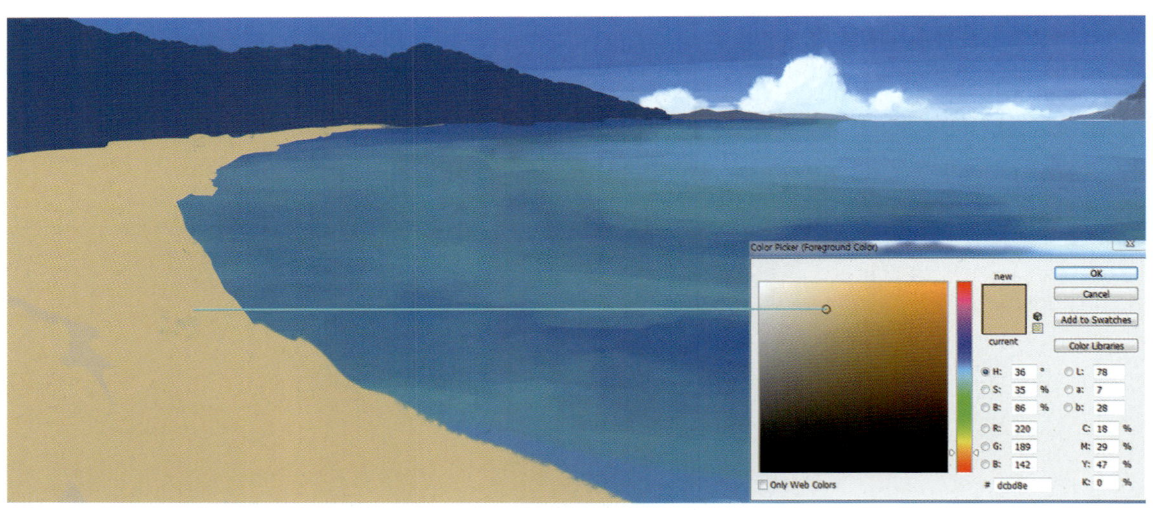

0 5

밝은 옐로 오커(Yellow ochre) 색으로 모래사장을 그려 보겠습니다. 모래의 색을 처음부터 너무 밝게 시작하면 이후 하이라이트나 효과를 내기 힘들어지므로 적당한 명도로 시작하는 것이 중요합니다.

모래사장과 산의 중간에 바위벽을 그립니다. 모래의 색에서 채도를 많이 내린 색으로 바위벽을 그립니다. 브러시는 오파시티(opacity)를 80% 정도로 밑 색과 섞이도록 터치합니다.

새로 레이어를 생성하고 산의 상단부에 그린톤으로 나무의 색을 터치합니다. 어둡고 푸른 바탕색에 그린 채널에 근접한 블루를 터치하면 차갑고 어두운 그린톤이 나옵니다.

이전 단계에서 숲의 색을 지우면서 밑색을 이용해 명암을 만듭니다.

바위 벽에 어두운 명암을 큰 면적 단위로 터치합니다.

1 0

바위의 명암을 지우면서 바위를 형체를 만들기 시작합니다. 지우개로 지우다 보면 바위의 작은 부분이나 꺾인 면의 형태가 나타납니다. 여러 번 반복하면서 좋은 디자인이 나오도록 시도해 봅니다.

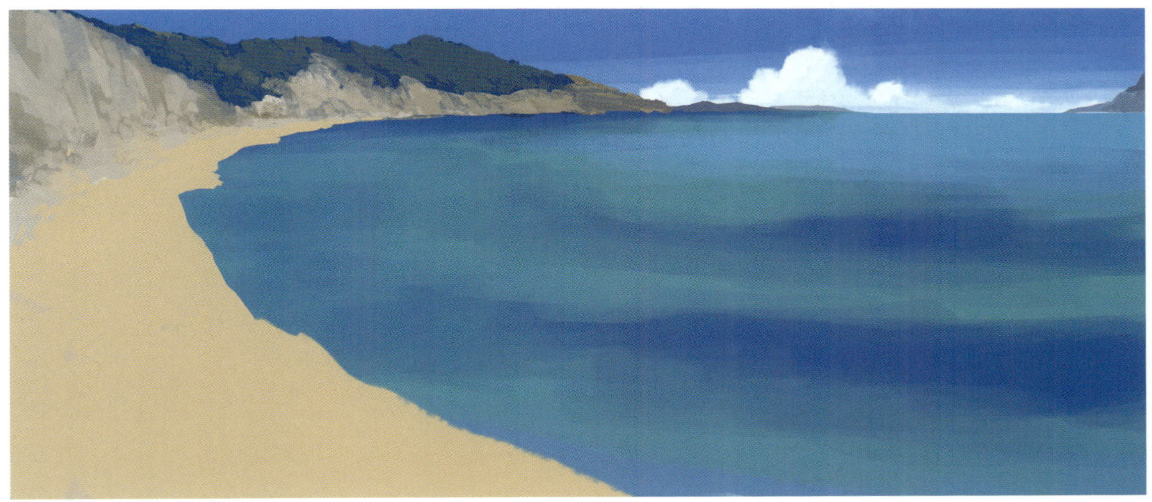

1 1

모래사장과 해수면이 만나는 곳을 자연스럽게 연결해 주어야 합니다. 모래사장을 확장시키거나 해수면을 확장하며 터치로 연결합니다.

1 2

블루 세레스트(Blue celeste)로 모래와 해수면이 만나는 부분에 어두운 물 음영을 만듭니다. 이 부분이 중요한데 두 가지로 해석할 수 있습니다. 하나는 모래 위로 물이 지나가 나타나는 색상이고, 또 하나는 물거품의 음영으로 해석할 수 있습니다.

1 3

화이트(White)를 이용해 본격적으로 파도와 물거품을 표현합니다. 처음부터 정교하게 그리려 하지 않아도 되고 러프하게 파도의 결 따라 동그랗게 말아 올리는 느낌으로 터치해 나갑니다.

14

화이트로 그린 파도를 반대로 지우면서 형태를 다듬고 구멍을 만들어 줍니다.

15

모래사장과 해수면이 만나는 곳을 자연스럽게 연결해 주어야 합니다. 모래사장을 확장시키거나 해수면을 확장하며 터치로 연결합니다.

모래사장의 색을 조금 어둡게 조정한 후에 바위와 만나는 부분을 터치합니다. 사실 한 톤으로 끝나는 상황은 거의 없습니다. 변화가 별로 없어 보이는 모래사장도 미약하게나마 명암 차이를 주는 것이 바람직합니다.

모래사장과 바위가 만나는 지점에 작은 돌을 그려 넣습니다. 어두운색상으로 동그랗게 터치합니다.

바위 하단의 어두운 부분에 모래보다 조금 더 밝은 톤으로 알갱이를 그려 나갑니다. 작은 돌을 표현하고 있는 것입니다.

바위 위로 어두운 숲이 있습니다. 올리브 그린(Olive green) 색으로 연결 지점에 터치를 해줍니다. 이렇게 숲의 밝은 부분을 표현합니다.

다시 바위 벽으로 가보겠습니다. 바위의 어두운 명암이 다소 약해 보이기 때문에 근경 쪽으로 한 번 더 명암을 강조합니다. 지금 상황에서는 하단에 어두운 물체가 집중되어 있기 때문에 하단으로 터치를 몰아 주는 것이 좋습니다.

바위 하단의 어두운 부분을 반대로 지우며 형태를 다듬어줍니다.

22

멀리 보이는 바위 벽에 빛을 집중시켜 근거리와 중거리의 차이를 줍니다. 밝고 채도가 낮은 옐로우(Yellow)톤으로 터치하면 빛을 받은 효과를 얻을 수 있습니다. 이렇게 간단한 과정으로 바다 그리기의 순서를 알아보았습니다.

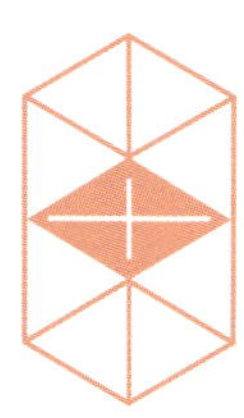

PART 04

빛으로 그리기

그림을 그리다 보면 예상과 다르게 흘러가는 경우가 아주 많은데 초보들의 가장 큰 고충 중에 하나이기도 합니다. 그렇다면 왜 그림이 의도치 않게 다르게 흘러가는 것일까? 그것은 초반 작업에서 후반부 작업까지 일정한 양의 빛과 색감이 안정적으로 유지되지 못하고 있기 때문입니다. 이런 현상은 사물의 명암이나 형태의 구체화에 집중하다 보면 잘못된 강도의 터치를 하기 때문입니다. 집중력 문제이기도 하지만 그림 순서의 문제일 것입니다. 그림의 순서는 중요합니다. 어쩌면 그림을 그려나가는 순서 자체가 그림을 안정적으로 그리는 방법의 핵심일 수도 있습니다. 이제 안정감을 유지하고 빛으로 그리는 그림을 그려야 할 차례입니다. 중급 자들에 해당하는 트레이닝 방법으로 하루 한 번씩 1-2시간 안에 그림을 끝내는 방식으로 진행하고 질감이나 디테일한 표현은 생략합니다.

01

하늘이나 산 같은 원경을 먼저 그리는 이유는 그림의 빛과 공기를 정하는 중요한 단서가 되기 때문입니다. 이것이 시작점이고 그림이 끝날 때까지 색감은 계속 유지되어야 합니다. 그럼 원경의 색감을 전체 3단계라 생각하고 하늘에서 먼 산 그리고 가까운 산으로 옮겨지도록 합니다. 가까운 쪽은 건물 따위의 흔적을 남기는데 밝은 면만 터치합니다. 사물의 터치는 여백을 충분히 남기며 그려줍니다. 자연스레 음영 속에 잠긴 건물들을 표현할 것입니다.

원경에서 중경으로 넘어가는 시점에서 점검을 하고 넘어가 보겠습니다. 현재 그림 속에 날씨와 시각, 장소가 어떠한지 생각해 봅니다. 날씨는 보통의 맑은 날씨이고 때는 저녁 무렵입니다. 그래서 중경의 음영 색감은 저녁 무렵의 붉은색을 적용해야 합니다. 어두운 적갈색 계열의 번트 엄버(Burnt umber)와 바이올렛이 섞인 톤으로 원경의 산과 분리합니다. 원근을 고려해 확실히 대비되는 명도로 터치합니다. 그렇게 실루엣을 만들고 더 어두운 구석을 불규칙하게 터치합니다. 어둡게 터치하고 남은 부분이 건물들의 음영이라고 생각하면 됩니다.

중경의 어두운 음영에 밝은 빛을 표현할 차례입니다. 빛의 각도가 낮은 저녁 시간이기 때문에 건물의 상단 위주로 밝은 면을 터치합니다. 이때 밝은 빛의 색감을 찾는 방법은 멀리 구름의 가장 밝은 색과 비슷하게 맞추면 됩니다. 구름은 빛의 색깔을 그대로 받아들이는 성향이 있으니 그것을 그대로 이용하면 좋습니다.

04

밝은 면의 반대편을 어둡게 처리해 빛의 방향을 표현하고 그림자도 그려 넣어 줍니다. 명암을 표현 후에는 지우면서 건물의 창문이나 양식을 표현합니다.

05

어두운 음영에 근경의 숲을 만들어 줍니다. 2단계 정도의 어두운 그린톤으로 덩어리를 만들어 빛이 닿지 않은 숲의 형태를 만들어 둡니다.

이전 단계에서 채색한 적갈색 음영이 중경의 하단의 색이라면 위로 올라온 형태나 또다른 반사광에 반응하는 색으로 간주하고 터치를 해줍니다. 이것은 건물일 수도 있고 구조물일 수도 있지만 개의치 말고 강약을 조절하여 주변 환경에 맞춰 배치합니다. 색감은 원경에 있는 산의 어두운색감을 이용해 그립니다. 다시 언급하지만 원경의 색감은 그림의 시작부터 끝까지 영향을 미칩니다.

건물들 주변 몇 군데 정도에 높은 채도의 붉은색으로 포인트를 넣어 줍니다. 여기까지가 분위기를 잡기 위한 과정입니다.

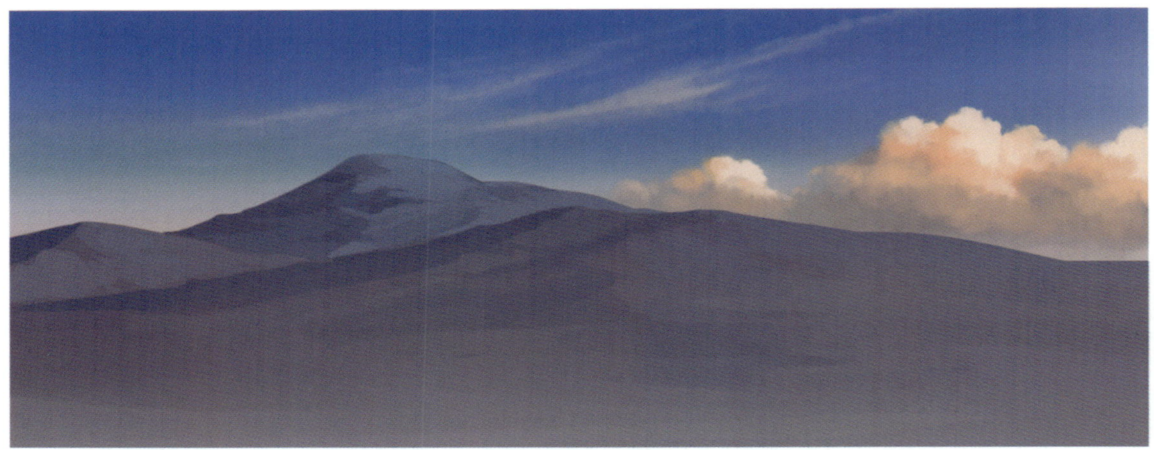

이전 단계까지 분위기를 잡는 과정이었다면 이제는 유지하고 다듬는 과정입니다. 이미 그려진 그림에 거친 부분만 다듬고 터치들을 자연스럽게 연결해주는데 집중합니다. 다시 첫 번째 레이어로 돌아가 원경의 산부터 터치를 보충합니다.

원경의 경사면의 터치를 부드럽게 연결하는데 기존의 사용된 색을 그대로 이용해 다듬어 나갑니다. 멀리 보이는 건물도 앞뒤의 위치를 바꾸며 하이라이트를 추가합니다. 물론 기존색만 이용합니다.

10

중경으로 돌아와 안개를 조금 그려준 후 실루엣의 디테일을 더해줍니다. 하단의 음영이 서로 연결되는 기분으로 형태를 만들어 줍니다.

11

밝은 건물의 면을 다듬고 디테일을 더합니다. 높은 건물들 사이에는 붉은 음영을 더해주고 낮은 쪽은 이전의 음영을 그대로 이용해 차이를 줍니다. 하단을 더 어둡게 하기 위함입니다.

12

하단에 위치한 근경 숲의 명암을 그릴 차례입니다. 3단계 정도의 명암 차가 나도록 터치하며 덩어리를 구체화시킵니다. 상단의 밝은 건물 쪽에 가까운 숲은 밝게 터치합니다.

13

근경의 하단에 집을 그려 넣어줍니다. 가장 어둡고 낮은 집부터 그려주고 밝은 중경의 건물 근처로 다가갑니다. 지붕과 벽면은 한 터치에 끝내야 합니다.

마지막으로 모든 곳에 고 채도의 지붕 색으로 한 번 더 포인트를 줍니다. 사실 이 단계까지 안정적으로 그려 왔다면 절반 이상 성공한 셈입니다. 여기서 디자인을 추가하거나 질감을 추가하며 완성도를 높이면 됩니다. 다시 디테일 작업을 할 것이라면 가장 먼 곳부터 다시 터치를 더해 가기 바랍니다.

애니스타일

애니메이션 스타일 배경그리기

Japan Animation style

(주)불카누스게임즈 펀치 더제로 컨셉 아트

애니메이션 제작사에 근무했던 저자의 20대는 줄곧 책상에 앉아 물감과 싸웠던 기억이 전부였던 것 같습니다. 그때는 일명 '쎌'이라고 하는 투명한 아크릴지에 직접 물감으로 그리고 촬영했던 시절이지요. 업무의 강도는 상상을 초월했습니다. 한 달 동안 집에 못 들어간 경우도 허다했습니다. 하지만 즐겁고 소중한 시간이었습니다. 힘든 업무였지만 훌륭한 선배님들에게 직접 그림을 배울 수 있었고 촬영되어 방영되는 작품을 보며 큰 성취감도 얻을 수 있었습니다. 예전 애니메이션 배경 미술은 포스터컬러를 이용해 수채화와 과슈의 중간 정도 기법으로 작업했고 현재는 전부 포토샵으로 바뀌었습니다. 포토샵으로 바뀌면서 그림은 정교해졌지만 색감의 감성은 다소 떨어지는 기분이 들어 아쉽다는 생각이 들었습니다. 저자는 수작업 시대와 디지털 시대 중간의 과도기에 있던 터라 툴을 바꾸는 것조차 버거웠던 경험이 있었습니다. 하지만 수작업에서 느끼는 따뜻한 감성을 항상 지키려 노력하고 있습니다. 그럼 수작업 애니메이션 색감을 추억하며 애니 풍경 그리기를 해보겠습니다.

저자의 트위터에 게시했던 튜토리얼의 심화 편으로 다시 준비해 보았습니다. 애니메이션 배경의 컬러는 원색에 가까운 색으로 그려지는 경우가 많습니다. 화사하고 분명한 대비로 그려나가는데 이러한 이유는 캐릭터를 돋보이게 하고 촬영 시에 푸근한 감성을 전달하기 위해서입니다. 심화 편을 준비해 보았습니다. 기초 단락에서 소개했던 컬러 차트 중에 컬러를 선정해 작업해 봅시다

애니메이션에서는 레이아웃이라 하지만 지금은 스케치라고 하겠습니다. 간결한 선으로 덩어리와 특징을 스케치합니다.

그림의 순서는 하늘부터 시작합니다. 스카이 블루(Sky blue)로 하늘의 상단이 짙고 하단은 밝게 그라데이션합니다. 이어서 숲 너머로 조금만 보이도록 구름을 그립니다.

원경 그리기

그림의 원근감을 위해 멀리 있는 숲은 그린보다 블루에 가깝게 그려야 합니다. 원경의 사물은 하늘의 색에 영향을 받습니다. 피콕 블루(Peacock blue)를 이용해 실루엣 위주로 숲의 실루엣을 만들어 줍니다.

중경의 사물

중경의 나무들은 따뜻한 계열의 라이트 그린(Light green)을 중심으로 밝고 어두운 컬러를 첨가하며 덩어리를 잡아줍니다. 빛은 오른쪽에서 오고 있으니 왼쪽 면을 더 어둡게 처리합니다.

근경의 색 배치

바닥의 원근은 터치로 구분하고 먼 곳은 밝게 합니다. 가까운 풀밭의 색은 중경의 나무의 색과 크게 다르지 않아도 됩니다. 풀이 바닥과 만나는 지점을 어두운 터치로 연결을 해주는데 소프트 브러시로 진행합니다. 후에 부드러운 양감을 표현하기 위함입니다.

중경과 근경의 터치

시야에 잘 들어오는 곳부터 터치를 해나갑니다. 왼쪽 중경 나무의 잎에 터치를 추가하고 근경 풀밭을 린든 그린(Linden green)으로 부분 부분 밝게 만들어 줍니다.

 **집 그리기**

이 그림의 주요 사물인 집을 그릴 차례입니다. 전체 색감에서 포인트로 작용하도록 강하고 붉은 오렌지 (Orange) 톤을 중심으로 배색을 합니다. 기둥은 하얗게 터치하고 화단에는 꽃나무를 그려 넣었습니다. 꽃나무도 일반적인 나무 그리기와 동일하게 덩어리 위주로 터치합니다.

 **그림자 찾기**

빛을 표현하는데 있어 가장 중요한 부분이 그림자 톤을 잡는 것이고 그림자의 명도나 색감으로 현재 기후 상황을 표현합니다. 현재 청명한 날씨이니 그림자에 푸른 톤을 섞어 터치합니다. 그림자는 깊은 곳이나 구석일수록 더 어둡게 처리합니다.

사물의 구체화

지붕부터 디테일을 더해 주는데 선으로 지붕의 기와를 표현해 줍니다. 선이 다 그려졌다면 몇몇기와는 같은 계열의 밝은 색으로 터치해 더욱 다양한 느낌이 들도록 합니다

질감표현

하얀 나무 기둥은 눈에 잘 띄는 부분이기 때문에 질감과 색 변화에 집중을 해줘야 합니다. 기둥의 풍화된 느낌을 더해주기 위해 나무 속껍질 색으로 터치 후 다시 흰색으로 터치합니다.

질감표현 2

지붕과 기둥의 낡은 부분을 자세하게 묘사해 나갑니
다. 흰색이 칠한 부분이니 상처가 부분에 나무의 색으
로 터치합니다.

식물의 구체화

나무의 잎사귀를 디테일하게 묘사할 차례입니다. (잎
사귀 표현은 나무 그리기 단락에서 자세히 소개되어
있습니다.)

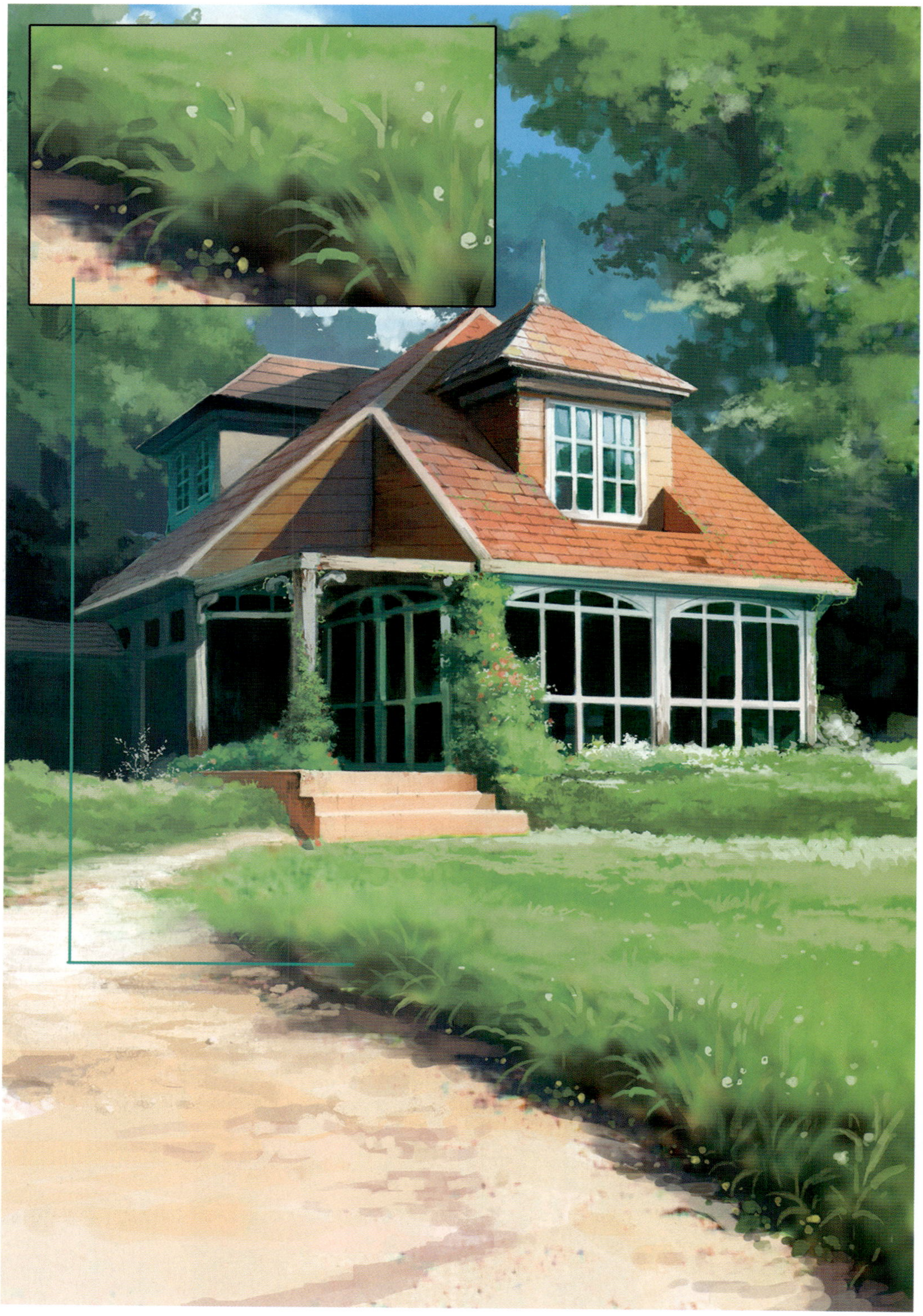

근경 꾸미기

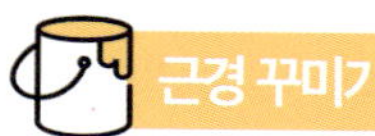

근경의 풀밭을 그릴 차례입니다. 앞서 면처리를 했던 풀밭의 중간 톤으로 풀잎을 터치해줍니다. (풀 그리기 단락 참고)

애니메이션 스타일 즉 '지브리 스타일의 그림이다!'라고 느낄 수 있는 부분은 특유의 색감과 채도입니다. 특히 채도는 원색에 가까운 정도로 강하지만 빛은 부드럽습니다. 반사광의 색은 채도가 높고 대비도 전체적으로 강합니다. 이러한 일본풍 그림의 투명하고 힘 있는 색감을 보면 수채화가 근원인 것을 알 수 있습니다. 원색을 최대한 살려 그려나가는 애니메이션 배경 그리기였습니다.

오브젝트 그리기

배경컨셉 아티스트의 가장 주된 업무는 오브젝트디자인(object design) 입니다. 그리고 주로 업무적인 평가를 받는 것도 이 작업입니다.

취업에 직접적인 영향을 주기도 하기 때문에 많은 노력을 기울여야 합니다. 하지만 오브젝트 디자인을 대부분 힘들어 하는 경향이 있습니다. 아마 미술적인 감각보다는 건축적인 감각이라 생각하기 때문인 것 같습니다. 하지만 그것은 오해입니다. 아티스트의 기원을 보자면 고대에 건축가들이 대부분 미술가였다는 사실이 있습니다. 건축과 미술에는 밀접한 관계가 있습니다. 비례와 균형 역학은 미술에서도 핵심이기 때문입니다. 결국 건축의 감각도 미술적 감각과 비슷하다고 할 수 있습니다. 그러면 재미있고 멋진 오브젝트 디자인을 알아보겠습니다.

오브젝트 그리기

오브젝트(object)란 물질적 대상이나 사물의 객체 등의 개념으로 존재하는 어떤 대상을 말하는 것이고, 말의 어원은 라틴어 'objicere'에서 나왔다고 합니다. 게임업체나 전문분야에서 많이 사용하고 3D 디자이너나 프로그래머가 쓰는 용어입니다. 소통을 위해 아티스트들도 이에 따른 사물을 오브젝트라 하고 3D 디자인에 필요한 밑그림이나 스케치 따위를 통상 '오브젝트'라 합니다. 그렇다면 오브젝트는 어떤 것들이 있는가? 주로 집이나 소품, 크게는 성이나 기계들이라 할 수 있습니다. 대부분 게임상 캐릭터를 제외한 배경에 등장하는 모든 것입니다. 그렇다면 그 속에 들어가는 오브젝트가 어마어마하게 많을 텐데 '그중에 가장 많이 사용되는 것은 무엇일까?' 생각해 봅시. 그것은 아마 가옥(집)일 것입니다. 사실 배경 컨셉을 하다 보면 가장 많이 그리는 것 중 하나가 가옥입니다. 그러면 이제부터 가옥 오브젝트의 스케치부터 채색까지 과정을 알아보겠습니다.

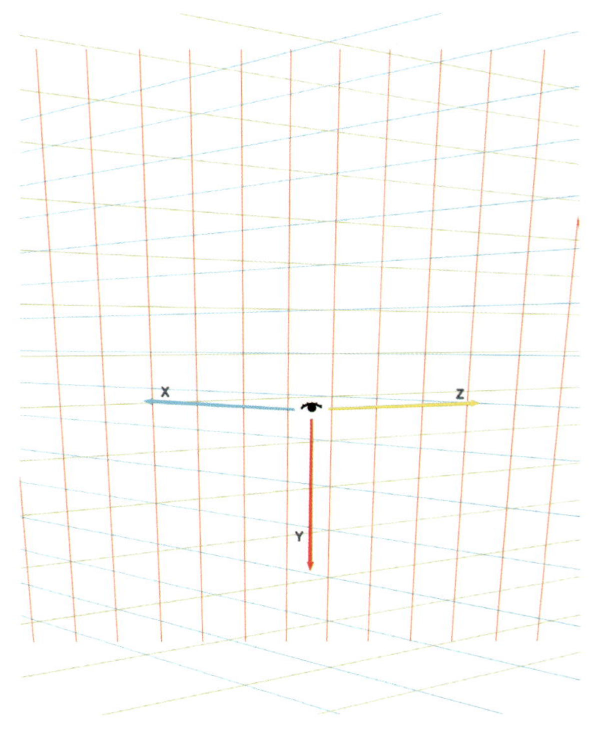

투시 결정 (시선)

스케치하기 전 반드시 투시를 결정해야 하고 가이드 선을 만들어 두어야 합니다. 현재 예시는 3점 투시법이고 X,Y 축이 1,2점이고 Z 축이 시점을 결정하는 3점입니다. 3점의 선이 아래로 향하기 때문에 이 그림은 위에서 아래로 보는 하이 앵글임을 알 수 있습니다. 그리고 지금 투시 선들의 끝 점이 보이지 않습니다. 이것은 아주 멀리 있다는 가정하에 완만한 선의 각도로 나열한 것입니다. 소실점이 너무 가까우면 왜곡이 심해지기 때문에 보기 좋지 않을 수 있습니다. 그렇게 완만한 투시 선을 얻고자 완만한 각도나 먼 곳의 소실점으로 투시 가이드 선을 만들었습니다.

러프 스케치

스케치 전 간단하게 아이디어를 정리해볼 필요가 있는데 현재 오브젝트는 중세 시대 건축 형태입니다. 4층 규모이고 물레 방아가 있어 동적인 느낌이 들며 수상(水上)에 어울리는 구조의 건물입니다. 이러한 아이디어를 종합해 투시 선에 맞추어 러프하게 계획을 잡습니다. 주의점은 건물의 한쪽 면에만 디자인이 과도하게 밀집되지 않도록 하고 옆에 달라붙는 창이나 또 다른 소재, 양식들도 계속 변화가 있도록 하는 것이 좋은 디자인의 시발점이자 요령입니다.

지금까지 그린 러프 스케치를 토대로 디테일한 작업을 할 것입니다. 지속적인 진행에도 형체가 흐트러지지 않도록 하기 위해 러프 스케치 레이어를 투명하게 만들고 그 위로 레이어를 새로 생성해 진행합니다. 레이어 투명도 조정은 예시와 같이 레이어 박스 상단에 오파시티(opacity) 값을 다운 시키면 됩니다. 저자는 5%로 진행하였습니다.

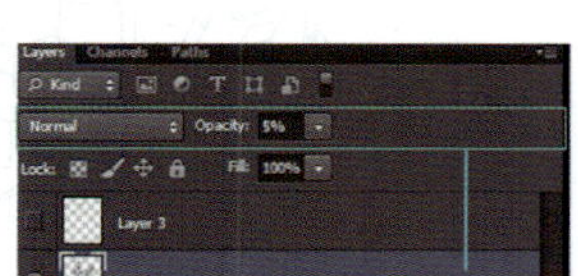

가이드를 보면서 새로운 스케치를 하는데 이때 굵은 선으로 스케치합니다. 이것은 저자가 쓰는 스케치 방식인데 굵은 선으로 초안을 만드는 것입니다. 처음부터 세밀하게 스케치하는 것도 좋지만 많은 실수를 유발하기 때문에 굵은 선으로 성 작업을 한 이후 지우는 방식으로 진행합니다.

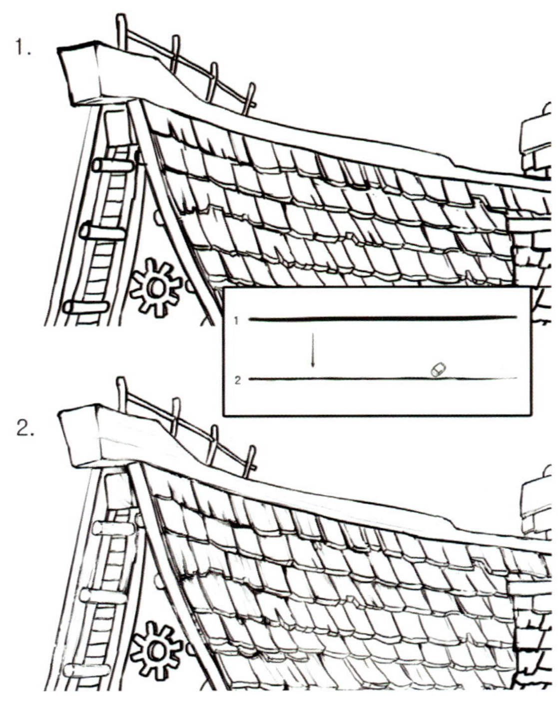

가는 선으로 구체화

01

처음에 굵은 선으로 그린 선을 다시 지우개로 지우는
방법으로 디테일을 살립니다. 1번 예시의 두꺼운 선을
가늘게 다듬는 과정인데 구석진 곳이나 바깥쪽 모서리
는 남기면서 강약을 조정합니다. 오래 걸릴 것 같은 작
업이지만 보기보다 빠르게 느낌을 잡을 수 있습니다.

02

계속 가는 선으로 만들어주는 작업을 이어 나갑니다.
우측도 굵은 선을 가는 선으로 만들어주는 작업선을 하
여 정교하게 만듭니다.

나무 양식과 벽면은 약간의 갈라진 틈새를 그려 넣어 주어 자연스러운 느낌이 들게 합니다.

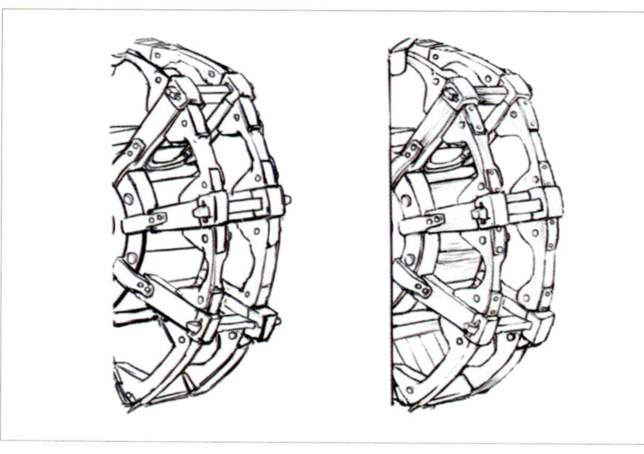

집 하단의 물레방아와 돌 구조물도 선 굵기와 디테일을 표현합니다.

중간 톤 배색

선의 디테일 작업이 끝나면 중간 톤으로 색 배치를 합
니다. 재질의 특성에 맞게 색감을 정하고 낮은 채도로
밝지 않게 터치합니다. 빛은 고려하지 않고 재질적인
색감만 지정합니다.

명암 그리기 - 1단계

이전 단계에서 작업한 레이어는 잠시 숨겨둡니다. (레
이어 하이드) 그리고 새로 레이어를 생성한 후에 레이
어 속성을 멀티플라이(Multiply)로 바꾸고 그레이(Gray)
로 명암을 그립니다. 첫 단계는 빛의 방향성만 체크합
니다. 주로 크게 튀어나온 부분에 그림자가 생기도록
합니다.

01

두 번째 명암 그리기는 반사광의 표현을 더해 주는 것인데 빛을 먼저 이해해야 합니다. 예시를 보면 빛의 강도를 화살표의 색깔로 구분해 두었습니다. 노란색을 빛을 가장 많이 받아 밝은 부분이고 적색에 가까울수록 빛을 적게 받음을 표시해 두었습니다 파란 색은 반사광의 강도입니다. 반사광으로 인해 후면도 밝게 보이는 부분이 있다는 것을 알아야 합니다.

02

중간 톤의 그레이 명암 적용하기 중간 톤으로 배색한 멀티플라이 속성으로 바꾸면 두 색이 섞이면서 예시와 같은 결과물을 얻을 수 있습니다.

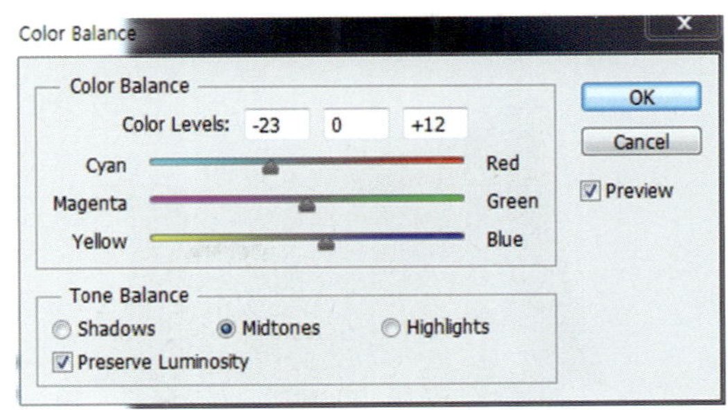

반사광의 색

그레이로 그린 명암에 색을 첨가해 한층 더 시원
한 개방감을 줍니다. <Ctrl+B>를 눌러 컬러 밸런
스(Color Balance)를 불러옵니다. Cyan을 '-23' 그
리고 Blue를 '+12'로 움직여 푸른 계열 색을 강조
해 줍니다.

색의 다양화

전반적으로 그레이 명암만 적용한 상태라 단조
로운 느낌이 날 수 있기 때문에 색을 더 첨가해
주어야 합니다. 재질로만 구분된 색감에 비슷한
계열의 다른 색상을 더해줘야 합니다.

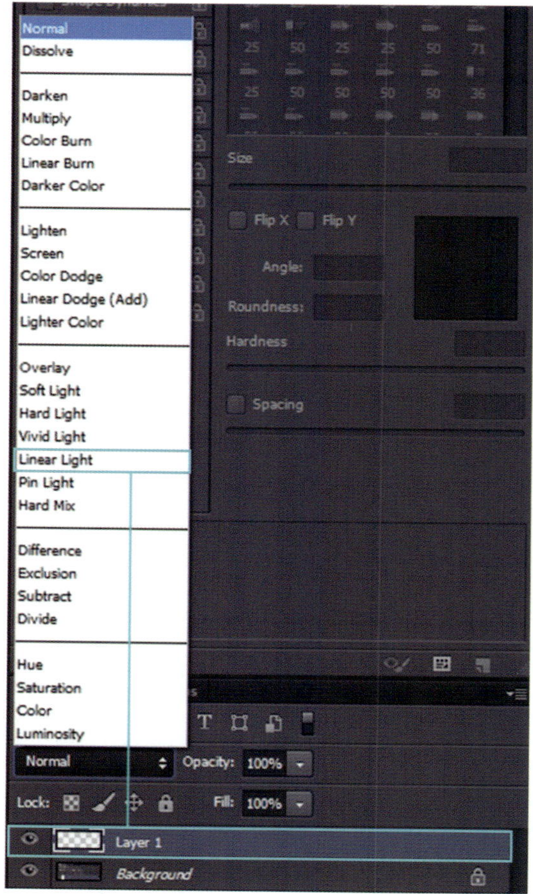

밝은 빛 강조

01

현재 그림에 밝은 빛의 표현이 되지 않았기 때문에 강한 빛을 만들어 줘야 합니다. 레이어를 새로 생성하고 속성을 리니어 라이트(Linear Light)로 바꿉니다. 밝은 레몬 색으로 부드럽게 터치합니다. 좌측 상단부를 한 번 더 터치합니다.

02

작은 부분에도 그림자와 빛의 영향이 있을 것입니다.
그 부분을 찾아 어둡게 또는 더욱 밝게 터치해 줍니다.

오래된 질감

01

벽, 나무, 돌이 오래된 낡은 표현을 해 보겠습니다. 주로
붉은 계열 색감으로 표현하고 낮은 오파시티(Opacity)
값으로 과감하게 흔적을 남깁니다.

거칠게 터치한 질감을 지우면서 자연스럽게 오래된 질감으로 만듭니다.

마지막으로 하얗게 빛나는 마지막으로 하얗게 빛나는

03

마지막으로 하얗게 빛나는 마지막으로 하얗게 빛나는 하이라이트를 몇 개만 찍어내면 분위기 있는 오브젝트 원화를 만들 수 있습니다.

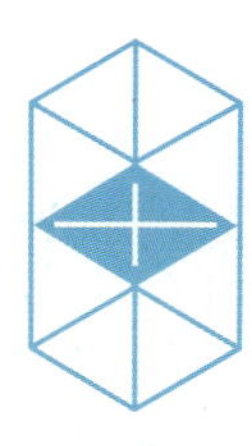

컨셉 일러스트 제작

세계관 만들기

게임 배경 컨셉을 그리는 이유는 그것은 게임 속 세계관을 구축하기 위한 이미지 설계도가 필요하기 때문입니다. 그렇다면 세계관의 구상이 필요한데 어떻게 만들어야 하는가? 이런 궁금증을 해결해 보고자 이번 단락을 준비했고 저자가 컨셉을 구상하는 방법을 이야기해 보겠습니다.

장르의 선택

지금 그리려는 컨셉 아트가 어떤 사용 목적을 가지고 있는가를 먼저 생각해 보아야 합니다. 예를 들어 FPS 게임, MMORPG 게임, Action 게임 등 어떤 장르로 할 것인지 정해야 합니다.

어떤 선택이든 상관없지만 자신이 좋아하고 관심이 많은 분야가 컨셉 아트에 더 유리할 것입니다. 왜냐하면 그 게임을 좋아한다는 것은 게임의 특성을 잘 알고 있기 때문입니다. 캐릭터가 있고 그 캐릭터가 움직이는 방향이나 플레이 상의 카메라 각도 등이 게임의 특성을 말해주는 요소일 것입니다. 이런 특성이 게임의 전부를 말해주는 것은 아니지만 배경 컨셉에서의 필요 요소는 이러한 것에 있습니다. 이런 특성이 게임의 전부를 말해주는 것은 아니지만 배경 컨셉에서의 필요 요소임에는 분명합니다. 정리해 보자면 플레이어가 모니터를 보며 게임을 할 때 보여지는 상황이나 색감, 조형물들의 스타일을 결정하는 것 자체가 전부 배경 컨셉 일러스트의 시작이라고 생각하면 됩니다. 마음에 드는 장르를 선택했다면 그 장르의 특성이 무엇이 있는지 관찰해 보도록 합니다. 이제부터 저자가 개인적으로 좋아하는 MMORPG 장르로 설명을 시작해 보겠습니다.

MMORPG의 판타지 적 컨셉을 만들어 보려 합니다. 이때 가장 먼저 설정해야 하는 것은 시대적 배경입니다. 왜 판타지에 시대적 배경인가? 하는 의문이 생길 수 있는데 '판타지 자체가 시대를 초월하는 것'이라는 생각이 듭니다. 맞는 얘기지만 지금은 아무 단서도 없이 시작하는 컨셉이기 때문에 기준이 필요하게 됩니다. 기준이 필요한 이유는 시대를 바탕으로 출발하는 것이 유리합니다. 그래서 중세 시대를 배경으로 컨셉을 설정하였습니다.

판타지는 중세 유럽을 배경으로 하는 경우가 많고 우리에게 이미 익숙한 소재이기도 합니다. 시대를 정할 때 구체적인 시점으로 바라보면 나라별 느낌으로 나눌 수 있습니다. 시대적 배경을 정하고 더 깊게는 유럽 중에도 영국, 스페인, 이탈리아, 핀란드 등 여러 나라로 나누어집니다. 이중 한 곳을 택해 다음 단계로 넘어갑니다. 저자는 스페인의 중세 시대로 결정하고 다음으로 넘어가 보겠습니다. 스페인 관련 자료를 많이모아 두면 좋습니다

판타지를 기반으로 한 소설이나 영화를 보면 시대적 배경은 껍데기 일 뿐 발전 상황을 보면 거의 미래에 가깝기도 합니다. 판타지 속 발전 상황을 보면 과학을 초월하는 모습을 볼 수 있습니다.

그러면 이런 요소를 접목해 보면 이렇게 정리해 볼 수 있습니다. 고도의 건설 기술을 가진 중세의 나라라고 생각해 봅시다. 그리고 발전 기술이 있었다면 한 가지 더 필요한 것이 있습니다. 고도의 건설 기술을 가진 나라라고 가정하면 그에 따라 시대적으로 발전한 소재가 필요합니다.

소재의 쓰임 중에서도 금속을 얼마나 다루고 있느냐가 중요합니다. 그러나 금속을 많이 첨가하게 되면 하이퍼적인 느낌이 강해져 SF느낌으로 빠지는 경우가 있습니다. 이번 컨셉은 낙후된 소재(나무, 돌 등)를 이용해 보도록 하겠습니다.

모티브 motive란 '움직이게 하다'라는 의미의 라틴어 'motivum'에서 유래된 용어이고 예술 분야에서 사용되고 있는 용어로 제작하게 된 '동기'를 뜻합니다.

디자인에서는 장르를 불문하여 일맥 상통하는 부분이 있는데 그것은 모티브입니다. 이것은 어떤 목적성을 가진 풀이 방법입니다. 예시를 보면 위는 SF 디자인이고 아래는 판타지의 디자인으로 보입니다. 허나 이 둘은 거의 똑 같은 실루엣을 가지고 있습니다. 그런데 둘 다 이상하다고 느끼지 않는 이유는 무엇일까요? 그것은 구조 때문일 겁니다. 실루엣을 공유하고 있지만 사실 구조는 서로 다릅니다. 각자 구성이나 결합된 구조는 원칙을 따르고 있기 때문입니다. 이 예시는 것을 모티브로 하고 있을까요? 권총과 배입니다. SF는 권총을 모티브 했고 판타지는 배입니다. 각 다른 모티브로 시작한 디자인 이지만 실루엣은 공유하고 있습니다.

이번 순서에서 모티브는 파리의 에펠탑으로 정하고 삼각뿔의 형태로 진행해 보겠습니다.

배경 컨셉에서 기후 상황은 그림의 색감을 결정하는 중요한 부분입니다. 기후와 시각에 따라 천차만별로 바뀌는 색감은 시각적으로 결정적 포인트가 되기도 합니다. 색감을 결정하는 것은 중요하니 신중하게 고려해 보는 것이 좋습니다. 내가 그리는 그림의 공기의 상태나 시각 위치가 어느 정도인지 모르고 그리게 되면 작업 중반에 깊이 있는 색감 선정에 어려움이 생기니 구상 단계에서 정해 두는 것이 바람직합니다.

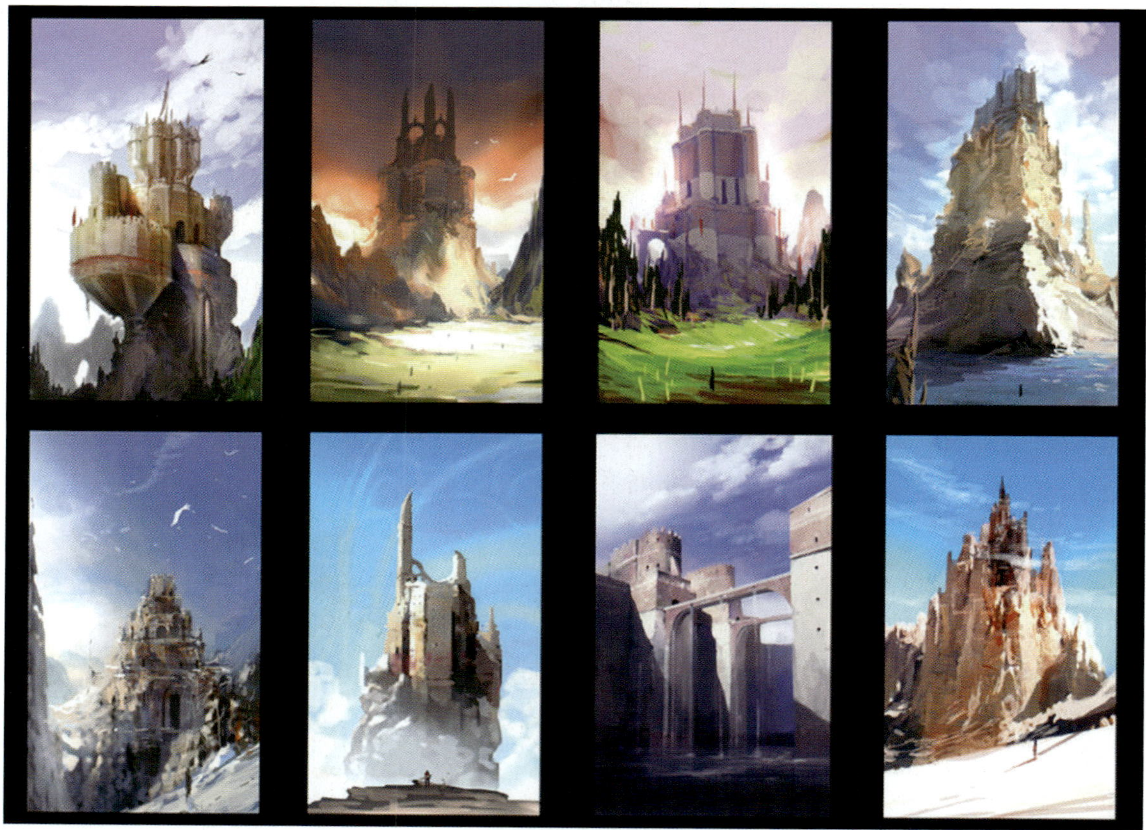

날씨와 시각에 따른 자료를 많이 확보해두고 색감에 대한 기준점을 잡는 학습이 필요합니다. 가벼운 스피드 페인팅을 통해 다양한 썸네일 작업으로 나만의 기후적 색감을 만들어 두면 앞으로의 일러스트 작업에 많은 도움이 될 것입니다. 그럼 예시로 눈을 돌려 보겠습니다.

현재 각 8가지의 기후와 시각에 따른 상황들을 나열해 두었는데 전부 다른 색감을 가지고 있습니다. 이는 재질적 색감이라기보다는 공기와 빛 그리고 날씨의 색감이라고 보면 됩니다. 이것은 재질적 색감보다 공기와 빛 그리고 날씨의 색감에 가깝습니다. 공기와 날씨는 주로 음영이나 반사광의 색감으로 알 수 있고 시각은 그림자의 각도나 하늘의 색으로 구분됩니다.

저자의 배경 컨셉은 겨울의 정오 시간대로 해보겠습니다.

좋은 작품들은 그림 속에서 이야기가 느껴집니다. 그림 속에서 느껴지는 이야기를 바탕으로 한 모든 것을 세계관이라고 볼 수 있습니다.

그림을 위해 좋은 이야기를 접목하고 싶지만 사실 우리에겐 이야깃거리가 많지 않습니다. 많은 소설이나 영화를 접했던 사람들은 그렇지 않은 사람에 비해 이야기 창작에 유리하겠지만 누구나 쉽게 할 수 있는 것은 아닙니다. 그러면 이야기 없이 그림을 시작할 때 무엇이 필요한지 알아보겠습니다.

먼저 가상으로 인물을 정해줍니다. 예를 들어 성을 통치하는 포악한 성격의 백작이 있다고 설정해 봅시다. 그 백작이 사는 건물(성)은 어떻게 지어졌는가? 어디에 지어졌는가? 그 지역에서 대부분 무엇을 하고 지내는가? 생각해 봅니다. 전쟁 준비로 분주하다 또는 마법에 걸려 미치광이가 되어 마을을 황폐화하고 있다는 식으로 현재 상황에 맞춰 설정을 더 해 갑니다. 정리하자면 인물 중심으로 주변 환경과 처해진 상황 그리고 종족을 정해 주면 간단하게 이야기를 만들어 나 갈수 있습니다.

준비된 이야기 소재가 없을 때 생각해야 할 것
❶ 가상의 인물을 정한다.
❷ 가상의 인물이 사는 곳
❸ 인물이 사는 건물의 위치
❹ 인물이 무엇을 하고 지낼까?

그러나 우리가 표현하는 것은 배경이기에 인물이 직접적으로 나타나지 않을 수도 있습니다. 그래서 상상의 인물이 처한 위치나 환경 위주로 이야기를 만들어 나갑니다. .이번 단락에서 언급한 세계관을 종합해서 이야기해 보겠습니다. 시대적 배경은 고대 스페인, 때는 추운 겨울 낮, 건물은 낙후된 탑으로 설정해놓았습니다. 여기에 이야기의 배경을 추가하자면 추운 지방에 사는 어떤 대마법사의 성지가 있고 외부 침략이 많아 밀폐된 성안으로 민가가 들어가 있는 형태 이 성은 스페인 양식과 유사하고 외형 디자인은 에펠탑을 모티브로 하고 있습니다. 이런 세계관으로 탄생 시킨 일러스트 '마법사의 성'입니다.

Flyinghand art.

배경 일러스트의 용도는 여러 가지입니다. 배경 일러스트는 게임 속 월드의 분위기 전달과 홍보 효과에 많은 도움이 됩니다. 배경 컨셉 아티스트로서 실력을 인정받는 중요한 작업이고 끊임없는 연구가 필요합니다. 지금부터 배경 일러스트를 만드는 과정을 알아보겠습니다. 이전 단락에서는 세계관에 대한 이야기가 있었는데 유사한 방식으로 설정을 해보겠습니다. 저자는 MMORPG 게임컨셉, 중세 판타지, 항구 도시, 왕국, 높은 언덕 지대의 무역의 도시로 설정했습니다.

투시&시점

거대한 스케일의 물체는 시점을 여유 있게 봐야 합니다. 여유 있게 본다는 것은 사물을 바라보는 거리의 여유를 뜻합니다. 큰 성을 바라보려면 멀리서 봐야 한눈에 들어오듯이 시점을 상당히 뒤로 보내야 하는 상황이 옵니다. 시점을 뒤로한다는 것은 투시법에서 소실점의 거리가 멀어진다는 것입니다. 이 거리가 멀어지면 소실점을 잇는 선들의 각도가 완만하게 작용하고 물체는 완만한 거리감을 주며 사물의 왜곡이 약해지고 거대한 물체가 한눈에 들어오게 됩니다.

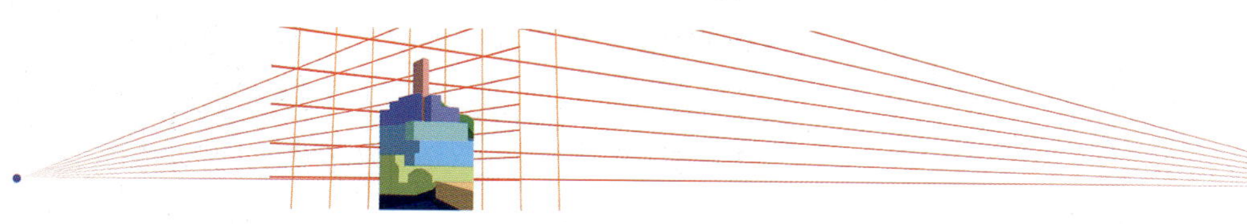

앞서 설명한 투시법대로 구조를 잡고 스케치합니다.

구조

3점 투시법으로 왕국의 구조를 만들어 보았습니다. 구조는 큰 산에 성 전체가 붙어있는 형태로 결정했습니다. 산 정상부터 차례대로 구역을 만들어 보았습니다. 색으로 구분한 박스는 성지 내부의 각 구역들입니다. 박스 안에는 민가와 큰 건물이 뒤섞여있는 구조를 계획하고 상단에는 고위 단체가 있고 하단으로는 무역 단체가 있는 느낌의 구조를 구상했습니다. 서로 다 다른 형태지만 전체적으로는 서로 엮여있는 모습이 보기 좋을 것 같습니다.

스케치

성지를 구성하는 중요한 요소는 주성과 성벽 그리고 성지 외곽으로 구분합니다. 자유로운 도시를 표현하지만 기본적인 방어 요소는 들어가야 성지라는 느낌이 들 것입니다. 성 꼭대기에는 나라의 전통을 뜻하는 조각품이 있고 상부건물은 고대의 건물 양식을 고수하여 보수적인 분위기를 줍니다. 그리고 건물의 크기나 양식은 원근에 따른 크기 조정에 주의를 기울여야 합니다. 스케일감의 기준은 건물의 창문이나 양식의 크기로 구분해 주면 좋습니다.

예시의 작업 해상도는 3675 pixels+7000 pixels 입니다.

 ## 커스텀 브러시 (Custom brush)

본격적인 페인팅을 하기에 앞서 그림의 효율을 늘리기 위한 커스텀 브러시에 대해 짚고 넘어가겠습니다. 커스텀 브러시는 포토샵 유저들이 만든 개조된 브러시 셋팅을 말합니다. 포토샵에서 기본으로 제공하는 브러시도 훌륭하지만 나만의 질감이나 형태를 만들기 위해서 이런 커스텀 브러시를 만들거나 다운로드해 사용하곤 합니다. 요즘은 웹상에서 커스텀 브러시가 넘쳐나는 실정이라 굳이 직접 만들지 않아도 멋진 브러시가 많이 있습니다. 저자도 다운로드해 쓰는 편인데 이번 일러스트 과정에서 사용한 브러시를 정리해 보았습니다.

아래 주소로 접속해서 브러시를 다운로드해 사용해 보시기 바랍니다.

http://artcobain.deviantart.com/art/Flyinghandbrush-636026825

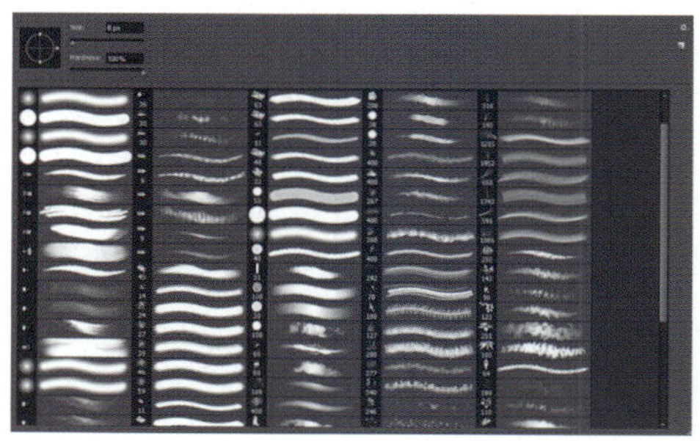

 ## 색감

스케일이 큰 배경 일러스트는 생각보다 많은 색이 필요합니다. 하지만 예시에는 중간 명도를 기준으로 색을 선택해 놓았습니다. 상단부터 하단까지의 색을 살펴보면 시원한 한색에서 따뜻한 난색으로 점차 바뀝니다. 예시에서 그룹 단위로 모여있는 색들은 서로 어울리는 색이므로 알아두면 좋습니다.

하늘 그리기

하늘을 보면 오른쪽에서 빛이 느껴지고 구름이 많지만 공기 상태는 맑고 빛은 강렬합니다. 구름의 밑면이 많이 보이는 시점입니다. 구름 사이로 파란 하늘이 보이도록 공간을 남겨둡니다. 하늘 아래로는 어둡게 터치해 둡니다.

실루엣 그리기

어두운 그레이 톤으로 산의 바탕색을 3단계로 나누어 채색합니다. 1번이 근경이므로 가장 어둡게 터치하고 2번에서 3번으로 갈수록 점차 밝아지게 합니다. 2에서 3번으로 넘어가는 중간에 공기감을 더욱 증가시켜 높이 솟는 산의 느낌을 강조합니다.

같은 그레이 계열에서 블루로 조금 치우친 느낌이 들면 좋습니다. 터치는 거칠게 해도 되고 양감 위주로 진행합니다.

어두운 곳 찾기

대부분 그림은 어두운 곳에서부터 시작하는 것이 좋습니다. 주요 구조물을 찾아 그림자와 어두운 구석을 큰 단위로 넓게 터치해 나갑니다. 큰 터치에서 점차 작은 터치로 옮겨갑니다.

밝은 면 찾기

어두운 음영 위로 건물의 밝은 면을 터치하여 큰 건물과 작은 건물의 흔적을 남겨 줍니다. 이 단계에서 왕국의 전체 구조물을 파악하고 빛의 위치와 강도를 정합니다. 각 구역의 명칭을 정해 구역별 기후 상황을 만들어 봅니다. A 구역은 가장 하단이자 시점에서 가장 가까운 곳이고 가장 밝은 곳입니다. B 구역은 A와 연결되는 다리가 있고 A 다음으로 강한 빛을 줄 계획입니다. C 구역부터 점차 빛은 약화되지만 디자인은 더 집중시킬 것입니다. D 구역은 구도상 E 구역으로 시야가 집중되는 것을 분화시켜주는 역할을 합니다. E 구역은 사실상 이 그림의 중심에 있지만 빛을 많이 받지도 어둡지도 않아 강렬한 인상을 주지는 않습니다. 하지만 꼭대기의 석상 하나가 이 그림의 모든 이야기를 함축하고 있습니다.

TIP 위 예시에 나온 기후적 상황을 큰 스케일의 그림으로 표현해 봤습니다. 높게 솟은 성지에 구름 낀 하늘 사이로 빛이 새어 나와 도입부를 비추는 상황입니다. 근거리의 오브젝트에는 빛의 영향을 주지 않고 어둡게 처리해 원근감을 극대화 시킵니다.

빛 효과

파란 점으로 표시한 부분은 빛에 많이 노출된 곳입니다. 기후 상황을 적용해 건물의 밀집 형태를 표현하는데 터치는 바위를 터치할 때와 비슷한 방식으로 진행합니다. 건물의 벽면은 바위와 유사한 색상으로 표현하고 근경의 건물은 빛의 색에 가깝게 터치합니다. 이렇게 건물 벽면을 빛에 가까운 색으로 표현함과 동시에 가까운 곳부터 지붕의 색을 터치해 줍니다. 이 지붕의 색이 그림의 포인트 색감이 될 것입니다. 아무래도 가장 강한 채도를 띄는 곳이 지붕이기 때문입니다.

구체화의 시작

지금까지 그림의 계획을 잡았다면 이제 그림을 구체화 시켜야 합니다. 덩어리부터 형성하여 스케치를 보고 형태를 정확히 맞추는 과정이 필요합니다. 신경 써야 할 부분은 음영 속에도 반사광 색감으로 또 다른 덩어리를 만들어야 합니다. 이것은 후에 음영 속 건물들의 흔적이 될 것입니다.

빛의 색과 반사(공기) 색

구체화 2단계

그림을 그리면서 처음부터 끝까지 놓치지 않아야 하는 것이 빛과 공기입니다. 예시를 보면 상단부터 하단까지 빛과 반사의 톤을 지정해 두었습니다. 복잡하게 생각하지 말고 3단계로 진행하면 됩니다. 너무 복잡한 생각으로 빛과 반사를 이해하려 하지 말고 직관적으로 생각해 봅시다. 멀거나 높은 곳은 한색의 영향권이고 가까운 곳은 난색의 영향권입니다.

이번 과정에서는 구역별로 나누어 큰 건축물이 분할이 생기는 느낌으로 덩어리를 나누어 줍니다. 이어서 지붕의 색감도 더 늘려 나가는데 구역 별로 조금씩 다른 색을 추가로 늘리는 것이 좋습니다.

 **특성을 가진 건축물**

눈에 띄는 몇몇의 사물이 있을 것입니다. 그것은 꼭대기의 석상과 중앙부 건물 그리고 하단 쪽 둥근 건물 등일 것입니다. 이 건물을 필두로 하여 나머지 작은 건물들로 구도를 채워 나가는 방법으로 그립니다.

 **양감의 마무리**

덩어리의 구체화가 마무리되는 과정인데 러프하게 처리했던 면을 깨끗하게 정리해 나갑니다. 이때 중요한 점은 큰 건축물의 그림자와 높게 올라간 건축물의 앞뒤의 거리감을 잡아야 합니다. 원근감을 신경 쓰다 보면 위아래로만 치우치기 마련입니다. 하지만 앞뒤 원근도 매우 중요하고 그것은 그림에서 왼쪽 음영 어두운 건물의 색감으로 표현합니다. 색감은 푸른색의 명도와 채도로 조정합니다.

 세부묘사

건축물의 양식이나 구조 등을 표현할 때에는 주변의 색을 적극 활용해 묘사해 나가는 것이 요령입니다. 이전 단계의 밸런스를 그대로 유지한 상태로 정교함을 더해 갑니다.

 포인트 컬러

지붕의 색으로 포인트를 주었습니다. 이런 색감도 변화를 주는 것이 좋습니다. 한 색감으로만 치우치면 단조로운 느낌이 나기 때문에 조금씩 다르게 배치해 주면 다채로운 느낌이 듭니다.

큰 스케일에 맞는 터치하기

지붕 터치

스케일이 많이 크기 때문에 터치도 상황에 맞게 조절해 줘야 합니다. 작은 부분이지만 디테일 하게 보이기 위한 터치 과정입니다.

❶ 면 처리를 한다.

❷ 새로운 레이어에 어두운 터치를 한다.

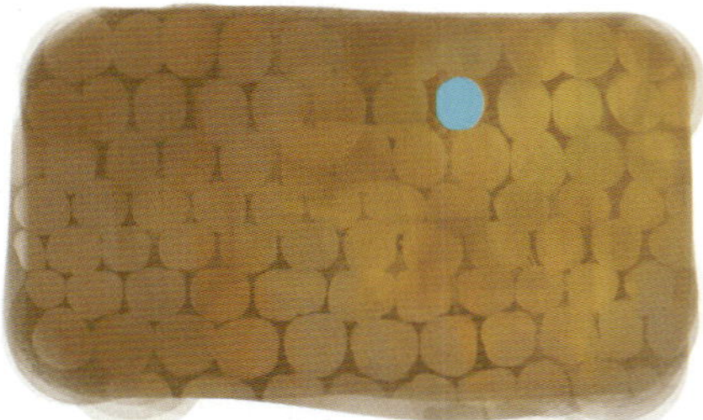

❸ 어두운 부분을 지우며 지붕을 표현한다.

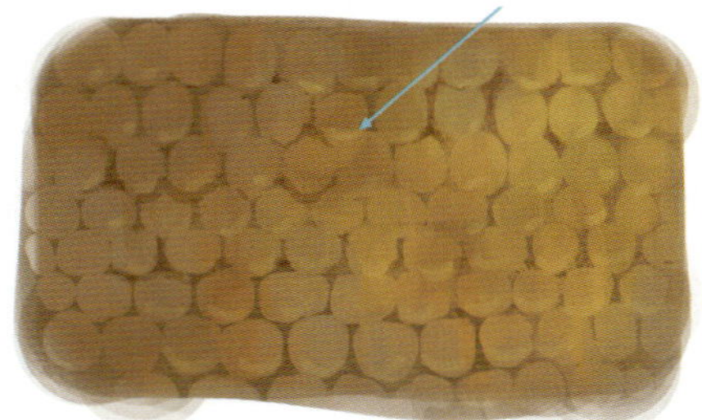

❹ 하이라이트를 터치한다.

벽 터치

❶ 기본적인 중간 톤으로 터치한다.

❷ 빛 방향에 맞춰 톤 변화

❸ 새로운 레이어에 어둡게 터치 한다.

❹ 어두운 부분을 지우며 질감을 남긴다.

컬러인 지붕의 색을 배치합니다. 푸른색과 붉은색으로 나
눠지고 하늘에 가까운 쪽은 밝게 처리합니다.

면 처리만 되어있던 건물의 세부적인
요소를 표현해 줍니다. 그 요소는 건
물의 턱이나 지붕의 기와 그리고 창
문입니다.

음영 속의 건물들도 꼼꼼하게 터치해 줍니다. 건축물의 장식과 빛을 받은 면 더 밝게 처리합니다.

연출

그림에 생동감을 주기 위해 계획에 없던 연출을 해주는 것도 재미있는 일입니다. 입구 쪽 광장에 다리, 구조물, 깃발과 사람들을 그려 넣어 보았습니다. 여기서 사람을 너무 디테일하게 그리는 것보다는 밝고 어두운색상만 느낄 수 있도록 합니다. 그림의 스케일감과 균형을 방해하지 않도록 유의합니다. 추가로 지붕 위로 연기를 그리면 더욱 활발한 느낌을 느낄 수 있습니다.

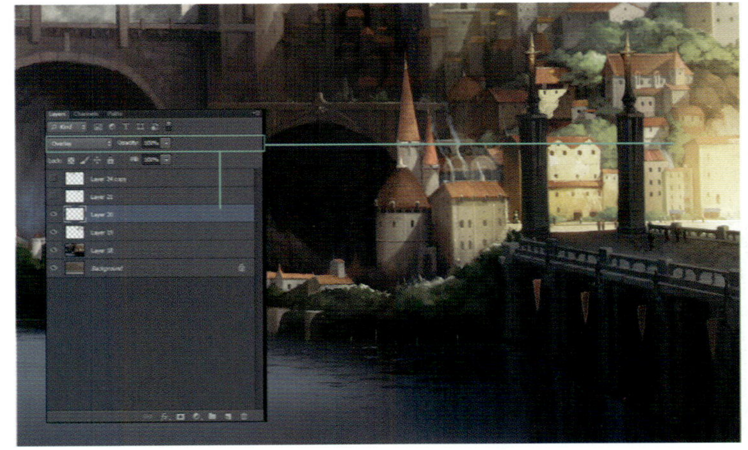

빛 연출

빛에 대한 표현은 이미 다 되어있지만 한번 더 강렬하게 빛을 주면 환상적인 느낌을 줄 수 있습니다. 상위로 레이어를 추가하고 속성은 오버레이(Overlay)로 바꿉니다. 그리고 밝은 레몬 색으로 약하게 터치 합니다. (소프트 브러시 사용)

디테일 추가

그림에서 특히 시선이 가는 쪽은 지붕이기 때문에 조금 더 신경을 써주는 것이 좋습니다. 판기와의 형태가 조금은 드러나는 것이 좋습니다. 터치는 한 번에 하도록 합니다.

양식 구조 디테일

건물의 구조적 형태를 구체화하는데, 지나친 묘사는 그림의 흐름에 방해가 될 수 있으니 꼭 그림의 전체 분위기를 고려해 그려야 합니다.

구역 단위로 나누기

큰 그림이다 보니 구역을 나눠야 하는데
디자인으로 구분하면 됩니다. 구분된 구
역은 안개를 그려 확실한 원근감을 줍니
다. 이런 효과가 곳곳에 있으면 전체 분위
기에 거대함을 선사합니다.

디자인과 빛의 마무리

건물의 구멍이나 창문 등 세부 디자인을
추가하고 건물 사이에 새어 나오는 빛 위
치를 찾아 터치해 줍니다.
아주 작은 부분까지도 하이라이트를 찍어
섬세하고 정교한 느낌을 줍니다.

상부 층, 마무리 고층

가장 높은 상부 층은 기후의 상황에 가장 많은 영향을 받고 있는 부분입니다. 현재 빛이 상부로 비추지 않기 때문에 색과 명암, 강도는 약합니다. 하지만 디자인적인 느낌이 가장 강하고 존재감이 강하기 때문에 눈길이 많이 갑니다. 그렇기 때문에 디테일에도 신경을 많이 써야 합니다. 양식의 구조가 잘 드러나도록 튀어나온 부분과 들어간 부분이 확실해지도록 터치합니다. 옆면은 반사광과 공기의 영향을 많이 받기 때문에 밝은 푸른색을 많이 첨가하여 마무리합니다.

포토샵 필터 효과로 분위기 바꾸기

포토샵 기능을 이용해 필터 효과를 낼 수 있습니다. 필터 효과를 통해 여러 가지 분위기를 만들어 낼 수 있습니다. 이전 배경 일러스트레이션 단락에서 완성한 그림에 더욱 판타스틱한 연출을 해보도록 하겠습니다. 사용될 기능은 휴/세츄레이션(Hue/Saturation) , 커브(Curve), 레이어 오버레이(Layer Overlay)입니다.

하늘 색 변경

01

하늘의 색은 그림의 가장 기준이 되는 색이라고 할 수 있기 때문에 먼저 수정을 해야 합니다. 판타스틱한 느낌을 내기 위해서 색을 조금 왜곡해야 합니다. 예시를 참고해 봅시다. 기존에 완성한 왼쪽 그림이 정상적인 기후를 표현했다면 오른쪽 그림은 흐린 날에 볼 수 없는 맑고 강한 색의 하늘입니다. 우리가 환상적인 느낌을 느끼는 시발점은 왜곡된 기후적 상황을 표현하는 데 있습니다.

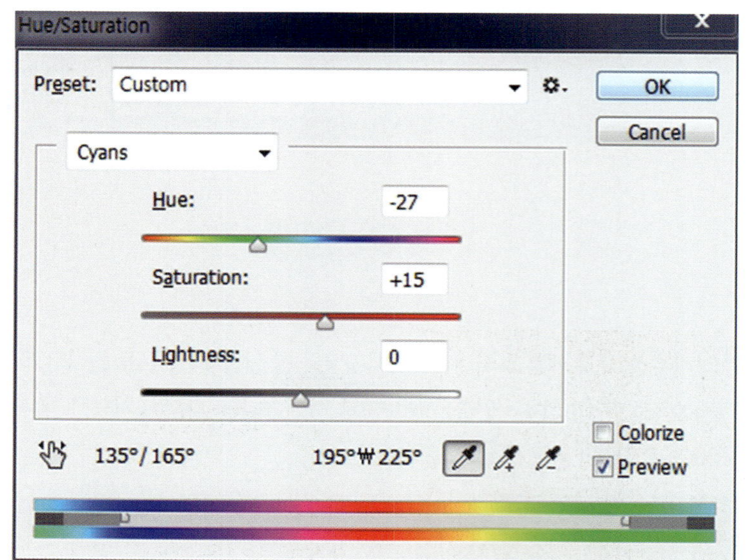

하늘의 색을 바꾸기 위해 <Ctrl+U>를 눌러 Hue/Saturation을 불러 냅니다. Cyans 청록 계열로 체크하면 밝은 푸른색만 컨트롤할 수 있게 됩니다. Hue는 색상을 조절하는 기능입니다. 지금 게이지를 보면 좌측 그린 계열로 약간 치우치게 했습니다. Saturation은 채도 조절이고 +15로 증가시켰습니다.

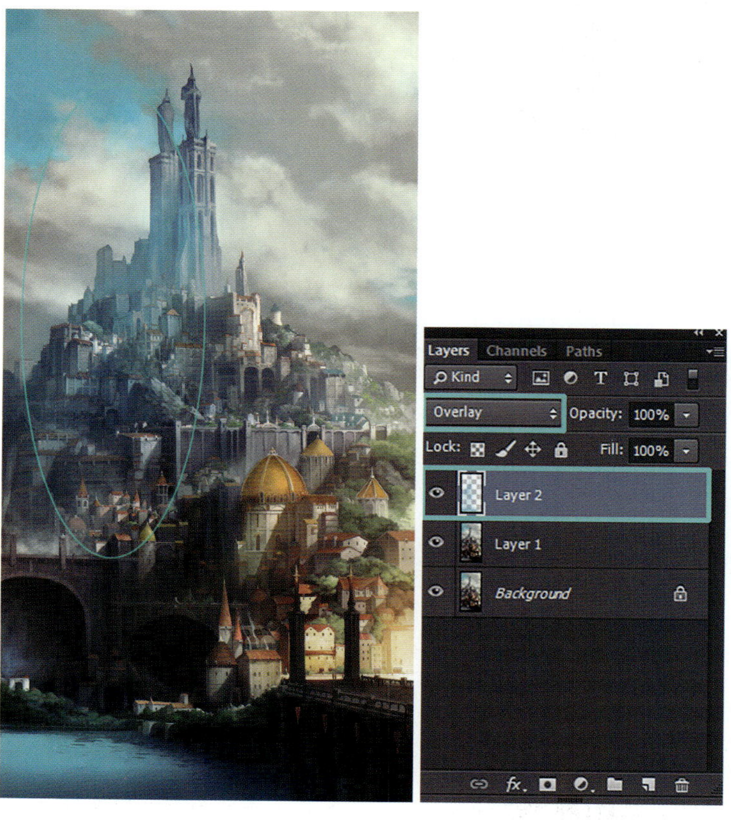

레이어를 새로 생성해 속성을 Overlay로 바꿉니다. 하늘의 색을 그대로 이용해 상단부를 부럽게 터치하면 강한 공기감을 더해 주어 더욱 환상적인 느낌을 줍니다.

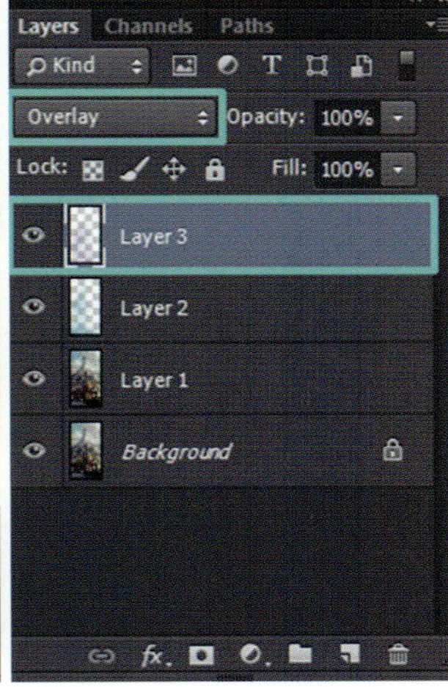

하단의 반사광

새로운 레이어를 추가로 하나 더 생성해 속성을 Overlay로 바꾸고 보라색을 이용해 하단 부와 수면에 부럽게 터치합니다. 청록에서 보랏빛으로 바뀌면 자연스럽게 공기가 연결되는 느낌을 얻을 수 있습니다.

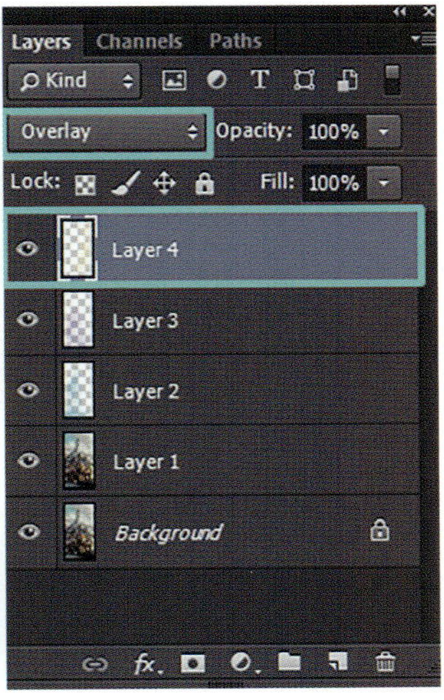

빛 강조

세 번째 레이어를 만들고 똑같이 이전과 같이 속성을 Overlay로 바꿉니다. 레몬 색으로 오른쪽에 터치합니다. 레몬색으로 그림의 우측 부분을 터치합니다. 이때 반사광과 대등한 빛으로 균형을 유지합니다.

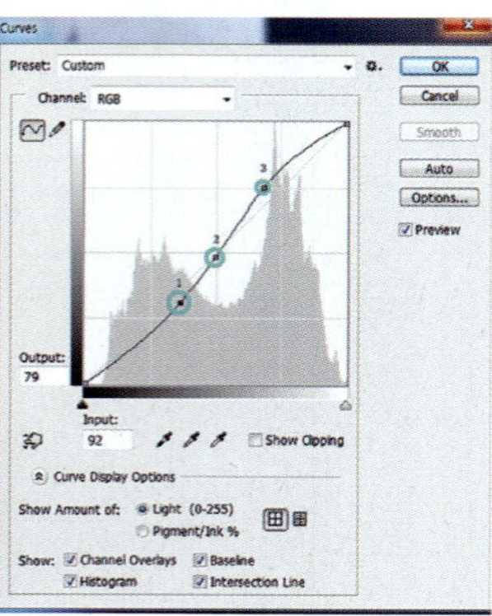

강한 대비

여러 효과를 사용하다 보면 이미지 자체가 빈약해 보일 수 있습니다. 이때 그림에 강한 대비를 만들어 주어야 합니다. Curve를 사용해 그림의 블랙과 화이트를 조절해서 강약을 더해 줍니다. Curve 사용법은 첫 번째 클릭한 지점부터 3단례로 나누어 조금씩 곡선을 틀어 화이트와 블랙의 농도를 조절합니다. 왼쪽 하단으로 내려갈수록 어두운 쪽이 더 강해지고 상단 오른쪽은 밝은 쪽이 강해집니다.

TIP
드라마틱한 컨셉 구상

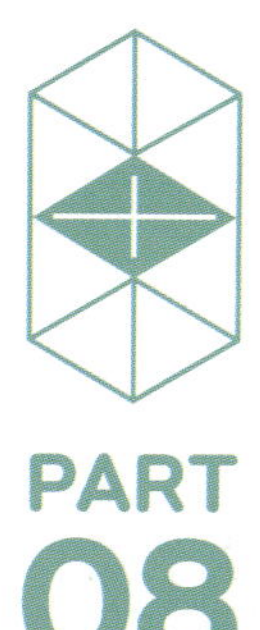

배경 일러스트를 그리다 보면 캐릭터를 그려야 할 상황이 간혹 생깁니다. 특히 게임의 특성을 전하는데 있어 중요한 역할을 하는 홍보용 일러스트를 그릴 때 필요합니다. 또는 개인 작품을 하다 보면 이야기를 표현하는데 있어 배경 요소로는 부족한 경우도 있기 마련입니다. 캐릭터와 배경이 대등하게 등장하는 그림을 그릴 수 있는 사람은 그리 많지 않습니다. 일러스트레이터 대부분의 성장 과정을 보면 캐릭터와 배경 중 하나를 선택해 배우고 한 길을 걸어가기 때문에 한쪽 분야에만 몰두하게 되고 그 분야의 전문가로 성장합니다. 한 분야에서 최고가 되는 것도 좋지만 다양한 시도를 통해 폭넓은 작품 활동을 하는 것도 아티스트로서의 행복일 것입니다. 저자의 몇 가지 작품을 참고로 하여 캐릭터와 배경의 짜임새에 대해 설명해 드리겠습니다.

SF 컨셉 에너지사냥꾼

이 일러스트는 저자가 만들어낸 이야기를 바탕으로 그린 작품입니다. 이 이야기를 소개하자면 모든 은하계의 에너지원이 고갈된 상황에 처하고 인류는 자원 탐사로봇을 파견하는데 의문의 행성에서 벌어지는 해프닝을 표현한 것입니다. 예시를 보면 캐릭터가 우측 오브젝트를 바라보고 달려가는 모습의 목표물을 향한 지향성 구도입니다. 이 그림에서 가장 강조하고 싶었던 부분은 배경 요소와 캐릭터의 궁합이었습니다. 방법을 궁리하다 떠오른 생각은 오브젝트와 캐릭터의 디자인적인 연관성과 통일감을 주어 그림의 드라마틱한 메시지를 끌어내 보았습니다. 구도의 안정성을 올리기 위해 예정에 없던 안드로이드 옆에 비행하는 드론을 그려 넣기도 하였습니다.

SF 컨셉에 판타지를 접목한 그림입니다. 세계관은 먼 미래에 모든 세상이 멸망하고 모든 문명이 끝이 난 상황입니다. 고대 마법을 영향을 받은 기계들의 세상을 설정하여 그렸습니다. 간단한 설정이지만 표현의 어려움이 있었습니다. 어느 디자인이던 한쪽에만 집중되면 안 되는 상황이고 SF와 판타지의 선을 지키며 그려야 했습니다. 우측에 마법사가 있는데 사이보그인 동시에 동물의 형상을 가지고 있고 좌측으로 네모 형태의 거대한 골렘을 소환하고 있는 느낌입니다. 골렘의 디자인을 하다 고민된 부분은 전통적인 골렘이라 하면 바윗덩어리가 움직이는 느낌인데 그것을 SF로 바꾸기 위해 실루엣 자체를 박스나 기계부품의 형태로 만들어 주었고 질감은 돌 질감으로 전통성을 지키고 있기도 합니다. 개연성을 주기 위해 주변에 골렘과 닮은 사각 건축물을 배치했습니다.

이번 컨셉은 캐릭터가 굉장히 많이 부각되는 느낌이고 실루엣 위주로 계획을 잡았습니다. 캐릭터의 터치를 보면 배경을 그릴 때의 터치와 똑같은 방법으로 많이 요약이 된 것을 볼 수 있습니다. 캐릭터의 상세한 표현보다는 오로지 현장감에 집중한 그림입니다. 이 그림에서 중요한 부분은 배경을 표현한 터치와 캐릭터와의 상관관계입니다. 전반적으로 비슷한 강도의 디테일로 진행하는 것이 포인트입니다.

(주)불카누스게임즈 무쌍액션 '펀치 더제로' 일러스트

개인작품 '슬레이어'

개인작품 '3소드'

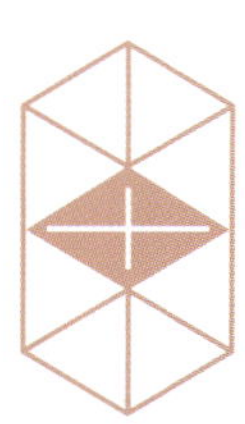

PART 09

컨셉 아티스트의 길

꿈이 있는 사람들은 늙지 않는다고 합니다.

그래서인지 저자의 주변 동료들은 동안이 많은 것 같습니다. 그러나 그와 반대로 이상이 너무 높아 고통스러워하는 동료도 적지 않은 것 같습니다. 컨셉 아티스트로서 가야 할 길이 멀고도 험난하다는 것은 다 알고 있을 것입니다. 컨셉 아티스트는 다른 직업에 비해 자유로운 편이지만 끊임없는 발전이 요구되는 직업이기도 합니다. 발전이 요구된다는 것은 경쟁을 의미하기도 하고 경쟁은 곧 새로운 아티스트들이 계속 등장하고 있습니다.

수많은 아티스트들 속에 우리는 어떻게 성장해야 할까? 성장의 의미는 크게 두 가지로 나눌 수 있습니다. 회사에서 성장해 나가 개발자로서의 위치를 확보하는 경우와 아티스트로서 인정을 받고 스카우트 위주로 움직여 성장하는 경우입니다. 어떤 것이 더 좋은 성장 형태라고 할 수는 없습니다. 다만 어떤 길이 나에게 맞는가는 생각해 보는 것이 중요합니다.

두 마리 토끼를 잡는 것은 힘든 일이지만 간혹 이 두 가지를 다 이루는 인물이 나타나기도 합니다. '성장하기 위해 우린 어떤 노력을 해야 할까?' '그림만 잘 그리면 되는 것인가?' 하는 많은 생각이 들 것입니다. 어쨌든 개발사를 통해 성장하게 될 것이고 혼자 노력해서 성장하는 것은 매우 힘든 일이며 화합 안에서 좋은 파트너를 만나 성장하는 것이 가

장 바람직하다고 생각합니다. 더 구체적으로 이야기하자면 개발사에 취업하여 '원화가'라는 직책으로 합류하게 될 것이고 리소스를 만들기 위해 밑그림을 그리는 역할을 하게 됩니다. 그렇게 일하면서 얼마나 중요한 역할을 하고 있는지 알게 됩니다. 이렇게 본인 직무에 대한 커다란 자긍심이 생기게 되면서 이에 관해 의견을 나누는 기획 관리와 마찰이 일어날 수 있습니다. 이때 마찰을 유연하게 대처하는 또 다른 능력이 필요하게 됩니다. 또 다른 능력이라 함은 마찰을 대처하는 것만이 아닙니다. 기술과 상식과 다른 파트의 업무 형태 파악도 중요합니다. 다른 파트의 동료는 어떻게 일을 하고 무엇을 다루고 있는가에 대해 어느 정도 공부가 되어있다면 서로 이해하는 대화가 이어질 것입니다. 그러다 보면 좋은 결과를 낳게 되고 원하는 목표에 한 발씩 다가가게 될 것입니다. 남을 이해하는 자세는 좋은 사람을 내게 머물게 합니다.

이렇게 사회에서 내가 좋아하는 일로 성장해 나가는 것은 큰 축복이라고 생각합니다. 때로는 하고 싶지 않은 일을 하며 살아가는 사람들이 있기에 더욱 애정을 갖고 우리의 길을 가야 할 것입니다. 그리고 컨셉 아티스트의 길에서 여러 가지 길로 나누어 집니다. 캐릭터, 배경, 아이템, 시네마 등 많은 분야가 있지만 이 책의 중점은 배경이기 때문에 배경 컨셉 아티스트의 길에 대해 알아보겠습니다.

이런 게임 속 화면을 구성하는 가장 큰 요소는 캐릭터와 배경입니다. 배경은 게임 속 환경이나 레벨을 표현하는 수단이고 이런 것들은 게임 엔진에서 만들어집니다. 이때 3D 데이터가 필요하고 이러한 디자인의 초안이나 구체화된 디자인을 잡는 역할이 배경 컨셉 아티스트가 할 역할입니다. 이러한 배경 컨셉의 중요성은 아주 높다고 할 수 있습니다.

게임을 처음 플레이할 때 느끼는 것은 배경에서 오는 색감, 캐릭터, 애니메이션 순입니다. 환경이 멋지게 구축되어야 모든 게임 속 사물이 멋지게 보입니다. 중요도가 높은 작업인데 개발사는 배경을 뒷전에 두고 생각하는 경우도 있어 바람직하지 않다 생각합니다. 원리로 생각한다면 모든 것은 배경 속에 존재하는 것이라는 것을 잊지 말아야 합니다. 배경 속 캐릭터나 오브젝트가 돋보이기 위해서는 좋은 색감이 뒷받침되어야 합니다. 색감 배치는 배경 컨셉 아티스트

의 몫으로 남아있고 지금까지 공부했던 빛과 색은 반드시 업무에 직접적인 영향을 줄 것입니다. 이러한 상황에서 능력을 발휘하는 것이 배경 컨셉아티스트의 역할이라 할 수 있습니다. 마지막으로 저자의 생각은 배경은 개성보다는 무엇이든 그릴 수 있는 빛과 색의 전문가가 되어야 하고 캐릭터 디자이너는 특유의 감성과 개성을 가지고 있어야 큰 발전 가능성을 가지게 된다고 생각합니다.

그러므로 배경 아티스트는 다양하고 많은 지식과 노력이 필요한 직군이고 가장 순수 미술에 가까운 일을 한다고 할 수 있습니다. 마지막으로 배경컨셉아트는 어렵지 않습니다. 다만 배우는 과정에 문제가 있기 때문이라고 생각합니다. 누구나 도전할 수 있는 분야이기도 하니 자신감을 갖고 공부해 나가시기 바랍니다.

SF 컨셉 그리기

이번 단락에서는 SF컨셉에 대해 알아보겠습니다. SF소재는 매우 다양한데 우주선이나 로봇, 외계인 등 여러 가지로 나눌 수 있는데 그 중 로봇이 등장하는 장면을 연출해 보겠습니다. 로봇을 그린다는 것은 곧 기계를 표현하는 것인데 기계는 아무 계획 없이 시작하면 형체가 생각대로 나오지 않을 수 있습니다. 사전에 기계 구조를 그리는 연습을 많이 해두어야 좋은 컨셉을 그릴 수 있습니다. 가장 염두 해둬야 할 부분은 기계의 가동위치와 실루엣과 면의 결합상태와 모티브입니다. 이번 과정에서의 모티브는 머리가 둘 달린 오우거로 하였고 로봇의 형태는 영화 메트릭스의 APU의 느낌으로 시작했습니다.

그럼 배경부터 로봇까지의 과정을 시작해 보겠습니다.

01

원경의 하늘을 그리고 조금 더 어두운 색으로 절벽을 그렸습니다. 색감은 블루톤으로 하되 채도가 높지 않게 하고 하단이 약간 어둡게 합니다. 하단의 색은 보라색톤에 가깝게 하여 차이를 줍니다. 낮은 오파시티의 브러시로 부드럽게 터치를 이어줍니다.

02

원경을 표현한 후에 중경의 바위 벽을 어두운 색으로 강하게 분리합니다. 그리고 명도의 차이를 줘야 합니다. 1번은 멀리 있는 부분이라 색감의 차이가 있습니다. 2번은 3번까지의 거리감을 위해 존재하는 부분이고 3번의 덩어리는 가장 크게 표현합니다. 이 번호들은 바위의 형태를 만들어나가는 초안 단계입니다. 하단에는 약간의 안개를 깔아 두는 것은 이후 근경과 분리를 위해 미리 밝게 처리하는 것입니다.

03

바위 벽의 형태를 구체화 하기 시작하는데 빛을 고려해 상단이 더 밝은 느낌이 되도록 합니다. 바위의 디자인은 같은 형태가 반복으로 나오지 않도록 주의 합니다.
상단 부분에 디테일이 집중되도록 하단은 요약을 많이 해줍니다. 하단 중심부에 로봇을 그릴 것이기 때문에 배경이 주요 사물의 시선을 방해하지 않도록 하기 위함입니다.

바위의 질감을 위해 작은 단위의 터치로 면을 쪼개줍니다. 이때 주의할 점은 바위의 스케일에 맞게 터치해야 하는데, 이전에 크게 나누던 터치의 간격을 아주 작게 좁혀주는 것입니다. 멀리 떨어져서 관찰하는 느낌으로 표현해 나갑니다.

바위 벽에 약간의 물줄기를 추가해 보았습니다. 습지라는 환경으로 정했기 때문에 주변에 안개나 물을 이용해 습한 분위기로 만들어 보겠습니다. 낮은 오파시티로 부드럽게 위 아래로 쓸어주듯 터치합니다

06

근경의 지형을 그릴 차례입니다. 이번에는 확연히 다른 색으로 중경의 바위와 분리를 해야 하는데 주로 따뜻한 색을 씁니다. 현재 근경의 색은 그린톤과 레드계열이 섞여 있는데 가까운 곳은 어둡고 멀리 갈수록 밝아지는 느낌으로 배색하였습니다. 지금 빛의 상태는 근경 끝부분에만 있는 상태이고 나머지는 반사광의 영향권입니다. 한마디로 음영 속에 있다고 할 수 있습니다.

07

근경의 지형에 사물들을 구체화하기 시작합니다. 이때 유념해둬야 할 부분은 끝부분을 제외한 나머지는 다 음영 속에 있다는 점입니다. 밝아지지 않도록 주의하며 형태를 그려 나갑니다. 푸른색으로 바위를 표현하고 흙과 풀밭을 분리해 줍니다.

근경의 세부묘사는 밝은 면에는 어두운 터치로 형태를 다듬어 나가고 어두운 곳에는 밝은 색으로 풀이나 지형의 변화를 만들어 나갑니다.

습지로 설정했으니 물을 그려 넣어 보겠습니다. 작은 시냇물이나 폭포를 그려줍니다. 물을 그릴 때에는 투시에 맞추어 근경에서 원경으로 향하도록 합니다.

가장 앞쪽 근거리에 있는 곳의 디테일을 마지막으로 점검해 봅니다. 이 쪽의 디테일은 가까운 거리에서 보이기 때문에 자갈이나 풀이 더 확실해 보이도록 합니다.

오른쪽 근경에 어두운 바위를 그려 원근감을 살려 주었습니다. 근경의 어두운 바위가 물과 분리되는 느낌이 강해 1차적으로 원근감을 주고, 이를 이어받아 물줄기가 지형 끝 선으로 향하고 중경의 바위절벽으로 이어지게 하는 것이 현재 원근감을 주는 방법입니다.

배경이 완성되었으니 이제 로봇을 그려보겠습니다. 먼저 로봇의 실루엣을 어두운 색으로 러프하게 그려봅니다. 미리 계획되어있는 스케치가 있거나 자료가 있으면 참고하며 진행하는 것이 바람직합니다.

실루엣의 형태를 조금 더 구체화합니다. 이때 정확한 계획이 없다면 이후에 밝은 색의 터치를 하며 디자인을 만들어도 좋습니다.

로봇의 밝은 부분을 만들기 시작하는데 푸른 계열의 색으로 합니다. 이것은 빛의 영향이라기 보다는 반사광의 영향이라고 봐야 합니다. 오른쪽 상단에 빛이 조금 있고 하단은 어둡거나 반사광의 영향권입니다. 양감 위주로 작업하며 다음에 그릴 디자인을 계획합니다.

디자인의 특징을 두 개의 머리로 잡은 이유는 조종석을 두 개로 분리하려는 의도도 있습니다. 조종사 두 명을 그려 보겠습니다. 먼저 밝은 부분부터 강조하는데 얼굴이나 팔을 표현하고 나머지 의상을 그립니다. 사실 사람이 밝게 보일 수 없는 상황이지만 특징을 살리기 위해 색을 강조합니다.

로봇의 외형에 다른 색으로 덮어 골격구조와 외부형태와 분리해
줍니다. 색은 그린톤으로 했고 이것으로 확실한 구조 계획을 세
웁니다.

로봇의 파츠에 디테일을 더해주고 빛 효과를 줍니다. 이 컨셉에
서 빛은 로봇의 등뒤로 향하고 있습니다. 돌출된 부위를 중심으
로 강한 옐로우톤으로 터치합니다.

마지막으로 로봇 앞에 병사 한 명을 그려 재미를 더해 보았습니다. 이렇게 SF컨셉을 그려보았고 이번 작업의 포인트는 원근감과 디자인입니다. 그리고 그림의 전체적인 명도의 균형입니다. 전체적인 색감 그리고 일부분의 색들이 서로 영향을 주는데 이런 상관관계가 중요점입니다. 이렇게 SF컨셉을 진행해 보았습니다.

플라잉핸드 패밀리

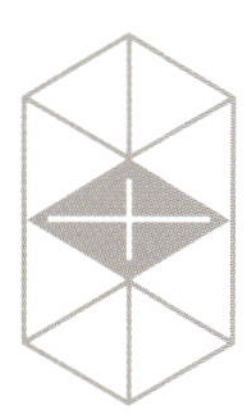

학생 작품

이정언
최형재
김성수
박태민
이서진
최대한
정은혜

 **이정언** 리베이즈
https://www.artstation.com/artist/libeiz

기초적인 부분, 세세한 노하우를 많이 배울 수 있어서 좋았습니다. 처음 배우는 배경의 색채, 질감 표현, 오브젝트 등에서 다양한 재미를 느끼게 되어 배경의 참 맛을 알게 되었습니다.

 **김성수** Liel
http://blog.naver.com/shana0295

인체 비율도 모르던 백지상태에서 캐릭터 디자인을 배우기 시작했고 아직도 배워가고 있습니다. 과거 그린 그림들과 현재 그림들을 비교해 보면서 이렇게 되기까지 얼마나 많이 이끌어주셨는지 새삼 느끼게 되는 것 같습니다.

늦은 나이에 꿈꾸던 일을 하고 싶어 아무것도 모르고 시작했던 그림이지만, 배울수록 그릴 수 있는 것들이 늘어가는 것이 즐겁고 앞으로도 발전할 수 있다고 생각하니 무척 기대가 됩니다. 좋은 멘토가 되어주신 이동익 선생님께 감사드리며, 저처럼 그림을 시작하는 분들께 이 책이 좋은 멘토가 되었으면 좋겠습니다.

박태민

그림의 기본기를 다지는데 도움이 되었고 완성도를 끌어올릴 수 있게 되었습니다. 여태껏 여러 방법을 시도해 보았지만 지금 수준에는 도달하지 못하였습니다. 그러나 플라잉핸드님을 만나 지금은 좋은 결과를 얻고 있습니다. 감사합니다. 파이팅!

이세진

그림을 시작한 지 이제 1년 조금 지났네요. 아직 고등학생이고 배운지 얼마 안 돼서 잘 못 그리지만 처음 배우기 시작했을 때 그림을 보면 '나도 성장 하는구나'라는 생각이 듭니다. 노력과 열정은 배신하지 않는 것 같습니다. 지금 이 책을 보고 계신 분들도 포기하지 마시고 뜨거운 열정을 갖고 달려가길 바라겠습니다.

정은혜

기초적인 부분부터 세밀한 부분, 알지 못 했던 것들을 세심하게 가르침 받으며 재미도 느끼고 더욱 성장할 수 있어서 좋았습니다.

최대한
한마디로 '진짜 그림'을 배울 수 있어서 좋았습니다.

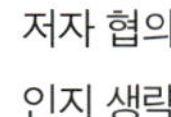

배경
일러스트 작법서

1판 1쇄 인쇄 2017년 1월 5일
1판 1쇄 발행 2017년 1월 10일

지 은 이 이동익
발 행 인 이미옥
발 행 처 디지털북스
정　　가 28,000원
등 록 일 1999년 9월 3일
동록번호 220-90-18139
주　　소 (04987) 서울 광진구 능동로 32길 159
전화번호 (02) 447-3157~8
팩스번호 (02) 447-3159

ISBN 978-89-6088-194-5 (13000)

D-17-01